中國學術思想 研究輯刊

十一編

林慶彰 主編

第13冊

先秦儒家道德基礎之研究
——兼論「惡」的問題

黃秋韻 著

花木蘭文化出版社

國家圖書館出版品預行編目資料

先秦儒家道德基礎之研究——兼論「惡」的問題／黃秋韻 著

— 初版 — 新北市：花木蘭文化出版社，2011〔民 100〕

目 4+198 面；19×26 公分

（中國學術思想研究輯刊 十一編：第 13 冊）

ISBN：978-986-254-460-0（精裝）

1. 儒家 2. 儒學 3. 道德 4. 先秦哲學

030.8　　　　　　　　　　　　　　　　100000695

ISBN-978-986-254-460-0

9 789862 544600

中國學術思想研究輯刊

十一編　第十三冊　　　　　　ISBN：978-986-254-460-0

先秦儒家道德基礎之研究——兼論「惡」的問題

作　　者　黃秋韻

主　　編　林慶彰

總 編 輯　杜潔祥

出　　版　花木蘭文化出版社

發 行 所　花木蘭文化出版社

發 行 人　高小娟

聯絡地址　新北市永和區中正路五九五號七樓之三

　　　　　電話：02-2923-1455／傳眞：02-2923-1452

網　　址　http://www.huamulan.tw 信箱 sut81518@ms59.hinet.net

印　　刷　普羅文化出版廣告事業

封面設計　劉開工作室

初　　版　2011 年 3 月

定　　價　十一編 40 冊（精裝）新台幣 62,000 元

先秦儒家道德基礎之研究
——兼論「惡」的問題

黃秋韻　著

作者簡介

黃秋韻，輔仁大學哲學博士，現任育達商業科技大學通識教育中心助理教授。近年研究方向主要著重在先秦儒家哲學的基礎，發表過的論文有〈先秦儒家道德的形上基礎〉、〈從道德方法論孟子的知言養氣觀〉、〈全球化觀點下孔子仁學之方法性詮釋〉、〈中庸道德哲學的方法性研究〉等十多篇。

提　　要

　　本文之首章，主要以道德所屬之倫理學為範疇，從現代倫理觀點對先秦儒家之道德屬性作定位，以展示儒家倫理所具有的現代意義，並期由生活層面之倫理學作出發，一步步向道德根源之基礎追溯回去，漸次呈現道德成型之樣貌，以綜觀從形上學到倫理學發展的整體結構。在本章當中，第一節針對「道德」與「倫理」進行釋義，除了探討兩者在中西之起源以外，並對二者作同異之分辨，以更釐清二者在應用上有何不同，以及在何種情況下，二者可混同使用。第二節探討倫理學所研究之主題，其分類與派別、以及各層次之道德判斷的標準。第三節則針對倫理規範的特質，來探討儒家倫理思想的特點。

　　第二章之內容則繼第一章之「倫理學」範疇之後，進一步向上追溯其根源，以先秦儒家道德的形上基礎為論述之主題。第一節說明道德之起源的幾種重要學說，並再度確立儒家倫理之道德標準。第二節說明儒家倫理之特重「天人關係」的特色，並指出在中國哲學中，「天」對人的基本意義，以及由此而開展的、以天為形上基礎的道德思想。第三節則針對儒家哲學中，與儒家道德思想相關的幾組重要觀念，如「帝」、「天」、「天命」、「天地」、「天道」，以及「德」、「道德」、「善惡」等觀念間的演變與結構，作一歷史性的回顧，以呈現古典之儒家倫理的完整面貌。

　　第三章就道德觀念正式確立的孔孟荀哲學而論，一、二節分別以「天道觀」與「人性論」來析論其道德形上基礎的觀點，並於第三節中專論三者對於「惡」之問題的處理。孔孟荀哲學為先秦儒家倫理的主要重點，在此中可看出「惡」之問題在「天道論」與「人性論」中皆缺乏存在性的基礎。

　　第四章則申論孔孟荀之道德實踐，並輔以《易傳》與《中庸》在先秦儒學中，形上學理論發展的地位，從道德實踐的人道立場看儒家倫理的終極關懷，最後總述「惡」之存在的根本意義。

　　以上為本文之基本架構，希望透過關於古典儒學之道德的探討，綜觀道德觀念與惡之問題的發展與演變，掌握道德的真義，並希望透過此真義之掌握，透析現代社會之根本問題，以及了解其對道德如何偏離，提供一個基本的座標參照，以期對惡之問題的處理，找出更根本、更究竟的解決之道。

目次

緒　論

　　本文題爲〈先秦儒家道德基礎之研究——兼論「惡」的問題〉，主要選定的範圍以「先秦儒家」爲主，探討其道德思想與觀念之基礎與形成背景，並輔以當代倫理學之理論來界定先秦儒家「道德思想」之特性。

　　本文的進行，首先以道德發生的時代爲範圍，雖然論文名稱以「先秦」爲名，但是所涉及的時代，更要往前追溯至周初《詩經》《尚書》的孕育時期，因爲中國哲學雖然從孔子開始，但哲學的發生並非一朝一夕，而是經由漫長的醞釀漸次演變而來。同理，道德觀念在孔子時代確立，但人類社會並非有了道德哲學之後才有道德事實（或道德生活），所以，關於「先秦」在本文的定位，並不僅止於春秋戰國時代，而是泛指春秋戰國及形成其哲學基礎的時代，行文中，有時或用「先秦儒家」、「古典儒家」、「原始儒家」，或僅簡稱「儒家」，其所指皆爲周初至春秋戰國爲止這一時期的儒家思想，此一時期，不僅是中國哲學高度發展的黃金時代，同時也是奠定中華文化穩固基礎的時代，對於此一時期的了解，將有助於此後兩千多年之中國哲學演變過程的了解，同時，對於此時期之關鍵精神之把握，亦有助於對此後偏離之哲學發展有所警覺，以期從偏離處導回，重建中國哲學之生命力。

　　至於近年出土的文獻，如郭店楚簡與帛書〈五行篇〉，據學者考證爲思孟一派之儒家思想，探討「仁、義、禮、智、聖」五種主要的德行，其思想內容與《大學》《中庸》之「誠、愼獨、格物、修身」等思想大抵吻合。此外與〈五行篇〉連袂而至的爲竹簡〈六德篇〉，所探討者亦爲儒家道德，與〈五行篇〉共同構成一完整的道德體系，可完整呈現儒家道德之全貌。然因本文所探討之重點主要以形成道德思想之基礎與背景爲主，故於道德思想之詳細內

容不及備述，且新出土之文獻資料，對於先秦儒家思想雖具有完整補充說明之地位，但因無改寫儒家基本精神之虞，故於本文第四章論及道德實踐之內容時，仍以一般學術界所熟悉之原有資料爲主，未列入〈五行〉與〈六德〉之討論。

本文主要之研究對象有二：其一，是關於「道德」的問題，其二是關於「惡」的問題。

「道德」是中國固有的文化傳統，人人可以朗朗上口，但時至今日卻早已客觀化爲一種知識，和人的生命沒有任何關聯。當道德之根本精神喪失，而又不得不在外在形式上表現爲道德時，即易流於道德的僞善主義，甚至，道德的實質內涵消失，卻又保持高度之強制性時，於是道德又僵化爲教條主義。道德之僵化與教條化，可謂現代之「惡」的根源，如果我們無法了解問題演變的脈絡，就無法徹底解決問題；要了解問題的演變，則須先掌握思想的脈動；欲掌握思想演變的脈動，則又須先有對問題整體觀照的能力。

科技文明高度發展的廿一世紀，尤其台灣這樣富庶繁榮的社會，物質生活的充裕，卻造成人們普遍精神空虛，在後現代的風潮之下，傳統解構、道德失效，人們迷失在資訊氾濫的時代裡，盲目追逐，卻無以安頓自身，從而社會問題層出不窮，人們不再有人性的價值感與尊嚴感，漸次而成爲精神的虛無主義。

馬克思·韋伯曾經認爲儒家並不關心超世的形上世界，對於惡根性也全然不見；也有學者認爲中國是個樂觀的民族，他們所關注的只是善的實踐，而不著眼於惡的探討。事實上，對中國哲學而言，「惡」並非不值得關注，而是在中國哲人的心中，所關注的更是「整體」的觀照，其所處理的，不在於針對個別問題作解決，而是提供一個廣大的背景，供人去了解。更確切地說，若以人所存在的世界爲形上與形下二元的世界，則在儒家思想中，高居形上地位的，只有善的基礎，「惡」只是以隱性的方式被指謂，或者說，「惡」是形下世界中才得以發生的事，如果先能確立形上的根本觀念與態度，再以形上控馭形下，「惡」自然也就獲得了處理。所以，若欲對形下世界之「惡」有所處理，仍必先回到道德之基礎的形上觀點來討論。

本文希望透過對「道德」與「惡」之雙重主題的探討，經由古典中國道德哲學的發生與演變，來透顯何謂「道德」與「惡」之觀念，以期經由一個觀念的生成與演變之了解，來達成綜觀問題的能力。今日社會之惡的原因複

雜多端，道德之進展也已然疲弊無力，只有真正重回道德之基礎，再次尋獲道德之所以發生的生命力，然後才有可能根據此一基礎重新出發，在道德解構的現代賦予道德新的動力，並針對「惡」的具體事實，謀求一漸進、有效、並能行之久遠的辦法。

本文之首章，主要以道德所屬之倫理學為範疇，從現代倫理觀點對先秦儒家之道德屬性作定位，以展示儒家倫理所具有的現代意義，並期由生活層面之倫理學作出發，一步步向道德根源之基礎追溯回去，漸次呈現道德成型之樣貌，以綜觀從形上學到倫理學發展的整體結構。在本章當中，第一節針對「道德」與「倫理」進行釋義，除了探討兩者在中西之起源以外，並對二者作同異之分辨，以更釐清二者在應用上有何不同，以及在何種情況下，二者可混同使用。第二節探討倫理學所研究之主題，其分類與派別、以及各層次之道德判斷的標準。第三節則針對倫理規範的特質，來探討儒家倫理思想的特點。本文所使用「儒家倫理」一詞，乃泛指先秦儒家之道德思想、倫理思想，以及包含二者之形成的形上背景，為行文之方便，則通以「儒家倫理」或「儒家道德」為代表，而不另行作嚴格意義之界定。

第二章之內容則繼第一章之「倫理學」範疇之後，進一步向上追溯其根源，以先秦儒家道德的形上基礎為論述之主題。第一節說明道德之起源的幾種重要學說，並再度確立儒家倫理之道德標準。第二節說明儒家倫理之特重「天人關係」的特色，並指出在中國哲學中，「天」對人的基本意義，以及由此而開展的、以天為形上基礎的道德思想。第三節則針對儒家哲學中，與儒家道德思想相關的幾組重要觀念，如「帝」、「天」、「天命」、「天地」、「天道」，以及「德」、「道德」、「善惡」等觀念間的演變與結構，作一歷史性的回顧，以呈現古典之儒家倫理的完整面貌。

第三章就道德觀念正式確立的孔孟荀哲學而論，一、二節分別以「天道觀」與「人性論」來析論其道德形上基礎的觀點，並於第三節中專論三者對於「惡」之問題的處理。孔孟荀哲學為先秦儒家倫理的主要重點，在此中可看出「惡」之問題在「天道論」與「人性論」中皆缺乏存在性的基礎。

第四章則申論孔孟荀之道德實踐，並輔以《易傳》與《中庸》在先秦儒學中，形上學理論發展的地位，從道德實踐的人道立場看儒家倫理的終極關懷，最後總述「惡」之存在的根本意義。

以上為本文之基本架構，希望透過關於古典儒學之道德的探討，綜觀道

德觀念與惡之問題的發展與演變，掌握道德的眞義，並希望透過此眞義之掌握，透析現代社會之根本問題，以及了解其對道德如何偏離，提供一個基本的座標參照，以期對惡之問題的處理，找出更根本、更究竟的解決之道。同時，我們也希望透過對古典哲學的處理，了解其時代意義，在今日的時代中，也建立一套能夠屬於現代、並且能作爲理想揭示與現實指引的理論，或藉由此論文之撰寫，重新找回「道德」之生機，此爲吾人作爲哲學研究者對於研究結果之至盼。

第一章　先秦儒家在當代倫理學中之定位

　　先秦儒家之道德思想，論其性質應屬倫理學之範疇，然而「倫理學」卻根源於西方的希臘哲學，並於清朝西風東漸之後才在中國廣爲流傳，先秦時代的中國並無「倫理學」之學門，所以，欲探討古典中國之道德思想，必須透過當代倫理學的觀念作說明，並且在當代倫理研究的脈絡中理出先秦儒家倫理之定位，以方便概念之釐清。也因此，對於倫理學的意義、起源、以及倫理學的派別、性質，甚至道德判斷的標準、道德規範的特質等基本概念，必須先有一基本的認識與說明，故本章從當代倫理學之觀念著手，以透過對倫理學之性質之探討，來定位對先秦儒家倫理之理解的角度。

第一節　「倫理」與「道德」之意義

　　倫理學首先涉及的問題即是道德之判斷，而「善」與「惡」是道德判斷中所經常使用的一組相對的觀念，通常我們把那些符合道德標準或原則的行爲稱作「善」，不符合於道德規範的行爲叫做「惡」。善惡的問題實際上也就是道德判斷的問題。雖然許多非道德的判斷也會牽涉「善」或「惡」的概念，例如我們將不好的鄰居稱爲「惡鄰居」，或將一個人能夠安享天年、不死於災禍稱爲「善終」。但這些價值判斷雖然用「善」或「惡」的字眼，但其主要的意義是指「好」或「壞」的一般評斷而言，我們稱之爲「非道德的價值判斷」。其中的「善」或「惡」，通常亦可代換爲「好的」或「壞的」。此處我們所要研究的主題乃與「道德價值判斷」相關的善惡問題爲主，至於「非道德的價值判斷」，本文不擬加以討論。在此，我們要針對「倫理」與「道德」兩個概念，進行其內容涵義的說明。

一、倫理的意義

　　「倫理」一詞指的是人類社會中，人與人之關係與行為的秩序規範。廣義地，對倫理事實作任何理論研究均可稱為倫理學。倫理事實包括倫理價值觀、倫理規律、倫理標準、德性行為、良心現象等等。狹義地，倫理學僅指倫理或道德哲學，它是形上學的一部分，研究道德現象之最深基礎，探查道德標準等事實屬於何種存有及何種意義。

（一）倫理的意義及來源

　　「倫理學」一詞出於希臘文ετησδ，含有風俗、習慣、氣質和性格等意義。亞里斯多德從氣質、性格的意義上，首先使它成為一個形容詞ετηικσδ，賦予其「倫理的」、「德行的」意義。公元前 335 年，亞里斯多德在雅典城外呂克昂的阿波羅神廟附近的運動場，創辦了他的「呂克昂學園」，因為他和學生們經常在這裡散步，邊走邊討論問題，因此他的學派又被稱為「逍遙學派」。亞里士多德在學園講學、著述十三年。在學園裡，他開設了一門關於道德品性和行為的學問，他把它稱作ετηικδ（Ethos），即倫理學。《尼各馬可倫理學》是亞里斯多德主要的倫理學著作，全書共十卷 132章，約成於公元前335～323 年，據傳是由亞里斯多德的兒子尼各馬可編輯而成，故此得名。這是歷史上最早出現的倫理學，也是西方倫理學史上第一部倫理學專著，亞氏的倫理思想非常豐富，除《尼各馬可倫理學》之外，尚有《大倫理學》與《幸福倫理學》兩部倫理學著作，討論的問題極為完備，對西方倫理思想發展具有重大影響。

　　亞里斯多德的倫理學〔註1〕主要建基於形上學的原理原則，基本上，他肯

〔註 1〕　亞里斯多德倫理學的主要主張主要有以下要點：

　　1. 至善即是幸福：在《尼各馬可倫理學》的開始，亞里斯多德就研究至善和幸福。他提出了「至善即是幸福」的命題，他說：「每種技藝，每種科學，以及每種經過考慮的行為或志趣，都是以某種善為目的。」「在行為的領域內，如有一種我們作為目的本身而追求的目的，……那末，顯然這種目的，就是善，而且是至善。」然而何謂「善」？亞里斯多德認為那就是「幸福」。因為至善即是我們追求的最後目的，它是自給自足且不依於其他任何事物的。而幸福比其他任何事物更符合「最後目的」之特質，人在獲得幸福之後便不再有所企求，所以至善即是幸福。人的行為根據理性原則而具有的理性生活，是人的特殊功能。這種特殊功能或本質的實現，就是人的至善或幸福之所在。「人類的善就應該是合於最好的和最完全的德行的活動」；善德就是幸福，幸福是善德的實現，也是善德的極致。」所以幸福亦可說

定其師柏拉圖的觀念理型世界，但他採取了經驗的進路，透過感官世界，以理性的操作去抽象來達到觀念界。也就是說，他從知識論走向形上學，在形上學的領域建立所有存在物的原理原則，並從中體驗出眞、善、美等存有的特性，最後將形上學的原理落實到現實生活中，即是所謂「倫理學」與「政治學」。

亞里斯多德的倫理學可謂爲希臘哲學思想之集大成者。蘇格拉底首先提出「知識即德行」，用知識概念分析「善」、「對」、「正義」、「德行」等概念，確立了西洋的重智進路。柏拉圖則以理型世界作爲現世生活的理想，認爲人間世界所有的德行皆仿造「理型界」的「至善」而來。亞里斯多德更兼綜二者，以至善爲幸福，而到達幸福的方法即是透過理性原則的指導來修德。蘇格拉底、柏拉圖及亞氏師徒三人，由此開闢了西方倫理學的傳統。

（二）中國倫理思想的起源

中國古無哲學之稱。在先秦時代，一切思想學術統稱爲「學」。到宋代，有「義理之學」的名稱。義理之學包括關於「道體」（「天道」）、「人道」（人

是「與道德相符的活動」，幸福的生活就是符合於道德實踐的生活。

2. 美德的結構與形成：「幸福即是心靈合於完全德行的活動，所以我們必須研究德行的性質。我們明白了德行的性質，對於幸福的性質，也許更能了解，所謂人類的德行，不是指屬於身體的德行，而是屬於心靈的德行，因此，我們也稱幸福爲心靈的活動」。亞里斯多德將心靈活動的道德分爲「理智的美德」（intellectual virtue）與「道德的美德」（moral virtue），並強調道德的美德乃根據理性原則而來，是後天經過長期訓練和習慣的結果。人應該一方面重視「知德」，並一方面勉力於「行德」，以理性的認識作爲大方向的指導，透過自由意志作個別行爲的選擇，使行爲合乎「中道」。由於德行必須處理情感和行爲，而情感和行爲有過度與不及的可能，過度與不及，均足以敗壞德行。因此，德性應以中道爲目的。中道就是無「過與不及」，它是一切德行中的普遍標準。

3. 道德行爲的基本要素：亞里斯多德認爲人有選擇行爲的自由，因爲德行和過惡都出於自願。德行依乎我們自己，過惡也是依乎我們自己。因爲我們有權利去做的事，也有權利不去做。自由包括兩個要素，一是理智的自覺，二是意志或欲望的自願。他說：行爲的原因（不是指最後的原因，而是指致使的原因），是意志或審愼的選擇，這種選擇的原因，是欲望和我們對於所求的目的的一切合理概念，因此，選擇須有理性或思維的訓練，也須有習性的趨向，因爲正當和不正當的行爲，若沒有理智和道德的性格二者的結合，必都是不可能的。」所以道德行爲需具備「理性的認識」和「意志的決定」兩個條件，只有具備此二條件，能產生眞正意義的道德或不道德的行爲，才是行爲選擇的自由。

倫道德）以及「爲學之道」（治學方法）的學說。其中關於人道的學說可專稱爲倫理學。倫理學即研究「人倫」之理的學問，亦即研究人與人的關係的學說。〔註2〕「人倫」一詞，見於《孟子》。孟子敘述帝舜的事蹟說：「使契爲司徒，教人以人倫：父子有親，君臣有義，夫婦有別，長幼有序，朋友有信。」（《孟子·滕文公上》）

在中國，「倫理」一詞最早見於《禮記》〈樂記〉：「凡音者，生於人心者也；樂者，通倫理者也。」鄭玄注：「倫，類也。理，分也。」但「倫」、「理」二字，早在《尙書》、《詩經》、《易經》等著作中已分別出現：

1. 倫

《尙書》〈舜典〉：

帝曰：「夔，命汝典樂，教胄子。直而溫，寬而栗，剛而無虐，簡而無傲，詩言志，歌永言，聲依永，律和聲；八音克諧，無相奪倫：神人以和。」

《尙書》〈洪範〉：

帝乃震怒，不畀洪範九疇，彝倫攸斁。鯀則殛死，禹乃嗣興，天乃錫禹洪範九疇，彝倫攸敘。

《尙書》〈康誥〉：

王曰：「外事，汝陳時臬司，師茲殷罰有倫。」

《尙書》〈呂刑〉：

輕重諸罰有權，刑罰世輕世重，惟齊非齊，有倫有要。

《詩經》〈小雅〉：

謂天蓋高，不敢不局；謂地蓋厚，不敢不蹐。維號斯言，有倫有脊。
哀今之人，胡爲虺蜴！（〈正月〉）

2. 理

《尙書》〈周官〉：

立太師、太傅、太保，茲惟三公。論道經邦，燮理陰陽。官不必備，惟其人。

《周易》〈坤·六五·文言〉：

君子黃中通理，正位居體。美在其中，而暢於四支，發於事業——

〔註2〕 參見張岱年著：《中國倫理思想研究》，台北：貫雅，1991年，頁1～2。

美之至也！

《周易》〈繫辭上〉：

　易簡而天下之理得矣。天下之理得而成位乎其中矣。

《周易》〈繫辭上〉：

　《易》與天地準，故能彌綸天地之道。仰以觀於天文，俯以察於地
　理，是故知幽明之故。

《周易》〈繫辭下〉：

　何以守位？曰仁。何以聚人？曰財。理財正辭，禁民爲非，曰義。

《周易》〈說卦〉：

　〈說卦傳〉昔者聖人之作《易》也，幽贊於神明而生蓍，參天兩地
　而倚數，觀變於陰陽而立卦，發揮於剛柔而生爻，和順於道德而理
　於義，窮理盡性以至於命。

《周易》〈說卦〉：

　昔者聖人之作《易》也，將以順性命之理。是以立天之道，曰陰與
　陽；立地之道，曰柔與剛；立人之道，曰仁與義。

《詩經》〈小雅〉：

　信彼南山，維禹甸之。畇畇原隰，曾孫田之。我疆我理，南東其畝。
　上天同雲，雨雪雰雰。（〈信南山〉）

《詩經》〈大雅〉：

　曰止曰時，築室于茲。迺慰迺止，迺左迺右，迺疆迺理，迺宣迺畝。
　自西徂東，周爰執事。（〈緜〉）

《詩經》〈大雅〉：

　篤公劉，于豳斯館。涉渭爲亂，取厲取鍛。止基迺理，爰眾爰有。
　夾其皇澗，溯其過澗。止旅迺密，芮鞫之即。（〈公劉〉）

《詩經》〈大雅〉：

　江漢之滸，王命召虎，式辟四方，徹我疆土。匪疚匪棘，王國來極。
　于疆于理，至于南海。（〈江漢〉）

《說文解字》釋曰：「倫，從人，侖聲，輩也。」倫即輩意，而「車以列
分爲輩」，車的列即爲輩。「倫」有類、輩份、順序、秩序等含義，可以被引
申爲不同輩份之間應有的關係。將此意引申到人的生活中，輩即人的所謂「輩
份」、「倫份」。也有人將「倫」形象地比喻成石子投下水後形成的一圈一圈向

外擴散的波紋。因此，在中國，「倫」並不是指一般的人際關係，而是以血緣、宗法、等級為內容的人際關係的網絡，是以血緣關係為起點和核心外推擴散而形成的人際關係。

另《說文解字》曰：「理，從玉，裡聲，治玉也。」「理」則具有治玉、分別、條理、道理、治理等意義。「理」訓為「治玉」，即是把玉石即所謂璞治為玉。玉質至堅，治玉必循其理。這裡涵有兩層意思：其一，治的對象必是玉石，它內在地含有變為玉的可能性；其二，使璞變為玉必須經過「治」的工夫。二者的統一，就是「治玉」必以其理為條理法則。個中深藏的意味，實際上包含了中國倫理以人性尤其以善之人性為基礎，主張通過修身養性獲得善之德行的內涵與特點。

大約在西漢初年，人們才開始廣泛使用「倫理」一詞，「倫理」二字合用，原指事物之倫類條理，而用之於人類社會，就是人與人相處的道理，為人的道理，亦即是人類社會生活關係中正當行為的道理。〔註3〕概括來說，即人與人之間的道德原則和規範。但「倫理學」這個名稱，卻是十九世紀以後才開始在中國逐漸廣泛使用的，所以先秦時代，雖然孟子已有「人倫」秩序之提出，但未有對「倫理」之廣泛探討，所以我們也可以說，先秦時代只有「道德」之觀念，而無「倫理」之探討。

有文字記載的中國倫理思想，《周易》、《尚書》、《詩經》可說是最早的三本著作。通常我們認為《易經》是設法本天道以定人事的書，其探討的主要內容是宇宙論，全書的思想是知識取向的。〈繫辭上傳〉的「天尊地卑，乾坤定矣;卑高以陳，貴賤位矣。」以及〈序卦傳下〉的「有天地，然後有萬物，有萬物然後有男女，有男女然後有夫婦，有夫婦然後有父子，有父子然後有君臣，有君臣然後有上下，有上下然後禮義有所惜。」都說明了人倫的規律皆由取法天道而來，對於天道的認識，是定位人生的基礎。

而《尚書》是一部道德取向的史料書，也是中國最早的政事史，其內容以記載虞、夏、商、周等朝代的政事為主。《虞書·堯典》的「克明竣德，以親九族。九族既睦，平章百姓。百姓昭明，協和萬邦。黎民於變時雍。」主要是頌揚堯以德治國的功德。舜亦承傳堯的傳統，以「直而溫，寬而栗，剛而無虐，簡而無傲」(《虞書·舜典》)來任命他的官員。全書除了說明了「德」是上古時代國君治國與任用人才的標準外，並設法用治亂興衰的原理來論述

〔註3〕 參見樊浩著：《中國倫理思想的歷史建構》，台北：文史哲，1994年，頁20。

王道與仁政，對於中國後世的倫理思想有非常重大的影響。

至於《詩經》，則是一篇抒情文；用優美的文學、詩作來傳教化之功。因此，用當代的學術分類來看：《易經》把握住人的「知」，《書經》要啓發人的「意」，而《詩經》則抒發人的「情」。中國最古老的三部著作，以分工合作的方式，設法探討人的知、情、意三條進路。〔註4〕

（三）中西倫理特色之差異

中國的倫理特色和西方是頗爲不同的，就中國而言，其倫理體系以個人倫理的內在化道德爲整個倫理體系建立及實現的起點，從修身的個人倫理開始，透過齊家（家庭倫理）、治國（社會倫理、國家倫理）到平天下，最後上達於「與天合德」的形上世界（宇宙倫理）。宇宙倫理即爲個人倫理實現的最高目的，而個人倫理的建立則有賴於宇宙倫理的啓發。兩者互爲因果，也互爲基礎，構成一個動態的「道德」與「倫理」、「形上」與「形下」思辨的融合體。

西方倫理學的特色則是：各層次的倫理互相獨立而不相從屬，彼此以相對獨立性爲認知對象，個人倫理獨立於家庭倫理之外，家庭倫理獨立於社會倫理和國家倫理之外。此一認知即是西方古典邏輯與西方古典科學的認知。在此認知下，整體複雜的現象被抽象與分析爲互不相連的性質空間，以便找尋每一性質空間中事物的規律性。科學分門別類的知識就是基於此種認知方法而來。

東西方的倫理體系各有其特色，亦各有優缺點，綜而言之，中國的倫理體系著重追求道德目的性和實現此一目的性的德行能力。西方的倫理體系則著重從客體現象的道德責任性和承擔此一責任性的理性能力。前者可名爲「德行倫理」，後者可名爲「責任倫理」。前者連續、貫串的倫理體系是典型的傳統中國儒家倫理，而後者不連續不貫穿的倫理體系則是典型的現代西方責任倫理。

西方的責任倫理對理解與規範人的行爲具備理性的分析力和精密度，故較能掌握權利和義務的分野，並較重視行爲的效率和效果。中國的德行倫理體系則具有強烈的目的性，能激勵人性中的創發力量，展現人的道德勇氣、智慧和活力以及爲理想犧牲的精神，這是人的主體性的至高表現，且基於其與宇宙本體的連貫性，充滿淋漓盡致的生命精神。〔註5〕

儘管倫理學因爲時空不同，而有不同的強調重點，但其基本的肯定是相

〔註4〕參見鄔昆如著：《倫理學》，台北：五南，1993年，頁121～122。
〔註5〕關於「德行倫理」與「責任倫理」的主張，參見成中英：〈中國倫理體系及其現代化〉，《哲學與文化》，17：7＝195，1990年7月，頁580～583。

同的——亦即倫理學是人性追求「善」並且實踐「善」的學問。至於「善的內容如何？」或「該用什麼方法來達到善？」的問題，才因時因地而有不同的理解與方法。綜而言之，倫理學研究的內容包括人的行為、道德判斷、評價標準、道德價值、理性原則和規律、情感意志、道德語言……等等，這些內容都和道德問題有關。所以倫理學不但是純理論抽象的道德哲學，其研究的目的也是在針對生活中所有的道德問題進行理性的分析和探討，以期能有系統地了解道德觀念，並對人類生活中的道德規範尋找一個合理的基礎。善惡的價值判斷，即屬於倫理學（或道德哲學）中的一項重要課題。

二、道德的意義

在倫理學領域中，和「倫理」相關且意義相近的另一個觀念則是「道德」。在此我們為更進一層理解倫理（Ethics）與「道德」（Moral）的差異與關係，茲先探討道德的意義：

（一）中國的「道德」

中國的「道德」一詞原本是「道」與「德」二字分開使用的。「道」與「德」本係兩個概念。孔子說：「志於道，據於德，依於仁，遊於藝」《論語·述而》。《老子》一書中有「是以萬物莫不尊道而貴德」的命題。而「道」字本義為「所行道」，即由此達彼所行經之路，引申為行為應當遵循的原則。在商朝的甲骨文中已有「德」字，但含義廣泛。西周初年的大盂鼎銘文的「德」字，是按禮法行事有所得的意思，亦即道德的實際體現。後來，道與德經常並舉，於是逐漸聯結為一詞。《孟子》、《莊子·內篇》中尚無道德相連並提之例。道德二字之連用，分別見於《周易·說卦》、《禮記·曲禮》、《禮記·王制》，以及《荀子·勸學》、《荀子·彊國》等篇：

《周易·說卦傳》：

> 昔者聖人之作《易》也，幽贊於神明而生蓍，參天兩地而倚數，觀變於陰陽而立卦，發揮於剛柔而生爻，和順於道德而理於義，窮理盡性以至於命。（第一章）

《禮記·曲禮上第一》：

> 道德仁義，非禮不成，教訓正俗，非禮不備。分爭辨訟，非禮不決。君臣上下父子兄弟，非禮不定。宦學事師，非禮不親。班朝治軍，

莅官行法，非禮威嚴不行。禱祠祭祀，供給鬼神，非禮不誠不莊。

是以君子恭敬撙節退讓以明禮。

《禮記・王制第五》：

司徒修六禮以節民性，明七教以興民德，齊八政以防淫，一道德以

同俗，養耆老以致孝，恤孤獨以逮不足，上賢以崇德，簡不肖以絀

惡。

《荀子・勸學篇》：

故學至乎禮而止矣，夫是之謂道德之極。

《荀子・彊國篇》：

威有三，有道德之威者，有暴察之威者，有狂妄之威者。

　　道德二字合用，將兩個概念結合為一個概念，用以指個人內在的品德修養，亦即前所提及「個人倫理」之內涵。道德作為一個完整的名詞來看，它是行為原則及其具體運用的總稱。道德不僅僅是思想觀念，而必須見之於實際行動。如果只有言論，徒事空談，言行不相符合，就不是真道德。〔註6〕

　　道家所謂道德，含義與儒家有所不同。《老子》以「道」為天地的本原，為萬物存在的最高根據，以「德」為天地萬物所具有的本性。《莊子・內篇》亦基本如此。《莊子・外篇》則將道德聯為一詞。如〈駢拇〉篇云：「多方乎仁義而用之者，列於五藏哉！而非道德之正也。」〈馬蹄〉篇云：「道德不廢，安取仁義？」所謂道德的含義雖與儒家不同，但也是把兩個概念結合為一個概念。〔註7〕

（二）西方的「道德」

　　西方的「道德」一詞源於拉丁文 moralis，該詞的複數 mores 指風俗習慣，單數 mos 指個人性格、品性。所以「道德」一詞，兼有社會性的道德規範和個人內在的品德修養之義。於此，道德又可分為客觀和主觀兩個方面。客觀方面是指一定的社會關係對社會成員的客觀要求，包括道德關係、道德理想、道德標準，道德原則和規範，並表現為政治道德、職業道德、婚姻家庭道德和社會公共生活準則等等，此意義的道德之內涵即是所謂的「倫理」；道德的主觀方面則包括道德行為或道德活動主體的道德意識、道德判析、道德信念、道德情感、道德意志、道德修養和道德品質等，亦即一般意義之「道德」。

〔註6〕同註2，頁2～3。

〔註7〕同上，頁2。

「道德」可從三個方向來詮釋：〔註8〕

第一，道德是人類內在情感所好之價值傾向：道德是人性之情感傾向的顯現，它不是社會制約的結果，也不是相對時空情境中的產物，而是人類面對歷史現實時自然的情感反應和趨向。

第二，道德是人類達至所欲目標之行動原則：道德是人性之實踐理性的彰顯，人類天性上肯定自身的自由，在此形而上的肯定中，人類尚且會揀擇其行為實現的目標，在揀擇其行為所欲實現的目標，和判斷欲實現此目標所需的條件時，實踐理性即會肯定其為善。

第三，道德是人類社會整體和諧之協調機制：道德是社會要求的結晶，換言之，道德不但不是社會養成的結果，它甚至是使得各種風俗習慣得以不斷推陳出新的動力。人類天性上由內在自我要求其行為具有普遍性，要求行為能與社會相協調，而道德就是這種自發要求與社會相協調的機制。

這三種詮釋人類「道德」活動的方案，或多或少都與其對人性的理解相關。我們可以大膽的說：研究人類「道德」的本質，首先必須對人性本身有一整體性的剖析，才能真正掌握道德之精義，而探討人性，又必須從人性根源之天道基礎來著手。關於道德的人性論基礎與形上基礎，本文於第二章中將有詳細之討論。

三、「道德」與「倫理」的分辨

英文的 Ethics 在中文上作「倫理學」或「道德哲學」，在中國哲學中，「倫理」與「道德」二詞涵義的分野在於：「倫理」指的是「人倫」之理，乃就人與人之關係而言；「道德」則指「得」道之行。前者針對人群社會的行為規範或準則來立論；後者則著重個人內在對形而上層次的理解與行為。此二詞在使用上，偶會有混用的情況出現，亦即二者之間的差異並沒有作明確的劃分。在此種混用的情況下，「道德」一詞，即包括了個人的道德修養與社會的道德規範雙重涵義；而「倫理」所指涉的人倫關係之滿全，亦為一個人道德修養的重要內容。

所以，個人倫理、家庭倫理、社會倫理、國家倫理和宇宙倫理各個層次是相涵屬滲透的。也就是說，人倫關係的模式中，人與人之間的關係是包涵

〔註8〕 參見：傅佩榮：〈儒家倫理的現代化〉，《哲學雜誌》，（價值之重估：倫理學的反思），第 12 期，1995 年 4 月，頁 8。

的、結構性的、等差的。

　　在傳統中國文化中，一般的人際關係之概念劃歸在具體的人倫關係概念之範疇內。五倫有君臣、父子、夫婦、兄弟、朋友，其中父子、夫婦、兄弟三倫屬於家庭倫理，正顯示出中國哲學中的人倫關係，是以「天倫」為基礎的特色。這種人倫關係構成「倫理」的基本對象，並由此派生出「人理」的基本要求，形成中國倫理道德的基本結構。在此種情況下，各層次之倫理相互滲透涵屬，對於「倫理」與「道德」兩個概念並未有明顯的區分，但在此種不作區分的情況下，經常使倫理與道德的內涵曖昧不明。〔註9〕

　　西方哲學自康德之後，費希特、謝林、黑格爾等德國觀念論者，即試圖將「倫理」與「道德」二詞的意義作區分，使兩者的分際更為明顯。黑格爾認為，倫理是社會的，道德是個體的；社會道德為倫理，個體倫理為道德。在中國文化中，倫理與道德既相互區別又互為表裡。倫理之內容為道德，道德之延展為倫理。也就是說，倫理以人與人的關係為主，道德以人與理（或「道」）的關係為主；倫理是人倫關係的原理，道德是個體對這種原理及其規範的內化與行為表現。前者為人倫之理，後者為得道之行。〔註10〕關於此區分，沈清松教授曾在〈對應快速科技發展的道德教育之人類學基礎〉一文中對此二詞作了說明：

>　　整體言之，倫理乃某一定社會中人們依以彼此互動的行為規範。它代表了一個必須透過社會和歷史的方式來自我實現的行動者團體的相互關聯性。道德則關涉到主觀意向，以及個人實現其主體性之方式。它代表一個人提昇其主體至於普遍之歷程及其結果。換言之，道德指稱一個行為主體努力實現其人性的歷程及結果，以主體性為其中心指涉，雖則其實現必須在倫理關係的脈絡中行之。簡言之，道德乃以倫理關係為基礎，並在發展倫理關係之中去提昇人性的歷程與結果。〔註11〕

成中英先生也在其〈中國倫理體系及其現代化〉一文中提及：

>　　倫理是就人類社會中人際關係的內在秩序而言，道德則就個人體現倫理規範的主體與精神意義而言，倫理側重社會秩序的規範，而道

〔註9〕　同註3，頁23。

〔註10〕　同上。

〔註11〕　參見沈清松：〈對應快速科技發展的道德教育之人類學基礎〉，《哲學與文化》，12：6，1985年6月，頁391。

德則側重個人意志的選擇。固然就具體行為及其目標著眼，兩者不必有根本差異，但就個人與社會的相互關係而言，倫理與道德可視為代表社會化與個體化兩個不同的過程：道德可視為社會倫理的個體化與人格化，而倫理則可視為個體道德的社會化與共識化。透過社會實踐，個體道德才能成為社會倫理;透過個人修養，社會倫理才能成為個體道德。〔註12〕

於此，我們對「倫理」與「道德」二詞的意義亦可從另一個角度來理解：所謂的「道德」，是專指「主觀意義的道德」而言；而「客觀意義的道德」則一般稱之為「倫理」。也就是說，「倫理」的意義多著重在社會中人際關係的互動，牽涉到人與人的適當關係之滿全的行為規範稱之；「道德」則傾向於個人內在的精神修養，對於自我內在人性的提昇者稱之。在此意義下，道德的完成，有賴於倫理的實踐與滿全，二者又是不可截然劃分的。

傅佩榮教授亦認為，「倫理」的意涵偏重於外在的行為規範，「道德」的義蘊則指向內在的自我期許，兩者如果能相互配合，人倫之間的規範生活即會完美地實現。〔註13〕

法蘭克納（William K. Frankena）在其《倫理學》一書中認為，道德是一種社會建構，它在起源、制裁及功能上，都是社會的，用來作為一組文化目標及達成該目標的方法，而不只是個人為指引自己的行為所發明或設計出來的工具。人們靠著外在的灌輸或「道德的內化作用」使之成為個人的習慣，並且能夠自律、過省察的生活，變成道德的行動者。〔註14〕本文認為，此處所謂的「道德」毋寧是針對「倫理意義」的道德（即道德的客觀方面）而言的。因為若是道德僅只是一種社會建構，不但在其本質上為「他律」的道德，且其建構之精神亦可謂之為「行之有年，並深化於人之內心」的「法律」。如此，即喪失了作為「自律」功能的內在道德之意義。也就是說，道德是發自人性深處的一種要求，此種要求與人性本身的存在結構相關，它是一種人性特有之情感結構的彰顯，而不單為社會養成的結果。換句話說，「道德要求」作為人性內在特有之情感結構的彰顯而言，它是主觀的；但作為普遍人類共

〔註12〕 同註5，頁580。

〔註13〕 同註8。

〔註14〕 參見 William K. Frankena 著：《倫理學》（李雄揮編譯），台北：五南，1990年，頁6～10，「道德的本質」。

通之內在要求而言，它又是客觀的。人類因此內在要求而有社會建構的機制產生；又因社會規範的具體化與客觀化之要求，又返回自身達成內化。此種由內而外，再由外而內的歷程，形成一系列動態而辯證的道德活動。

所以，對於「倫理」與「道德」的區分，我們還可以將道德分為廣狹二義：

狹義的道德，指的即是前所論述之「道德的主觀方面」，或稱之為「主觀的道德」。從主體對於自身人性的提昇與對形上世界的把握而言，它的展現，具體言之即是「良心」。廣義的道德，其內容除了「道德的主觀方面」之外，還包括「道德的客觀方面」（即所謂的「倫理」，或稱之為「客觀的道德」）。也就是除了主體對自身內在的各種要求之外，還加上人際社會的互動、適當關係之滿全，或行為的實際規範……等等。此主客兩方面的道德內容之總和，我們稱之為廣義的道德。

就狹義的道德而言，依個人主觀的意向以求提昇其主體性的道德歷程，必須要在倫理關係的滿全中才得以實現，所以一旦主觀的意向落實為具體的行為時，必然涉及人倫社會之關係。此時的行為必然不再是個人的內在意向，而是與人際發生關係的「倫理行為」或「倫理活動」。所以，行為的發生之後，其層面不但涉及個人內在的道德意向，也同時涉及客觀的倫理規範，於此，我們便不再以主觀或客觀的面向來區分「倫理行為」或「道德行為」，而將之視為同義。對於「倫理規範」與「道德規範」之使用亦同。

所謂「倫理行為」或「道德行為」，乃是指一個人的行為涉及道德判斷的內容，例如撒謊、偷竊，或者履約、真誠……等等。而其他如吃飯、看書、搭車……等行為，既不是善的也不是惡的，則歸屬於「非道德行為」的範圍。

第二節　當代倫理學研究的主題

在探討了關於「倫理」、「道德」兩個概念的意義，以及二者之間的區別之後，我們開始要進入倫理學所研究的類別與主題。雖然倫理學所研究的都是與人的行為相關的內容，但因其側重的角度有所不同，所呈現出來的類型也有所差異。所以對於倫理學的類別，依照其性質之不同，而有兩種不同區分的方法：其一為「一般倫理學」與「特殊倫理學」，此乃針對人之行為指導原則之性質所作的區分；其二為「描述倫理學」、「規範倫理學」以及「後設倫理學」，此則為針對研究之對象與目的之不同所作的區分。此外，我們也要更進一步探討道德

判斷所依據的標準，來釐清各個不同層次間的概念及其相關意義。

一、倫理學的類別

　　根據倫理學研究的對象與側重之方法的不同，通常我們將倫理學區分為「描述倫理學」、「規範倫理學」以及「後設倫理學」三類；而對於人之行為的指導原則，則可依其所針對的是形式意義的指導，或是實際實踐意義的指導，而區分為「一般倫理學」與「特殊倫理學」兩種。基於規範倫理學的立場，此處我們先就「一般倫理學」與「特殊倫理學」作探討：

（一）一般倫理學與特殊倫理學

　　就人類生活的存在狀態來說，哲學家能以兩個面向來反省人生：其一是人「存在」於時間和空間中，另一是人的存在透過「行為」來展現。人的存在一方面是獨立的主體，另一方面則是經由此主體的行為構成動態的生活現況。就前者而言，人的存在自覺，其內涵則可以分成「人與自己」、「人與人」、「人與物」以及「人與天」四重關係來探討，我們稱此探討為「特殊倫理學」之範疇。而後者關於人的行為部分，因為探討的內涵所涉及的形式重於行為的內容，故著眼的重點在於行為的「指導原則」，我們亦稱此倫理規範的原則為「一般倫理學」之範疇。一般倫理學提供普遍性的指導原則，著重形式的釐定，例如「善的意義」之問題；而特殊倫理學則提供具體的「實踐原則」，針對人具體生活中的種種際遇作處理。換句話說，一般倫理學是在自覺到自身的「行為部分」，由意、欲、願等主體的情意，去控制思言行為，使其能順應倫理規範，而創生「善」，使人達到作為道德人的境界。特殊倫理學所要指出的，是從其存在的「自覺」開始，在生命過程中，接觸到其他的存在，而在各種不同的際遇中，找出行為的規範。〔註15〕此種「特殊倫理學」所遵照的行為規範，乃是以「一般倫理學」所界定的原則為基礎，而後應用於實際的生活中。

　　於此，我們也可以說，倫理學主要的目的，在於解決人類生活中的所有問題，以使生活達到最充分、最美好和最完善的發展。其所關注的問題主要在於：「什麼樣的社會生活形式和個人行為類型有利於（或不利於）人性的完善？」也就是說，倫理學的意義在於教人如何去「善度生活」，而不在於給人

〔註15〕同註4，頁305～311及359～361。

有關「善」的知識。

1. 道德知識的根源

　　近代倫理學常常討論道德知識的根源是理智還是意志的問題，實際上「理智」與「意志」兩者皆涉及道德知識的問題。亞里斯多德說，倫理學的目的不僅在於理論化的工作，而且要求訴諸行動。倫理學的第一個目標就是理解人類的行為類型，以及規範和制度對個人與社會生活所產生的效果。所以說我們可以透過理智來確立「至善」的概念，但是對於意志的決定，卻無法只是透過邏輯的論證來達成。因為意志所追求的是事物的價值，而非理性的認知，雖然理智可以指導意志作抉擇，但意志的自由卻未必聽命於理性的指導。所以，「什麼是完善的生活」這一問題，最後仍要歸結於人的意志來決定。而「至善」或「完善生活」的內容，必須是一種普遍性的原理，也就是我們必須去發現人類情感的共同普遍性，作為至善的內容。這種人類生活共同的內在規律就是所謂的「道德律」。

2. 自然律與道德律

　　一般說來，「道德律」和「自然律」是有所相關，但又不盡相同的。通常「自然律」所指的是自然現象的定理，它有絕對的普遍性來說明自然界的現象。就狹義的定義來說，它應當不容許任何例外的發生，一般物理學上的定理，如「因果律」或「地心引力定律」等定理屬之。但在廣義的認知裡，自然的規則有時也會有少許的例外發生，此「例外」並不影響自然律所顯現之持久而統一的現象，它們仍然有一定的普遍性與準確性，通常生物學上的定理即屬這一類，如「烏鴉是黑的」以及「哺乳動物皆是胎生動物」等。「道德律」和「自然律」最大的不同是，道德律所指稱的為「應然」，自然律所指稱的為「實然」。但就廣義的自然律而言，道德律也可以在同樣的意義下，稱倫理學的命題為自然律，因為倫理學命題是人類據以判斷行為的普遍原則，它建立在人性的共通基礎上，雖然在實踐上會有例外的情況發生，但仍不失其為指導行為的普遍原理。換句話說，只有在所有人皆依據人性的共通基礎——符合道德律——來行動，人類的生活才可能延續，所以道德律在此具有與生物學定律一樣的確實性。〔註16〕

〔註16〕參閱〔德〕弗里德里希・包爾生著：《倫理學體系》（何懷宏、廖申白譯），台北：淑馨，1999 年，頁 18～21。

（二）描述倫理學、規範倫理學與後設倫理學

一般來說，倫理學研究人的一切倫理事實，它包括了人類行為的特質、行為的標準、良心的現象與法律的基礎等等。但是學者們對倫理學的理解，卻大不相同，其類型大致可分為「描述倫理學」、「規範倫理學」，以及「後設倫理學」等三種：

1. 描述倫理學（Descriptive Ethics）

其所研究者，多傾向於倫理（或道德）行為的描述。不同的時代、社會背景、文化或風俗習慣，會有不同的道德規範出現，描述倫理學所做的，僅及於現象的描述，並不設法探討道德規範所依據的標準，也無法提供人們一套有效的行為準則。換句話說，它的主要目的並不在於規定人們應當作什麼，也不在於告訴人們應當根據什麼原則來判斷，而只是要描述和理解人們實際上的行為和生活方式，所以它無法成為規範性的科學。廣義的說，人類學、心理學和社會學都屬於這種倫理學。

2. 規範倫理學（Normative Ethics）

此為狹義的倫理學，亦為中西傳統所講的倫理學。規範倫理學研究人類行為的本質，探討道德的最深基礎，並以形上學中的「人類學體系」與「宇宙論體系」來界定人的結構和人生意義，強調倫理規範的標準與道德行為的構成，透過對道德問題的探討，提供人們一套行為的準則或道德判斷的依據。因此規範倫理學實際上也是形上學的一部分。此派倫理學的研究趨勢，有「目的論」和「義務論」兩大主流。前者如效益主義（Utilitarianism）之主張，後者如康德的善意志對「良心的無上律令」之遵守。

3. 後設倫理學（Meta-ethics）

或稱分析倫理學（Analytical Ethics），主要受到分析哲學的影響，以事實的「實然」較理想的「應然」重要，認為倫理學的首要任務，不是指導人的行為或定出行為規範，而是「知道」倫理語言的意義。所以主張人要探討道德，應該從分析道德語句開始，才能夠明白人所認為的「道德」究竟是何意義，希望透過知識的探討，來引出倫理學的架構。所以後設倫理學並不批判人類行為的價值，也不研究人類行為的標準，它所注意的是倫理字句的語意和邏輯的問題，著重道德語言的分析，並且僅從語意上探討道德的內涵，例如「什麼是『善』？」、「什麼是『惡』？」、「什麼是『價值』？」、「什麼是

『標準』？」甚或「什麼是『倫理』？」等問題，實際上並無法爲人類的行爲提供任何依據的準則。

所以，對於道德行爲的判準，只有規範倫理學的研究方能提供我們有效的答案。它的目的在於研究日常生活中的道德規範，以探討這些規範的合理性基礎，並由此歸納出一些更基本的原則，以作爲道德判斷的依據。也就是說，規範倫理學的目的，在於建構出一套有關行爲規範的基本原則，以作爲道德行爲的指導，或作爲道德判斷的依據。

基本上，儒家倫理亦屬規範倫理學之性質，其所重視的，不在於獲得有關「道德」的知識，也不在於道德觀念之演變的研究，而是在於了解道德之意義與性質之後，使人眞正去成爲一個道德的人。所以儒家倫理既不屬於知識取向的後設倫理，也不屬於現象研究的描述倫理，而歸屬於指導意義的規範倫理。而前面所述之「一般倫理學」與「特殊倫理學」，其目的亦在於對人的行爲定出指導的原則，故其性質，亦屬規範倫理學之範圍。

二、規範倫理學的主要派別

既然規範倫理學的任務在提供我們一套行爲的規範或道德判斷的標準，那麼我們就不免要問：「行爲規範的原則是什麼？它們的有效性在哪裡？」或者「道德判斷的依據是什麼？是人的行爲結果？行爲動機？或者還有其他因素？」「什麼樣的行爲可稱之爲善？什麼樣的行爲稱之爲惡？」「究竟什麼是善？什麼是惡？」甚至我們還要進一步追問「爲什麼要有道德？爲何要做一個有道德的人？」

（一）目的論與義務論

關於以上種種問題的探討，在倫理學史上有「目的論」和「義務論」兩大流派，其基本概念乃傳承自休謨在倫理學上的一對對立名詞，即「事實」與「價值」，或是「實然」與「應然」的二分。事實（Facts）所導引出來的學說，被稱爲自然主義（Naturalism），這自然主義順著人性的傾向，滿足慾望，追求幸福，追求進步，尋求完美等，是有目的取向的，因而是「目的論」（Teleology）。另一方面，由價值（Values）所導引出來的，因爲加上了幾許人爲因素，而被稱爲非自然主義（Non-naturalism）；這非自然的意義也就不是傾向的問題，亦非滿足慾望，而是在所有事實之外，去尋找理想，去定立倫

理規範，因而其學說被稱爲「義務論」（De-ontology）：〔註17〕

1. 目的論（Teleology）

此派學者認爲，道德判斷的最後標準，在於行爲結果所招致的非道德價值。例如快樂主義者認爲快樂就是善，痛苦就是惡。能夠爲人帶來快樂的行爲即是善的行爲，不能爲人帶來快樂或爲人帶來痛苦的行爲即是惡的行爲。又如效益主義（Utilitarianism）者主張，所謂效益即是一個行爲所帶來的大多數人的最大快樂。也就是說，能夠爲眾人帶來最大快樂的行爲才是有效益的行爲，因而才是道德的行爲。基本上，目的論強調行爲目的或行爲所帶來的後果。

2. 義務論（De-ontology）

此派的學者反對以行爲結果來作爲道德判斷的最後標準，而認爲道德乃基於行爲本身的特性，或至少是依據行爲者的動機來判斷。例如康德認爲道德在於行爲者「善的意志」。此種善的意志使人樂於服從「良心的無上律令」，使人的行爲皆依照「可普遍化原則」來行動。如果一個行爲在本質上是惡的，無論能帶來多大的好處，其行爲皆是不道德的，例如說謊。就人的意願來說，如果一個人不能願意自己所採用的行爲法則成爲「所有人均普遍採用的原則」，那麼這樣的行爲也不會是道德上正確的行爲，例如一個說謊的人並不願意所有的人都說謊，則說謊的行爲並不符合「可普遍化原則」，即非道德上正確的行爲。

（二）德行倫理學

在上述「目的論」倫理學與「義務論」倫理學之外，還有第三種倫理學，我們稱之爲「德行倫理學」（Ethics of Virtue）。它強調人性的完善須要整個人的參與，注重道德主體的「是」或「成爲」之問題，以有別於「去做」的問題，我們也稱之爲「是的倫理學」（Ethics of Being）或「特性道德」（Morality of Traits），主要以亞里斯多德爲代表。〔註18〕

康德在探討道德自律的問題時，曾經區分「出於義務」（act from duty）和「符合義務」（act in accordance with duty）兩個概念。所謂「出於義務」是指

〔註17〕同註4，頁83。

〔註18〕亞里斯多德認爲，道德的基本問題不是「我應當作什麼？」而是「我應當是什麼樣的人？」也就是說，去「成爲」有德者遠比「去做」一件道德上「對」的事情重要，此即「德行」優於「義務」之觀念。

行為者的動機或態度是一種自律的動機，也就是為了道德義務而實踐道德的自律動機；而「符合義務」是指行為者的行為結果符合道德所要求人去實踐的規範。如果一個人的行為是就道德本身的原因而去實踐，那麼我們可以說這是出於義務的自律行為；如果人的行為是基於道德以外的原因，那麼這樣的行為就不是出於義務，也就不是自律的行為了。從事實來看，「出於義務」的行為在結果上未必就「符合義務」，相反的，「符合義務」的行為，在其動機上也未必是「出於義務」。〔註19〕若就德行倫理學而言，我們也可以用「基於道德」，而非「行」道德來說明。

此處所言的「基於道德」同樣是指人的動機，所關係的是人本身的性向（dispositions）及特性（traits）的培養，它關心的是「成為（to be）這種人」，而不只是「符合道德」或「行（to do）道德」。〔註20〕換句話說，「德行」並不同於「義務原則」，它主要是一種較簡單而不精確的價值判斷，如希臘哲學中的「四樞德」（智、義、勇、節）、基督宗教的「信」、「望」、「愛」，以及儒家的「三達德」（智、仁、勇）等德行。義務判斷的原則則是較具體而精確的行為規範，例如「我們應該平等待人」以及「要愛人如己」等。

所以真正的德行，不能只是依據規則而不管其意志，不能只是法律而無精神內涵，所以德行是人在某些情境做某些行為的性向和傾向。康德曾說：

> 無特性的原則是空的，無原則的特性是盲的。（Principles without traits are impotent, traits without principles are blind.）

符合義務原則的行為，其動機不一定是自律的或道德的，所以不能只要求行為符合義務規則，而必須培養人的道德特性。如果我們能夠成為有德性的人，那麼在面對道德衝突時便能有所抉擇，並且能夠依照實際的道德考量，而適度修改我們的義務規則。所以，德行倫理學的主要目標是使人「成為這種人」，而不只是「去做這種事」。雖然我們說，出於道德（動機）的行為在結果上未必符合道德標準或義務原則，但要「成為」也必須包含「設法去做」，因為如果沒有「去做」的行為，道德之內涵無從顯示，也就無法達到「成為」的目的了。所以說，「去做」是「成為」的必要內容。

〔註19〕就康德而言，道德是出於「義務」且「符合義務」的，如果一個人的行為是出於個人特質的同情心，而非由於道德義務本身的推動，在我們看來，此種行為雖然是不可忽視的德行，但卻被康德所忽視。

〔註20〕關於「去做」和「成為」的觀念，同註 14，〈道德價值與道德責任〉，頁 111～133。

　　所以，道德的義務原則或行為規範，並不只是一種沒有獨立價值的、外在的技術或手段，它也構成了「完善生活」的內容。換句話說，道德生活中的一切既是手段，也是目的的一部分，是既為自身又為整體而存在的東西。〔註21〕黑格爾曾說：

> 一個人做了這樣或那樣一件合乎倫理的事，還不能就說它是有德的；只有當這種行為方式成為他性格中的固定要素時，他才可以說是有德的。德毋寧應該說是一種倫理上的造詣。〔註22〕

儒家的倫理學即是上述所言，既關心「成為」，且關注「去做」的倫理學型態，也可說是調和西方「義務論」與「德行論」的倫理思想。近代西方較傾向於從義務來看德行，認為德行是人的行為依照規範或義務原則的指導，並且日久形成的良好習慣。儒家則較傾向於從德行來看義務，為了德行的培養，才有義務的規範；道德規範的遵循，是為了培養良好的德行。所以「德行」成為儒家倫理學的中心課題，透過各式各樣的道德義務和規範，人們得以修德行善，並使人性完善。

三、道德判斷的標準

　　所謂道德判斷，並不只是對實際發生行為的一個事實描述，而是對行為的實踐構成一種規定和要求，藉以鼓勵某些行為或禁止某些行為，〔註23〕其基本類型可區分為「價值判斷」與「義務判斷」兩種，由此兩種道德判斷所觸及的相關概念，則又有「良心」和「義務」，或「良心」與「道德意識」兩個層次，為清楚呈現其間的關係與條理，以下分三個段落來加以詳細探討：

（一）「價值判斷」與「義務判斷」

　　在道德判斷中，我們會區分出某些行為是道德的「對（right）、錯、義務或責任」的行為，而有些人的動機、意向、品行……等等則是道德的「善（good）、惡、高尚、卑鄙……」的行為。也就是說，道德上的「對」與道德上的「善」是不同的兩種判斷。對於「行為」的適當或合乎道德規範，我們用「對」（或「正當」）來表述；對於「行為者」好的動機或品格，則用「善」來稱謂。前者針對行為結果的判斷可稱之為「道德義務判斷」（judgements of

---

〔註21〕同註16，頁11～12。
〔註22〕參見中華書局主編：《思與言》，香港：中華書局，頁32。
〔註23〕參閱見：林火旺《倫理學》，台北：空大，頁8。

moral obligation ； deontic judgements）；後者針對行為動機所作之判斷則稱之為「道德價值判斷」（judgements of moral value；aretaic judgements）。〔註24〕

　　動機主要是用來評定一個人內在道德的依據；而行為的結果則讓我們能夠檢視此行為在倫理關係的落實中是否適當。一個人道德的好壞，我們用「善惡」來評價；對於行為的結果，則用「正當」與否來形容。在這樣的道德判斷中，行為的對錯若是依照此行為的客觀結果來判斷，則此種判斷是依據目的論的原則。相反的，若是依照行為的性質或動機來判斷一個人的善惡，則此時的判斷是根據義務論的原則而來。

　　但我們知道，一個道德上對的行為，可能來自於不好的動機；或者一個出自好的動機的行為，其結果並不一定是道德上善的行為。這時候，「什麼是道德善？」便不得不同時採取兩種道德判斷之觀點，一方面以道德價值判斷為基礎，設定一些基礎的原則，使之作為人們行為動機之指引；另一方面根據這些原則，努力使行為合於道德義務之判斷了。此即前述德行倫理學所強調，也就是說，價值判斷之原則（to be）隱含義務判斷所認為應該做的具體行為（to do）。〔註25〕前者指導我們「成為」有道德的人，後者則要求我們「去做」適當的行為。

（二）「義務」與「良心」

　　根據道德的「價值判斷」與「義務判斷」的關係，我們也可以說，「道德的價值」本身就是所謂的「道德理想」，而「道德義務」（或「道德規範」）則是理想的落實與實現，所以，道德上的義務命令乃根據道德評價所推斷出，道德的義務規範是道德價值得以實現的具體方法與內容，「應當」即是義務的基本意義與內涵。

　　「義務」的意義，可從三個不同的層次來界定：〔註26〕

　　首先，最狹義的義務，也是義務的最基本內涵，指的是在涉及他人的合法利益時，人所被禁止或被要求必須實行的行為，此種義務乃是一種「約束性」的要求，也可說是最低限度的道德，例如：償還債務、遵守契約、不偷不詐等。人只要不遵循此種義務的要求，便是違反道德規範，其行為即可稱為道德上惡的行為。

〔註24〕同註14，頁11～12，「道德判斷的種類」。
〔註25〕此處關於道德判斷的種類和標準，根據法蘭克納之說法，同上，頁113～124。
〔註26〕同註16，〈義務與良心〉，頁295～326。

其次，較廣義的義務，指的是符合道德律要求的行爲，此種意義下的義務，除了包含前一種義務所要求的行爲之外，並著重積極主動的態度，不但遵守禁令或規定的行爲，也要求人進一步實踐道德上善的行爲，例如對人要熱情和藹、要熱心助人等等。

最後一種最寬廣、最充分意義的義務，也是最嚴格的義務要求，便是用「道德理想」來要求自身，儘量使自身做到最大的完善，此種義務的要求，永遠不會有道德上的「超額」，也不會有道德「完成」的境界，而只是一種不斷追求、不斷趨近的過程，例如聖潔、完美等等。

此三種層次的義務內容，皆是個體的責任，每一層次的義務都包含前一層次的要求，此種不斷向上要求的個體責任，其進一步的自我超越就是「良心」。所以，義務心和責任心皆是良心的直接顯現，也可說是良心的實質性內容。良心最直接的功能，就是對道德主體發出道德命令，要求行爲者的意志與行爲符合道德規範。如果行爲者的意志違反道德規範的要求，或者意志與義務間產生衝突時，良心便會發揮其自我監督的功能，成爲意志與規範之間的仲裁者。〔註27〕所以良心可稱爲發動人類道德價值系統的心理機制，〔註28〕它是道德規範在人意識中的存在，也是人內心是非判斷的功能。

雖然它是內心與倫理法則的認同，但它的運作卻不是一般理智的運作，它可以對人發出各種行善避惡的道德命令，但卻不問道德命令的理由。也就是說，良心所秉持的是普遍的規範原則（如「行善避惡」），而不是實際的道德細目（如「不可說謊」），它主要是人在道德上自我要求的能力，在落實於實際的行爲時，便會因爲時空或環境的因素而有個別差異的可能。所以，良

〔註27〕通常我們指符合道德規範的行爲是善，而意志所意欲的對象也是善，兩種善在正常情況下是不會產生衝突的，但是因爲道德規範必須考慮符合廣大人群之利益，有時必須節制個人利益來作爲因應，若是個人只考慮其意志所愛好的善，而不將實際生活中的種種情況列入考慮，即有可能牴觸作爲普遍遵行的道德規範或義務。所以當二者牴觸時，良心即會基於道德義務的考量，要求個人的意志作審慎的抉擇，此時良心的功能才被突顯。但我們必須知道，此種突顯並不意味意志與義務的必然衝突，也不意味良心只在二者衝突時才發生效用，而只是意志與義務的偶發衝突時，良心的功能才被明顯的覺察出來。

〔註28〕良心作爲自我發動道德價值系統，它具有自我評價、自我監督、自我控制、自我決定、自我調節和自我完善的功能，是個自訟、自控、自抉、自調、自成的道德心理機制。參見葉蓬：〈道德價值的哲學詮釋〉，《哲學與文化》，21：12，1994年12月，頁1119～1120。

心在落實時，有時也會因人而異，所以良心並不能做為道德判斷的唯一標準，換句話說，它是道德標準的重要參考，但不實際提供道德規範的內容，良心的判斷有時是可能犯錯的。如果再說得明確些，在倫理活動的內部結構中，我們還可以區分「良心」與「道德意識」。

（三）「良心」與「道德意識」

「良心」是指導人類行為所應根據的普遍原則，也是一種主觀的、形式的道德要求，它主要在於監督人的意志與動機，適時對人發出道德要求的命令；而「道德意識」乃相應於行為的結果是否符合義務與責任而言，其內涵指向具體的、客觀的行為內容，主要涉及的是良心在實際行為中的實現，我們亦稱之為「義務感」、「義務心」、「責任心」、「道德心」等等。兩者的分辨〔註29〕在於：「道德意識」是相對的，它是一個社會中對善惡、行為對錯之看法；而「良心」是要求分辨是非善惡的能力，它不指涉任何固定的內容，一旦涉及內容，就落入「道德意識」的層次，就必須摻入特定社會、歷史現實和人群活動的考慮，而歷史現實一旦納入考慮，相對性立刻誕生，以便順應現實的考量。因此，「良心」僅僅是一種要求分辨是非善惡的能力，是一種形式方面的普遍條件，是人性中分辨是非善惡的「要求」與「能力」。

由此，我們可以知道，許多複雜的心理要素，如道德認知、道德思維、道德想像、道德直觀、道德體驗、道德情感、道德情緒、道德興趣、道德情操、道德需要、道德意志、道德信念……等等，都是良心所呈現的種種環節，〔註30〕所以，「良心」是一種普遍的活動，它推動了所有特定「道德意識」的誕生和發展，且由於它只是這樣的一個活動條件，所以允許有錯誤的餘地，它不執著於任何現實，而只是針對現實，不斷地體現其分辨是非善惡的能力和要求，如此才使得「道德意識」能夠日新又新，能夠考察現實而形成代代推移的人倫規範。〔註31〕

基本上，儒家之倫理落實在現代社會，亦可根據前所論述之道德判斷為

〔註29〕同註8，頁9。

〔註30〕就理性認識而言，良心包括對世界觀、人生觀的整體把握，包括準有效的道德判斷、道德推理和道德選擇程序；就情感經驗而言，良心有榮譽感和羞恥感、幸福感和負疚感、愛和恨等要素；就欲向需要而言，良心有沿著價值導向擇善從善的自主性。以上三個方面都無不包含意志力的要素，並且三者是水乳交融、相互滲透的。同註28，頁1119～1120。

〔註31〕同註8，頁9。

標準，雖然在先秦時代尚未有如此精確的判斷概念之分析，然而人之行爲與意識結構是古今皆同的。或者我們亦可由一種「演進」的角度來理解，概念的演進與發展，是由簡而繁的，正如同「良心」之落實於「道德意識」然。「簡」爲原則、爲基礎；「繁」則爲落實、爲應用。藉助於現代倫理學之精密看儒家倫理之簡要，則儒家倫理更能呈現其豐富之義涵，亦較能透顯其現代意義與價值。所以，以下即針對「儒家倫理」與「道德規範」作進一步的分析，以儘可能從當代倫理之精確思考，呈現儒家倫理之特質。

第三節　儒家倫理與道德規範

前已論述儒家倫理乃屬規範倫理學之性質，所以一般道德規範之特性，亦呈現於儒家倫理之中，如「實然」與「應然」、「自律」與「他律」、「應該」與「能夠」等幾組概念間的關係，同樣在儒家倫理中容易造成爭議或混淆。所以本節即從道德規範的特性入手，對上述幾組觀念的性質作界定，並澄清道德規範之普遍有效性的意義，最後歸納出儒家倫理思想的重要特點，以作爲下一章繼續討論道德之形上基礎的重要背景。

一、實然與應然

威爾‧杜蘭曾說：「倫理規範的一個目的，是在『規正』不變的或緩慢變動中的人性衝動，使之去適應社會生活變動的各項需要與環境。」〔註32〕所以倫理學所關心的，並不是事實的描述，而是人的行爲應該依據怎樣的準則。換句話說，也就是倫理學所要探討的問題是「應然」的問題，而不是「實然」的問題。所謂的「應然」，就是「應該如此」；「實然」就是「實際上如此」。前者是一種道德判斷的語句，後者則是關於事實的陳述。

有許多的倫理學家喜歡探討「實然」與「應然」的問題，一般認爲實然是知識的對象，應然則是道德判斷的對象，兩者分屬於兩個不同的範疇，在邏輯上是不可互相推論的。

王開府先生在其《儒家倫理學析論》一書中舉黃慶明先生「由實然可以推到應然」的觀點爲例，說明由事實的陳述（「某人承諾某事」）不能邏輯地

〔註32〕參閱威爾‧杜蘭著《世界文明史》，卷一〈文明的發生〉，台北：幼獅，1972，頁 67。

必然推論出倫理的判斷（「某人應該履行承諾」），只有當前提的事實涉及基於道德而發生的約定（「作承諾的人應該履行承諾」）時，才可能有效地推出倫理判斷的「應然」。也就是說，前提所涉及的道德預設，其本身就是一個「應然」的道德原則，此原則在邏輯上是無法證明的。所以，實際上，道德的應然必須由道德原則推出，此乃「由應然推出應然」的推論，而非純「由實然推出應然」。〔註33〕

　　而李雄揮先生則認為「應然」的確是由「實然」的命題而來。他用心理學上道德發展的理論，主張所謂的「良心」就是「內化了的他人」，人們良心的形成，乃是因為感受到外在環境的巨大壓力，因而透過「道德的內化作用」而形成自己的良心。道德發展的過程，是由「零道德」開始，漸漸發展之後才能形成一般人正常的道德階段。基本上，嬰兒或「狼人」是不會有我們的道德觀念的。因為社會要求我們在先，人因感到來自環境的巨大壓力，而後經由內化作用漸次成為良心中的道德規範。所以，「應然」確實是由「實然」的命題而來。〔註34〕

　　在此，我們可以綜合兩位先生的觀點來論述：一方面，因為社會必須要有一套方法來保障所有人的幸福，不得不有一組文化目標的設立，依照這些目標來教導人們合宜的行為，因而有所謂「道德規範」的發生。人在成長過程中，漸漸學習將這套道德標準內化到良心之中，於是這套規範得以成為此社會中所有人的共同標準。然而在另一方面，社會之所以能制定一套為大家所認同的規範，必有其依據的基本原則（例如「人的利益應該受到保障」、「社會應該為人民主持公義」等）。而此種基本原則的本質，仍是「應然」的道德判斷。所以，一方面應然由實然導出，但在另一層次上，此實然仍依據另一個應然——而此應然則根據人性的事實。

　　從人性的事實出發，人會有基本的道德要求，根據此普遍的道德要求形成社會共同的判斷標準，進而對人形成一種外在的約束力量。人由於此約束力量的要求，重新回到自身，進而對自身有符合社會標準的要求，道德的內化作用於焉形成。由此「實然——應然——實然——應然」的變化歷程，而有存在於人人心中的道德判斷標準，其基礎不是別的，而正是人皆有之、普遍而共通的人性。

〔註33〕　參見王開府：《儒家倫理學析論》，台北：學生，1988年，頁182～186。
〔註34〕　參見李雄揮：〈應然命題的確由實然命題導出〉，同註20附錄，頁199～214。

所以鄔昆如教授說：〔註35〕倫理學本身就是討論「應然」的範圍，而不是以描述「實然」為目的。在倫理學的觀點上看，其「應然」亦並非外來加上的，而是由其本身的「實然」所開發出來的。因為，人向著「完美」，向著「成全」，向著「善」的本性，就是對「實然」的不滿，而嚮往著「應然」而生活的。這種站在「實然」的基礎上，向著「應然」的目標前進，原就是人生的動向。在「應然」能用學問的方式研究，又能有體系地提出規範時，也就是倫理學的產生和發展。

（一）事實知識與道德知識

在傳統上，無論中外，倫理學都是實踐取向的，都把倫理學作為實踐哲學的一部分，而不將它作為純理論的學問來探討。關於實踐哲學的知識，我們稱為「道德知識」；而一般純理論的學問，則可稱為「事實知識」。在倫理學的領域，我們可以斷定的一個事實就是：「道德知識」高於「事實知識」。

牟宗三先生曾在其《中國哲學十九講》一書中提出「外延真理」（extensional truth）與「內容真理」（intensional truth）的辨別。〔註36〕所謂的「外延真理」指的大體是科學的真理，凡是不繫屬於主體（subject）而可以客觀地肯斷（objectively asserted）的那一種真理，統統都是外延真理，科學裡的命題也統統都是外延命題。邏輯實證論者只承認有認知意義的外延命題，凡是沒有認知意義的、不能外延化的，都不算是命題。但事實上，除了外延命題外，還有內容命題的存在。「內容真理」指的是人生的真實性，無論是詩歌、宗教情感或道德要求，皆包含了真實感，並且能引發人的真實感，雖然它不屬於科學知識，但它所表示的是屬於人生全體中的真實性，它不能外延化，但它是真理。換句話說，它不能離開主觀態度，不能脫離主體性（subjectivity），道德和宗教一定要落入主體來呈現，所以兩種真理皆具有普遍性。我們所說的「事實知識」即屬於「外延真理」，而「道德知識」即屬於「內容真理」，牟先生亦將前者稱為「廣度的真理」，將後者稱為「強度的真理」。由於人的主體性主要表現在是非善惡與價值的判斷之中，所以倫理學所強調的內容乃著重於「道德知識」，它需要人們以主體性去實踐，所以在倫理學中，「道德知識」的地位確實是高於「事實知識」的。

〔註35〕同註4，頁279。
〔註36〕參閱牟宗三《中國哲學十九講》〈第二講 兩種真理以及其普遍性之不同〉，台北：學生，1989年，頁20～43。

（二）道德的證立

　　雖然我們確立了道德知識於價值判斷中的重要性，但是我們還要追問：「社會建構所依據的道德原則，其合理性基礎何在？」也就是問「道德要如何證立（Justify）呢？」法蘭克納告訴我們：個別判斷本質上隱含著一個普遍判斷，所以除非我們接受其普遍判斷，否則該個別判斷就不能算是被證立的。也就是說，道德判斷或原則必須經得起每一個人道德觀點的考驗才能算是被證立。而此道德觀點即是休謨所指示的：自由的、無私的、願意普遍化、觀念清晰、消息正確等等。〔註 37〕由此我們可以更確切地說，能夠讓每一個人的道德觀點所共同肯認的原則，就是符合於人性的原則。「人性」即是道德證立的根本基礎。所以，道德雖然是社會的建構，但它同時又是理想的──即它的建立有其形上基礎存在。

　　所以 Hume 在其《道德原理的探討》中說：

> 道德的概念隱含著人類共同的感情（sentiment），這種感情提供了同樣的對象以普遍地讓人認可……當一個人把一個人稱爲他的「敵人」、「對手」、「敵手」、「仇人」時，它是在使用一種語言以表達只他自己才有的特別感情，而這種特別感情是他的個別生活所產生的。但當他說某人「邪惡的」、「可憎的」、「墮落的」時，它使用的是令一種語言以表達他期望所有的聽眾也都會起共鳴的感情。它必須……排除他個人的特殊考慮，必須選擇一個他與所有人共有的觀點來作判斷。……〔註 38〕

此觀點贊同了人性爲道德證立之基礎的看法。此外，道德的理想性可由施拉格（Calvin O. Schrag）所論述祁克果對道德的觀點來佐證：

> 道德內容不能被抽象爲「某物」──一種客觀地決定了的、爲立法所通過的道德標準。只由外在標準決定的行爲是沒有道德內容的。只有發自內心深處的行爲才能表明自我是倫理的。道德行爲不是遵循美德；道德行爲是認識自己和承擔責任。

換句話說，道德規範僅是道德良心的顯現，而非道德本身。眞正的道德，必須有道德良心的自覺作基礎，以道德規範作內容，二者缺一不可。

〔註 37〕同註 14，〈意義與證立〉，頁 159～187。

〔註 38〕同上，頁 176。

二、道德規範的特質

既然（廣義的）道德所包含的內容，包括「道德良心」與「義務規範」兩個層次，那麼道德規範也應該包含「自律」與「他律」的雙重特性。

（一）自律與他律

所謂倫理規範的他律性，是指道德義務通過其客觀性、權威性和強制性顯現出來。〔註39〕上節我們曾分析「義務」的三層意義，其第一層涵義為最基本的義務內容，也是最低限度的義務範圍，就其本質來說，它是一種不得不服從的必然性，也是一種客觀標準的存在。無論人們是否出自內心願意遵守，社會必然有其強制的客觀要求，此種要求也具有相當的權威性，可以制裁不遵守基本義務的人。這種義務的存在，一方面來自人性的基本事實，另一方面也從外在的客觀形式，轉而要求群體中的每一個體，成為權威而強制的他律性質。

他律的道德義務向個體要求的結果，也促使個體漸次形成自我要求的「內在權威」，或甚至自我超越為良心的內在呼聲，此即道德義務的自律性特質。自律的意義指的即是：人發自內心對自我有道德義務之要求，此種良心的呼聲，一方面來自人性根源中的道德要求，由良心的要求顯現為各種道德義務的規範；另一方面，良心也可以是後天他律的道德規範培養內化的結果，因為由外而內的道德培養，漸次形成內在自我要求的良心呼聲，兩者交互作用，進而使人有第二層次之義務的積極要求，甚至對第三層次之神聖境界或道德理想的追求。

（二）「應該」隱含「能夠」

道德義務（或倫理規範）的存在，無論是基於自律或他律的性質，都揭示了人類行為所應遵守的「應然」之本質。既然是對於人類行為所作的要求，

〔註39〕道德義務概念本身就包含著強制的意思。漢語「務」字原義是「趣」，即「快步行走」的意思，引申而有「一定，必須如此做」或者「出於某種必然性或緊迫性而努力追求的行為」。義務二字合用，在道德意義上就是指出於道德原則、規範的應然要求所必須履行的行為。義務的古希臘字是「KATHOKONTA」，它的原義是「負擔」，表示人格上的一種壓力，要求人應當如此做。英文、法文、德文、俄文的「義務」一詞，原義都是「債務」，欠債應還，這本身就是被別人要求必須做的行為，就是一種強制。對此密爾說：「義務這個觀念總含著照理應該強迫當事人履行這個義務的意思。義務是可以強索的，像債務可以強索一樣。假如我們不認為可以強制他履行，我們就不說是他的義務。」參閱江雪蓮：〈道德義務的他律性和自律性〉，《哲學與文化》，21：11，1994 年 11 月，頁 1027。

或是對於行爲規範的肯定，都必須預設一個原則，那就是：「『應該』（should；ought to）隱含『能夠』（can）。也就是說，當我們要求人的行爲「應該」如何時，我們也必然預設了人「能夠」做到所要求的行爲標準。例如，「我們應該孝順父母」的原則，是預設了人有孝順父母的能力；「我們不應當說謊」是肯定每個人都可以誠實。換言之，所有的道德規範之背後，皆肯定「道德實踐是可能的」，或者「我們能夠實踐道德」的前提。因爲若人無實踐道德的可能，或道德實踐超出人的能力之外，那麼所有的道德規範便不是來自人性的事實，其制定也就形同虛設而不具任何意義了。

（三）其他特質

道德規範除了上述兩種特質——兼含「自律與他律」兩種特性，以及「『應該』隱含『能夠』」——之外，它還具備有（1）文明歷史演化、（2）社會結構、（3）理性自覺、（4）目的性與理想性等各項特質：〔註40〕

1. 就歷史演化的特質來說：倫理規範通常是經由長久的演化與更新而來，不同的時代或不同的民族，自然會有不同的規範標準，一個民族社會可能依其倫理規範的特質而漸漸形成，而此民族社會又在其發展中形成特殊的倫理規範。換言之，一套倫理規範的形成，必定有其歷史背景與時代條件，加上特殊的生活形式之需要而產生。所以就此意義來說，倫理規範的普遍性並非絕對的，不同的時代與不同的民族會有不同的需要，甚至因爲道德發展的程度不同，在相同的「道德原則」下，也可能會發展出不同形式的「道德規範」。〔註41〕

2. 它有社會結構的特質：此特質與歷史演化的特質相關，倫理規範的形成有其社會結構的基礎，如果社會結構改變，產生新的社會需要，則倫理規範也可以有相應的改變，在相同的原則下，可以適度修正規範的方式。但如果社會結構瓦解，則倫理規範也會陷入失序和混亂，加速社會趨向衰敗和毀滅。所以倫理規範與社會結構是相互依存、相互發展的。

〔註40〕此倫理規範的四個特質，根據成中英在〈中國倫理體系及其現代化〉一文中之歸納，同註5，頁579。

〔註41〕例如在某些部落中，人們會將年老生病的父母親殺死，以避免父母親受苦，殺害父母親之舉是爲了表示孝順。而現代的倫理規範下，則視殺害父母爲莫大罪惡。從行爲本身看，孝順父母與殺害父母似乎存在著根本上的衝突，但是在不同的時代與不同民族的條件背景下，「孝順父母」的「原則」是一致的，但因其不同的歷史條件與生活需要，而發展出截然不同甚或互相衝突的「規範」來。

3. 它有理性自覺的特質：倫理規範固然一方面依自然形成，另一方面卻是發自人的本性，通過自由意志來顯現，其本質可說是人類理性的自覺。在人性深處存在著人對道德理想的要求，肯定道德實踐的能力，且人皆有道德良知的自我期許，無論是透過宗教的立法或透過哲學的啓蒙來建立，它都肯定了人類的主體性與人性的尊嚴。

4. 它具有目的性與理想性的特質：倫理學主要探討的範圍可分作「道德現象」和「道德價值或理想」兩大問題，前者描述道德現象的事實，以及道德演變的規律；後者則探討「應然」的規範標準，以及道德的最高原則。就道德的規範而言，它不但提供了一套人際關係與個人行爲的標準，也隱含了此套規範被作爲規範的理由，以及此套規範所指向的理想目標。〔註42〕而在個人人性之提昇與對社會群體生活和諧的促進上，此規範也彰顯了個人存在與社會存在的共同意義。在此意義下，社會中的各項秩序系統是靠道德規範來結合的，它不但爲個人的自我提昇提供了良好的方法，也爲社會的發展提供了推動力與制約力。

（四）道德規範的普遍有效性

道德規範一方面是個人的、理性自覺的、自律的、理想的、可實踐的，另一方面也是社會的、歷史的、他律的、強制的；不但是個人內在的自我要求，也是社會結構所必須具有的要件。雖然道德規範具備了此種內外雙重的性質，也具備了「人皆有之」的普遍人性基礎，但是對於道德規範的普遍性，我們仍須加以說明：

首先，道德規範的普遍性不是全然絕對的。每個民族都有它自己獨特的生活方式和道德理想，不同的時代也有著不同的道德準則，所以，因爲時代與民族的不同，道德標準與規範類型也各有不同。這些規範的類型通常是在特定的條件下所形成，所以也因人類生活的多樣化而有所差異。我們無法論斷在不同的規範形式之間到底誰對誰錯，甚至我們也不能斷定只有某種特定類型的規範才是正確無誤，所以道德理想在具體化爲道德規範時，必須因應不同的歷史條件、生活背景與民族特性，因而也有相當的差異。亦即，各種

〔註42〕通常規範本身並不提供其應當遵循的理由，而只是以隱含的方式來暗示。例如「不要說謊」是因爲說謊不能眞正隱藏事實；「不要侵犯他人」是因爲侵犯他人會危害社會人群的和平共存。而此種規範，在社會中常以風俗或法規的形式存在；於個人則以良心的絕對命令出現。

差異的形式可能只是同一種理念的不同顯現，在此相同理念的基礎上，我們才可以論道德的普遍必然性。也就是說，在人性共同的基礎上，對於道德理想的要求本身，是人人皆同的。只有基於人性的共同基礎，我們才可以肯定道德的絕對普遍性。

其次，雖然各個時代、各個民族都有其公認的規範標準，但在其中的人們對於規範的認知或遵循方式，又各有其內在的特質。亦即，表面上相同的行為，其背後的動機或行為傾向是因人而異的。或者，對於相同的道德理念，不同的人會有不同的實踐方式。對於這種因人而異的特色，正如同時代與種族的不同，其實踐或理解的多樣性，都是相同理想的不同顯現。只有在法律的層次──道德的最低限度──之下，才會制定出一套人人皆須遵守的行為規範，而此標準之下，便只能要求人們的行為至少必須有表面上的一致性，而不再要求其動機或理念是否出於道德。所以，由此我們也可以知道，道德並不能像法律一樣告訴人們確切的行為內容，而只是一種一般性的規範。這些一般性的規範之落實，則因不同的人格特質或個性差異而有程度上的差異。

最後，道德的規範並不是對所有人都絕對有效。人們因為時代性與民族性的差異，通常只有屬於其時代與其民族的道德規範才對一個人有效，若在時空條件並未改變的情況下，別的時代或別的民族之規範，對同樣的人來說，就未必會產生規範的效果了。此外，除了因為時代性與民族性之差異，所造成道德規範的相對有效性之外，我們也在上節中論及道德律與自然律的相似性。就「廣義的自然律」（或生物學的定律）來說，雖然偶有例外產生，但仍不失其為自然中的普遍定律，道德律在此意義下也可以稱為自然律。相同的，我們也可以反過來說，雖然道德律在人性的基礎上有其普遍的有效性，但它仍無法如「狹義的自然律」（或物理學之定律）一般絕無例外的發生。也就是說，我們必須承認，道德律對某些人來說，仍然沒有絕對的有效性。此問題除了涉及「良心」向「道德意識」層面落實的過程所產生的偏差之外，也涉及個人內在道德的「失序」之問題。而此偏差與失序的產生，也就是「惡」之來源的問題了。

三、儒家倫理思想的特點

以上道德規範的特質乃就普遍的特色概括而論，除此之外，儒家倫理仍有其重要的特色。基本上，中國的倫理學主要是以「德行倫理」為主軸，義

務論的行為規範則為德行的延伸或補充，其所著重者為道德的目的性，以及實現此目的的德行能力；西方的「責任倫理」則較著重道德義務的精確性，以及承擔此道德責任的理性能力，兩者的出發點與著重點是不盡相同的。我們若把儒家倫理的基本問題分為「道德理想」與「道德義務（或規範）」兩大範圍來說，「道德理想」所涉及的內容主要是道德價值的根源，以及此根源的形上結構，探討「天道」、「人性」以及二者之間的關係為主；「道德義務」則討論道德理想落實在人間世界的具體事實，展現為人際的「倫理」、「倫份」以及「人倫」等重要的原則與規範。由形上學的領域下貫而落實為生活實踐的應用，乃是儒家倫理學的重要特徵，因此，儒家倫理可歸納出如下的特色：

（一）儒家倫理以形上學為基礎

儒家思想最根本的概念「天」是創生萬物的根源，也是人性所得以秉受的基礎，人性由天命下貫而來，又為道德的普遍基礎，所以儒家的道德理想除了根源於人性的共通基礎外，實以形上的「天」為最後根源。

天命下貫為人性，天道善，人性亦善。天道的價值乃透過人性而顯現，同時也只有人才能顯現並實踐此一價值，所以人是異於其他萬物的，人在天地之間，而與天地參贊化育，所以《易傳》以天地人為「三才」；《孝經》述孔子之言云：「天地之性為貴」認為人為天地中之最貴；《禮記·禮運》亦云：「人者，天地之心也，五行之端也，食味別聲被色而生者也。」以人為天地之心，皆正面肯定了人的價值，而其原因無他，以人秉受了天的大德而為道德自覺與實踐的主體罷了。

人雖然在天地之間有其特殊的地位與價值，但畢竟人只是秉受天命而生者，人不是天，所以人雖與天地有不可分割的密切關係，然而卻又有所區別。《中庸》云：「思知人，不可以不知天。」乃強調人與天關係之密切，天實際上為所有人性的共同基礎。而《春秋左傳》昭公十八年記載子產之言云：「天道遠，人道邇」，則把天道與人道區分開來，肯定人與天之間是有所區別的。《國語·楚語》記觀射父之言說：「九黎亂德，民神雜糅，不可方物，夫人作享，家為巫史。……顓頊受之，乃命南正重司天以屬神，命火正黎司地以屬民，使復舊常，無相侵瀆，是謂絕地天通。」此乃割斷民與神的直接聯繫，有將天與人區別開來的意義。

所以，天與人之間是既有區別又有聯繫的，在道德的完成上於是主張「法天」、「配天」、「參贊化育」或「天人合德」，人應該取法天的「生生之德」與

「行健不已」，而不是僭越職分去與天爭功。於是，倫理學的意義便建立在形上學的基礎上，道德理想的完成即是人性的完成，同時人性的完成正是彰顯天道至善的本質。

（二）人倫本於天倫

儒家倫理既然本於形上基礎而建立，加上其倫理結構為「個人倫理」、「家庭倫理」、「社會倫理」、「國家倫理」與「宇宙倫理」各層次相互連續貫串的體系類型。個人倫理的最後目的即是要向上超越，達到宇宙倫理的境界。此向上超越的縱攝系統乃以人與天之關係為倫理架構的基礎，然後向人際倫理的橫攝系統開展，進而兼綜此縱攝系統與橫攝系統，通過整個倫理體系的滿全而上達於形上的世界。而此中橫攝系統開展的原則，也就是所謂「人倫本於天倫」的特色：〔註43〕

我們可以將人際關係中的倫理規範分為「血緣關係」與「非血緣關係」，血緣關係乃指家族親族的組織，係以尊卑長幼而定其次第；非血緣關係乃指鄉黨鄰里，乃至社會國家之組織，是以遠近親疏、上下貴賤而定其等級。所謂人倫，指的即是在血緣關係基礎上，形成以宗法等級為特徵的倫理關係，它的特色便是以家庭倫理為核心，向外擴張為社會倫理與國家倫理，此種人倫關係，實為構成社會結構的原型。

《孟子・滕文公上》說：「人之有道也，飽食、煖衣、逸居而無教，則近於禽獸。聖人有憂之，使契為司徒，教以人倫：父子有親，君臣有義，夫婦有別，長幼有序，朋友有信。」將人際社會關係概括為君臣、父子、兄弟、夫婦、朋友五倫。其中父子、兄弟、夫妻三者屬於家庭倫理，以父子、兄弟之血緣關係為天倫；君臣、朋友是人倫，屬於社會國家倫理；夫妻則介於天倫與人倫之間。而此種以家庭為核心向外開展的人倫關係，其所依據的原理則是「君仁、臣忠、父慈、子孝、兄友、弟恭、夫義、婦順、朋友有信」，藉此構成社會秩序的圓融與和諧。所以說，人倫關係的基本原理是：人倫本於天倫。

此外，每個人在倫理關係的脈絡中都有其特殊的地位，這種地位因人倫關係的不同而有所不同，此即所謂的「輩份」與「倫份」。個人在人倫關係中所扮演的角色（「倫」、「輩」）不同，個體的地位與權利義務（「份」）也就不

〔註43〕「人倫本於天倫」之觀點，同註3，頁20～23。

同，這種區分所要達到的目的就是秩序，這種秩序也就是倫理的和諧。正當的行爲必須「安倫盡份」，對自身的義務責任與行爲準則必須遵守，此關於「倫份」、「輩份」的義務規範是人際關係、社會關係的組織建構原理，也就是所謂的「道德義務」或「道德規範」。

（三）著重道德的實踐

以形上學爲基礎的「道德理想」，透過天命對人性的貫注，在人的內心深處形成良心的道德自覺後，人更因此道德自覺與理想的要求，而有屬於人倫關係之道德義務的規範與形成。此種倫份的義務原理與規則，即是道德理想落實的具體方法，而要透過此「道德義務」來完成「道德理想」，其最重要的要素與關鍵，即是「道德的實踐」。

因爲道德本身不僅是認知的問題，而更是實踐的問題，所以在道德的領域內，言行的相符成爲重要的課題。孔子說：「君子恥其言而過其行。」《論語・憲問》；又說：「君子欲訥於言而敏於行。」《論語・里仁》；又說：「古者言之不出，恥躬之不逮也。」《論語・里仁》都是強調言行必須一致，甚至暗示道德的實踐比道德言說重要。如果一個人只在語言上談論道德，卻沒有實際行爲的實踐，那麼充其量我們只能稱之爲有道德認知，而不能稱之爲有道德修養或具備德行。眞正的道德修養必須表現於生活之中，不但遵循道德原則而行，並且使道德實踐成爲人格上的自然傾向，使自身成爲道德主體，才能稱之爲德行。所以在道德的完滿上，「身體力行」與「躬行實踐」成爲最基本的要求。

沒有道德的實踐，道德義務便無以展現；道德義務無以展現，則道德理想也隨之架空，倫理學即成無用之學，形上的道德世界亦因此而無可觸及。所以，「道德理想」與「道德義務」須靠「道德實踐」來統攝，「道德實踐」實爲儒家倫理最重要而基礎的保障。

（四）儒家倫理所關涉之問題

儒家倫理既以「道德實踐」爲「道德理想」與「道德義務」之統攝，倫理思想又以形上架構爲基礎，那麼談論儒家倫理所不免要關涉到的問題亦包含了幾個層次：（1）人性論的問題──即道德起源的問題。倫理道德的實踐，亦以善之人性爲前提。（2）道德的最高原則與道德規範的問題──即道德理想與道德義務之關係。（3）倫理學與形上學的關係問題──即「天」之意義

的問題。倫理思想的根源在於形上學之架構。（4）修養方法問題——即道德修養及其最高境界的問題。

　　此幾個層次之問題，也可說是儒家倫理的核心問題，也是本文所將繼續探討的重點。

第二章　先秦儒家道德的形上基礎

　　前章所論之「先秦儒家在當代倫理學中之定位」，乃以倫理學為基本著眼的切入點，亦即是落於「倫理之學」已然形成並發展成完整理論之後，故其特色即在應用於日常生活的人際與行為層面，或者更確切地說，已然具備濃厚的社會規範之需要的特質。若僅以社會或生活層面看倫理學，不免受限於其理論之框架而無法窺其全貌，甚至亦可能在定位確立之後更陷於一偏，而受其功能反制，流於教條化之危險，所以若欲免於僅就社會看倫理，或僅就學門看倫理，則更須對倫理學之所以建立的背景作一詳細的鋪陳，以了解其由基礎到建立的整體過程，對其精神作最完整的把握，如此才算對真正的定位有周詳的交代。而對此倫理學建立的背景之論述，所必涉及的問題，即是道德的起源，以及形上學的基礎。

第一節　道德之起源

　　關於道德起源的學說，大體上可分為「神意說」與「人性說」兩大派別。主張神意說觀點的學者認為，道德起源於上帝或天的旨意，上帝或天透過啟示向人揭示道德的標準，聖人、君王或宗教領袖根據啟示的道德標準制定一套道德規範供人民遵守，人們遵行上帝或天的意旨就是符合道德規範，就能得福；不遵行上帝或天的意旨就是違反道德，其行為結果也會受到上帝或天的懲罰。此派學說主要以部分有神論者所主張的「神律倫理」為代表，認為上帝創造世界，道德的本質就是由上帝啟示所傳達的「誠律」，也就是說，「神」的立法或意旨即是道德的內涵。在中國，則以墨子的「天志思想」，以及董仲

舒的「天人感應」爲典型。

主張人性說的觀點認爲道德起源於「人性」自身，而不是來自上帝或天的啓示，道德本身有其獨立而客觀的標準。此種學說又可分爲兩派主張：其中一派認爲道德起源於人的感覺和欲望，主張人的天性是追求快樂而規避痛苦的，使人感覺到快樂的行爲就是善的，感覺到痛苦的行爲就是惡的，道德就是人自然本性的表現。如快樂主義與效益主義之主張。另一派的主張則認爲道德起源於人的良知、道德感或實踐理性，人的理性有分辨善惡的能力，良知的標準即是道德的根源。如康德的「善良意志」、孟子的「四端之心」以及宋明理學中「存天理、去人欲」的心性論等。此種以道德起源於人之理性的學說，我們又稱之爲「理性倫理」。

一、「神意說」與「人性說」

什麼是行爲的對錯？對錯的標準是什麼？「神律倫理」與「理性倫理」之名稱的起源，以及理論之差別，從哲學史的角度，我們可追溯到柏拉圖《對話錄》〈猶希佛〉（Euthyphro）中，蘇格拉底對猶希佛的問話：「神聖的事物是因爲本身神聖，所以獲得諸神喜愛，還是反過來，因爲它們獲得諸神喜愛，所以成爲神聖的？」從此問題更進一步的探究，即是哲學家與神學家所關注的：「上帝之所以命令一件事，是因爲它是善的，抑或它是因爲被上帝命令，所以才成爲善的？」

在此兩難的問題中，一方主張行爲對錯的標準是上帝，上帝所命令的事物就是道德上對的事物，上帝所禁止的事物，就是道德上錯的事物，事物因爲被上帝命令而成其爲善。此即「神律倫理」之主張，或即所謂的「神意說」。另一方則認爲行爲的對錯並不取決於上帝的命令，而是取決於行爲的道德性質，事物之所以爲善，是因爲其本身具備道德性質，而不是因爲被上帝命令的緣故，上帝的命令必須依據道德性質來發布。此即「理性倫理」之主張，或一般稱爲「人性說」。

（一）神意說的主要主張

神律倫理或神意說的主要特色爲：〔註1〕主張道德（或行爲的道德對錯）

〔註1〕 「神律倫理與理性倫理」之論述，可參閱孫效智：《當宗教與道德相遇》，台北：台灣書店，1999年，頁85～171。

之標準來自上帝（或天），「符合上帝（或天）的旨意」就是「道德上的正確」，而「違逆上帝（或天）的旨意」就是「道德上的錯誤」。人只要去詢問上帝（或天）的旨意，便能夠知道一個行為的道德理由，行為本身並沒有特定的道德性質，它的道德性質由上帝的旨意決定。中國哲學中，墨子與董仲舒的思想，與神律倫理的主張有相近的旨趣。

1. 墨子的天志思想

墨子的天志思想，主張天有好惡賞罰的意志，是人類和萬物的最高主宰，人的行為應該遵循天的意志（即天志），應該「以天為法」、「尚同於天」。天的意志是不能違背的，順從天意才能獲得天的獎賞，違背天意則會受到天的懲罰。其主要的思想內容，基本上也具備了神律倫理的色彩：

（1）天為最高之主宰，能賞罰善惡。能遵從天意、實行德政的天子，可以受到天的獎賞；不遵從天意而施行暴政的君王，即是做惡，必然受到天的懲罰：

> 天子有善，天能賞之，天子有過，天能罰之。（〈天志下〉）

> 昔者三代聖王，堯、舜、禹、湯、文、武者是也。所以得其賞者何也？曰：其為政乎天下也，兼而愛之，從而利之，又率天下之萬民以尚尊天事鬼，愛利萬民，是故天鬼賞之，立為天子，以為民父母，萬民從而譽之曰「聖王」，至今不已。（〈尚賢中〉）

> 昔者三代暴王，桀、紂、幽、厲者是也。何以知其然也？曰：其為政乎天下也，兼而憎之，從而賊之，又率天下之民以詬天侮鬼，賊傲萬民，是故天鬼罰之，使身死而為刑戮，子孫離散，室家喪滅，絕無後嗣，萬民從而非之曰「暴王」，至今不已。（〈尚賢中〉）

（2）人的行為善惡，以天的意志為標準，人的行為應當遵從天的意志，並且以天為效法的對象：

> 天下從事者不可以無法儀，無法儀而其事能成者無有也。（《墨子·法儀》）

> 然則奚以為治法而可？故曰莫若法天。天之行廣而無私，其施厚而不德，其明久而不衰，故聖王法之。（同上）

> 既以天為法，動作有為必度於天，天之所欲則為之，天所不欲則止。（同上）

（3）天的意志是善的，天的特質是「欲義而惡不義」，祂希望人們兼相愛、交相利，而不希望人們交相惡而別相賊；能兼相愛而交相利即是順承天的意志，交相惡而別相賊便是違反天的意志：

> 「然則天亦何欲何惡？天欲義而惡不義。」「然則何以知天之欲義而惡不義？曰：天下有義則生，無義則死；有義則富，無義則貧；有義則治，無義則亂。然則天欲其生而惡其死，欲其富而惡其貧，欲其治而惡其亂，此我所以知天欲義而惡不義也。」（〈天志上〉）

> 「天何欲何惡者也？天必欲人之相愛相利，而不欲人之相惡相賊也。」「奚以知天之欲人之相愛相利，而不欲人之相惡相賊也？以其兼而愛之、兼而利之也。奚以知天兼而愛之、兼而利之也？以其兼而有之、兼而食之也。」（《墨子·法儀》）

> 順天之意若何？曰兼愛天下之人。（〈天志下〉）

> 順天之意者，兼也；反天之意者，別也。兼之為道也，義正；別之為道也，力正。（〈天志下〉）

在墨子的思想中，天具備一切善的意志，所以遵循天意天志即是善的行為；違反天意天志即是惡的行為。天必然獎賞善的行為而懲罰惡的行為，所以天不但是道德善惡的標準，也是人類的主宰。相近於墨子天志思想而更進一步強調天的權威者，則屬兩漢董仲舒「人副天數、天人相感」的主張了。

2. 董仲舒的「天人感應」

董仲舒論天，認為「道之大源出於天，天不變，道亦不變」。天是萬物之主、百神之大君，具有絕對權威，至高無上，天可以譴告人，可以賞罰人，天與人能相互感應。其主要的思想特色如下：

（1）天生長萬物，為萬物之祖、百神之大君，能依照君王的德行善惡來決定給予或剝奪其王位：

> 天者，萬物之祖，萬物非天不生。（《春秋繁露·順命》）

> 天者，百神之君也。（《春秋繁露·郊祭》）

> 天者，百神之大君也。（《春秋繁露·郊語》）

> 王者必受命而後王。（《春秋繁露·三代改制質文》）

> 其德足以安樂民者，天予之；其惡足以賊害民者，天奪之。（《春秋繁露·堯舜不擅移湯武不專殺》）

（2）人副天數，天人相感，天是人之所以為人的根本，人理與天理相通，人依照天志天理而行即是道德上的善：

> 為生不能為人，為人者天也。人之為人本於天，天亦人之曾祖父也。此人之所以上類天也。（《春秋繁露·為人者天》）

> 天亦有喜怒之氣，哀樂之心，與人相副。以類合之，天人一也。春，喜氣也，故生；秋，怒氣也，故殺；夏，樂氣也，故養；冬，哀氣也，故藏。四者天人同有之。（《春秋繁露·陰陽義》）

> 陰陽之氣，在上天，亦在人。在人者，為好惡喜怒，在天者，為煖清寒暑。出入上下，左右前後，平行而不止，未嘗有所稽留滯鬱也。（《春秋繁露·如天之為》）

> 天地之符，陰陽之副，常設於身，身猶天也，數與之相參，故命與之相連也。（《春秋繁露·人副天數》）

> 天人之際，合而為一，同而通理，動而相益，順而相受，謂之德道。（《春秋繁露·深察名號》）

> 人之血氣，化天志而仁；人之德行，化天理而義。（《春秋繁露·為人者天》）

> 天地之精所以生物者，莫貴於人。人受命於天也，故超然有以倚。（《春秋繁露·人副天數》）

（3）天以仁德愛人為特性，天意即是無窮盡的仁愛之心，天欲人為善，不欲人為惡；天愛人而不欲害人。若人為惡，天能以災異譴告人，使人覺察行為的善惡得失，只有在人不知改過遷善時，才用災禍懲罰人：

> 天常以愛利為意，以養長為事，春秋冬夏皆其用也。（《春秋繁露·王道通三》）

> 仁之美者在於天。天，仁也。天覆育萬物，既化而生之，有養而成之。事功無己，終而復始，凡舉歸之以奉人。察於天之意，無窮極之仁也。（《春秋繁露·王道通三》）

> 凡災異之本，盡生於國家之失。國家之失乃始萌芽，而天出災異以譴告之。譴告之而不知變，乃見怪異以驚駭之。驚駭之尚不知畏恐，其殃咎乃至。以此見天意之仁而不欲害人也。（《春秋繁露·必仁且智》）

> 天數右陽不右陰，務德不務刑。刑之不可任以成世也，猶陰不可任
> 以成歲也。爲政而任刑，謂之逆天，非王道也。(《春秋繁露·陽尊
> 陰卑》)

綜而言之，天是生養萬物的根源，人亦本於天而生，人的特質與天是相
通相感的，所以人的行爲亦當以天的意志爲標準。能夠以天的意志爲行爲的
標準就是善，就能獲得天的獎賞而得福；違背天的意志就是做惡，必會受到
天的懲罰而遭禍。

3. 神意說之批判

無論是神律倫理、墨子的天志思想或董仲舒的天人感應，其共通的特點
是強調上帝或天的意志，以神意或天意爲行爲善惡的標準，並認爲道德的特
質是由神意或天意決定，不承認在神意或天意之外的客觀標準。於此，我們
所產生的問題是：上帝或天能不能任意更動其意志？如果上帝或天隨意更動
其意志，那麼人的行爲便不能有一個有效而普遍的準則了。也就是說，今天
的「善」可能在明天變爲「惡」，而惡的行爲可能在下一刻又變成善的了。

關於此問題，神律倫理、天志說與天人感應說都有相同的對策，亦即神
或天的意志是善的，上帝的至善保證上帝不會愛好「惡」，天的意志也是以仁
德愛人爲內容，絕不會顛倒是非或專斷行事。

但是在此「上帝（或天）爲至善」的前提下，我們可以發現，如果上帝
的旨意（或天意）仍須與「善」相符應，那麼神意說的兩個核心概念——「上
帝命令」（或「天意天志」）與「道德對錯」——便是兩個內涵不同的觀念，「道
德對錯」並不能透過「上帝意志」（或天意天志）來了解，即使二者之間有相
同的外延，也因爲概念的內涵不同而不能相互進行實質的定義。所以我們也
可以結論說，道德對錯實際上有其獨立意義，不能由上帝的命令（或天意）
來定義，道德對錯的意義或內涵也不能被化約爲「上帝的命令」。

此外，神意說的倫理有將道德神秘化之嫌，因爲決定道德對錯的「道德
理由」是人可以憑藉理性思辨來掌握的，並不需透過啓示（上帝旨意或天意）
來理解，同時也與有無信仰沒有關係。如果人不需透過上帝的啓示來分辨道
德對錯，那麼上帝旨意（或天意）便不是道德判斷的必要條件。所以，在存
有論上，上帝（或上天）命令某事物是因爲祂有與「善」相符應的「道德理
由」，是因爲這事物是道德上正確的而命令它，而不是爲上帝（或上天）命令
了這事物，才使其成爲道德上正確的。

（二）人性說的主要思想

基於人不需透過啟示來了解「道德理由」，而認為道德對錯有其獨立標準，並主張人可以靠理性思辨來掌握此標準的學說，我們通稱之為人性說，或即所謂的「理性倫理」，而儒家倫理之標準即屬於人性說之主張。此派主張認為，倫理標準是人類理性份內的事，肯定道德原則或道德要求有一定的內容，而且這個內容是理性良心所能掌握的。由於理性良心是人人所共有的，不論一個人有無宗教信仰或有怎樣的信仰，它都可以依靠良心的反省而掌握道德的要求，並了解道德為什麼會有這樣的要求。所以，宗教倫理的原則亦不能不合乎理性，即使上帝也不可以違反祂愛的本質。所以有神論者的道德理念不但應該尊重道德的自律，甚至，它還應該反應人類理性所能達到的道德理想的高峰。

道德起源於人性的學說，最具代表性的，在儒家為孔子的「仁」，以及孟子「四端之心」的主張；在西方哲學中，則屬士林哲學為代表。關於孔孟的學說，本文擬於第三章中論述，此處我們所討論之理性倫理，又可歸結統稱為以良知為標準的倫理，或簡稱為「良知標準說」，以下本文則針對士林哲學對良知標準之主張作一簡要而統整的論述。

二、良知標準說

人性說或良知標準說的主要觀點如下：〔註2〕

（一）道德價值

「良知標準說」認為，一個行為或一個習慣的好壞，主要是看它適不適合事物的本性。所以道德價值是指「人性行為之所以為人性行為」、「人之所以為人」而說的，也就是說，「人性行為」（human act）上的好（正道德價值）或壞（反道德價值），要看它是否合乎理性（或理智）。好壞即是行為是否合乎理性或主體。

（二）道德價值的標準應當是理智

理智是一種依據客觀條件或客觀理想的判斷能力，它在判斷上依據人性為根基，也就是說，人性和事物秩序是道德價值的一種準則。通常我們說，

〔註2〕 參閱袁廷棟：《普通倫理學》，台北：黎明，1989年，頁148～149「良知標準說」：頁152～165「良知或良知訓令是道德價值的標準」；以及頁170～176「論道德界的形上基礎」。

合乎理智的行為是道德行為，違反理智的行為是不道德行為。但並不是一切合乎理性的行為都是有正道德價值的，因為不道德行為也經常是隨著理性判斷而來的，所以，嚴格地說，道德價值的標準該當是「正直理智」或「良知」。

「正直理智」就是依照理性做事的理智，理智的正直無非是理智對於自己的忠心，或理智對於自己本性的相合。從神學立場來看，良知是受「永恆法」（eternal law）所規範的理智；從哲學立場來看，良知則是受「自然法」（natural law）所規範的理智。如果一個行為能夠不經過良知的判斷而適合於人性的話，通常是因為它滿足了本性的要求或欲望，所以這只能算是一種本性或實體價值，並不是道德價值。所以，更根本地說，行為之所以有道德價值，是因為適合於理智的緣故，而不是因為適合於本性的緣故。

（三）人性行為的內在結構

士林哲學認為人性行為來自兩個原因，一個是意志，即所謂的「原質因」（material cause）；一個是理智，為「形式因」（formal cause）。意志又被稱謂「理性的欲望能力」（rational appetite），是因為意志之所以為意志，是由於理性的緣故。人性行為依據理智的訓示，而後經由意志的自由抉擇來產生，其好壞必須依照它是否合於人的本性來判斷。

（四）天理（永恆法）是人理的最高準則

道德價值的建立標準是良知，良知的目標是絕對聖善的理想或典型價值。也就是說，良知在道德判斷上（客觀的道德價值）、自由意志在道德的實踐上（主體的道德價值）皆超越了本性界而趨向絕對聖善，此絕對聖善即是實踐理性的「理想」（ideal）或典型，由良知所建立的道德價值即是這典型價值的「分享」（Participation）或仿傚。

所以道德判斷和道德行為皆是由這個理想價值來衡量，而這個理想價值的基礎應當是天主（在儒家則為天）。因為天主是「自有體」，是一切價值的總根源。一切事物若非虛無即是存在，道德價值如果不是虛無，便應當是一種存在。也就是說，價值與存在應該是合一的，因為存在以外只有虛無，沒有價值可言，一切真理和價值的肯定必該有存在肯定作為根基。所以我們應當承認有一個最高的「自有體」，先於一切個別存在和個別價值而存在，其本身也是「自有價值」，而為其他一切價值的總根源，實踐理性的理想亦建築在此最高的「自有價值」上。此作為一切價值之總根源的現實存在體就是天主。

最後，我們必須承認理想價值的先天性，因為否認理想價值的先天性，就是把主體作為行為的唯一準則，此即道德界的淪亡。所以，我們可以說，道德價值的標準是良知，道德價值的形上基礎是天主，天主的「神聖性」是一切道德價值的超越典型。換句話說，人的理智或良知是道德價值的近標準，天主的理智則是道德價值的最高標準，天主是道德價值的最後基礎，自然律就是神在人性上銘刻的規律。

儒家倫理之特質，基本上亦屬「良知標準說」，其與士林哲學之主張有異曲同工之妙，無論孔子「仁」之主張，或孟子性善之學說，所有道德價值與道德標準皆以人性為出發，人性是道德價值之根源，而其最終價值根源的依據則為「天」。人所受之於天而成為「人」之本質者（人性）稱為「德」，道德價值乃根據「德」之事實來建立。關於儒家倫理之「天—人性—道德」之結構，實即是道德形上基礎之結構，以下我們將討論作為儒家道德形上基礎的「天」之意義，以及在儒家哲學中，如何處理「天」與「人」之關係，最後再於儒家倫理之結構中，呈現出作為倫理學之基礎的形上學如何支撐龐大的倫理體系，以及倫理學之探討的最後，所實際涉及的形上問題。

第二節　側重天人關係的儒家倫理

儒家倫理作為中國倫理學之主流，其具備了當代規範倫理學之特質之外，又不全同於西方之倫理學，其最明顯的特色，也是支撐倫理體系之穩固基礎的形上學特質。此形上學不是客觀和理性分析的形上學，而是將「人」之存在處境涵括其中的「主體式的形上學」，也就是說，儒家的形上學並非將「天」之形上本體作一客觀討論的學問，而是特重「人」與「天」之關係探討的學問，於此，則形上學與「人」之關係是更為親近而緊密的，倫理學與形上學的關係亦更形密切。

所以本節在正式進入儒家倫理之形上結構探討前，將先針對幾組相關而又頗具爭議的概念作分別，以更進一步確立儒家之「道德」與「形上」關係之界定，以防止誤解之產生，並對儒家道德作更明確的定位。

一、儒家道德的形上基礎

儒家亦肯定良知良能是「人之所以為人」的先天之知與先天之能，人的

良心可以分辨是非對錯，而且這個分辨並不需要宗教的權威（例如上帝）來作保障。對儒家而言，上帝存不存在是不須在理論上特別加以論證的，然而這並不意謂儒家倫理不需要形上基礎，相反的，儒家倫理與儒家形上觀念之間的關聯極為密切。在《孟子》與《中庸》的思想中，皆肯定道德秩序基本上是源於人性，形上地則根源於天。〔註3〕這也就是說，在人性當中，有超越自身的形上要求，所以在道德上，必要求有一形上世界作為自身得以達到超越的基礎。

「天」與「人性」同樣是道德的根源，然而對於「主體性」〔註4〕一事卻有了不同的觀點：有些學者認為道德是由人來實踐，道德的宇宙亦由人來建立，所以「人」才是真正的道德主體；另一派學者則認為，「人性」是由「天命」所賦予，人之所以能夠實踐道德是因為「天」將道德性灌注於人身上，人只是透過道德的實踐來彰顯天道，所以真正的主體在「天」而不在「人」。前者之主張如當代新儒家學者，後者之觀點則如陳榮華先生之主張。〔註5〕

（一）「道德形上學」與「形上道德學」

牟宗三先生在其《中國哲學十九講》〔註6〕中，曾經分辨了「道德形上學」（moral metaphysics）與「形上道德學」（metaphysical ethics）之不同，認為所謂的「道德形上學」是指：形上學建基於道德，注重道德意識，強調行為主體，主張道德是「既內在又超越」的，認為道德即內在於主體，此內在性是客觀的，而且有其普遍性與必然性，以「內在性」（主體性）來建構「超越性」，並主張沒有離主體而存在的形上世界，對於內在性的把握即是對超越性的體證，此亦

〔註3〕 同註1，頁87～88。

〔註4〕 主體（Subject）有「丟在下面」與「置於下面做基礎」之意，因此與底基（Substratum）及實體（Substance＝站立於下面）二詞意義相近。主體之存有學意義指作基礎的、「負荷的」、「攜有的」實在存有物，此說法最初只可貼合在自我對於自己的行動及情況：自我清楚意識到行動及某些情況屬於自我並在自我身上，這件事實在哲學上即用「自我係其行動的主體」來表達。然而在心理主體（Psychological Subject）的一個特殊情況是，自我的行動如果是意向地趨向一個對象，那麼這些行動就會使自我的意識與另一事物──對象──相對立。當自我與一對象相對歷時，自我亦稱為主體；主體一詞遂有了與第一意義有出入的另一意義。

〔註5〕 陳榮華《葛達瑪詮釋學與中國哲學的詮釋》，台北：明文書局，1998。

〔註6〕 參閱牟宗三《中國哲學十九講》，〈儒家之系統性格〉，頁69～85，台北：學生，1989。另，此說亦見於王開府：《儒家倫理學析論》，〈儒家倫理的形上問題〉，頁211～214，台北：學生，1986。

即為強調「道德主體性」——即「人是主體」〔註7〕——的主張。

而所謂的「形上道德學」則和「道德形上學」相反，認為道德建基於超越的形上世界，而非形上世界建基於道德。也就是先建立宇宙論後才能講道德，把道德基於宇宙論，強調形上學對於主體的優先性，如董仲舒宇宙論中心的哲學即屬形上的道德學。牟氏認為從形上學出發的道德學是不注重道德自覺主體的道德學，無法突顯人性的道德價值。

陳榮華先生則針對「人是主體」的主張，提出「道德形上學」之建立無其必然性的問題，強調只有以「天為主體」的立場才能圓滿說明天命與人性之間的必然關係，並保障人的道德實踐之可能。〔註8〕此說則具備了「形上道德學」之特色，其主要論點，是以葛達瑪的詮釋學為基礎，企圖消除「天」、「人」、「心」、「物」四者的實體性，〔註9〕以免除二元對立的可能，並將人的存有建基於天的道德命令或觸動，人必須透過「誠」的功夫實踐才能保證天人之間的關係。人的道德實踐基本上只是道德功能的自我流出與自我開顯，離開天命的觸動，人即無道德實踐的可能，所以對於儒家哲學的詮釋，應該採取「天為主體」的立場，才是適當的詮釋模型。

牟氏的觀點強調「道德觀念」必須由人類的思考出發是正確的，但其以道德標準既內在於主體，又有其普遍性與必然性則陷於陳氏所言之「自主自

〔註7〕　關於「主體」，陳榮華說：「主體不是指與客體對立的主體，而是指：由於它能在它自己和由它自己，就足以限定一切，而讓一切成為他們自己，因此，它似乎是最後的基礎。在它之外，再沒有比它更基礎的東西了。並且，它似乎又在其他的東西之下、支持著他們，讓之成為他們自己。」同註5，〈從《孟子》和《中庸》揭露一新的詮釋模型〉，頁250。

〔註8〕　同上，頁247～280。

〔註9〕　此處所指的「實體」（Substance）乃依笛卡兒之定義，指「實際具體的東西」。陳榮華認為：「從心靈的自我肯定其存在，及又肯定事物的存在，則會引申出實體形上學，即從實體的觀念來了解一切存在的東西。在人是主體的存有學裡，實體形上學具有優先性。」（同上，頁251）

「天不是實體，因為人對天的了解不是基於人是主體的存有學，亦即人不是自我肯定其心靈，而自視為某個實際具體的東西，然後再將人以外的天，又視為另一個實際具體的東西。」（同上，頁266）

「人的意義不是某些實際具體的東西——即實體，而是由他所在的倫理關係所決定。……再者，『地上』的物也不是實體——實際具體的東西。」（同上，頁268）

「心是開放性。它不是一個實體。它開放自己而接納天的觸動，我們甚至可以說，它是開放性和接納性。」（同上，頁274）

足的道德心在理論上的不一致」與「形上學的困難」，〔註10〕「人與天成為內在與外在（超越）的兩個不同的實體，那麼，在哲學討論的開始時，就早已將人與天的合一關係完全割斷，人與天相對而成為天人二本」；〔註11〕但另一方面，陳氏以「天為主體」，〔註12〕天必然命於人，而且時時不間斷地命於人，人的存有建基於天的道德命令或觸動，在這種情況中，我們必須思考：以「天為主體」之第一設定，其設定的根據是什麼？這點，陳文顯然未有交待，又，當「天為主體」之際，相對的，人亦成為客體，如此是否真能解決「二元對立」的問題？如其「天」之涵義內含著「人」與「道德」二者，則這是否又陷入當代新儒家「既內在又超越」的爭議當中；再者，「天」不斷「命」道德於人，亦必須透過「屬於人」的「誠」，才能保障天人關係，如此「人」的主動性如何能夠完全被「天為主體」的體系吸收呢？又如果「天為主體」的論述系統是一致時，人的道德性即完全屬於「被動」的狀態，如此，應如何賦予「人」道德責任？即「人」在道德過程中的地位何在？我們如何了解在「人」之中，那些是天所命的道德？而且，就該文而言，亦只注重在論述「天為主體，天降（流出）道德於人」的理論建構，仍未能對「天」是什麼有所詳細交待。

以上「人為主體」或「天為主體」的主張，基本上皆在「天人合一」的架構下說，但二者亦皆未能解決主客二元之對立的問題，曾慶豹先生所提出的「神人差異」之觀念，在此或許能提供我們進一步的思考。

（二）「天人合一」與「神人差異」

曾慶豹先生亦曾針對新儒家學者所提出的「內在超越性」與「道德主體性」之觀點提出對比性的批判，認為所謂「內在」與「超越」兩個概念之間存在著性質上的對反，〔註13〕因為「超越」本身就函蘊著「外在」，所以「內在超越」在理論上是行不通的。而如果「內在超越」的意義仍滑向「外在超越」的相同意涵，那麼此說仍然走回了西方「主客二元」的命運中去。

曾氏批判當代新儒學的主要觀點有三：

〔註10〕同上，頁 255～260。

〔註11〕同上，頁 265。

〔註12〕同上，頁 266～278。

〔註13〕見曾慶豹〈「天人合一」與「神人差異」的對比性批判詮釋〉（上），頁 46 所採用馮耀明先生之觀點，《哲學與文化》22：1，1995 年 1 月。

1.「內在超越」是一錯誤概念

曾氏借用馮耀明先生的觀點說明:「天人合一」走向了二律背反（antinomy）的難題,「外在超越」與「內在超越」並無不同,因爲「超越」的意義既念含蘊（implies）「外在」,且「外在」又與「內在」對立,故「內在超越」是二律背反的,是把「內在超越」之說滑向「外在超越」的同樣意涵上去,走回了西方「外在超越」的「主客二分」的命運。〔註14〕

2.「天人合一」是同一性原理,〔註15〕使得主體無限擴張成爲價值根源

「同一性原理」使「人」與「天」形成「本體同一」,這一方面使人自覺「道德主體」是自足而不需外求,另一方面則可能將「道德主體」邏輯地推向「絕對主體」,亦即將「天」移位到「道德主體」身上,使人在「意志」上自我膨脹等同於「上帝」。〔註16〕將「天」擬人化,以及與人本體的同一,其內在循環即將「人」「天化」,以「人」視爲同「天」那樣本體的形上實體,結果就眞正取消了超越世界,斷絕了一個超越個體以外的世界,所謂「良知的傲慢」也就不難理解。〔註17〕

3. 道德主體之優位與主體形上學之誇大化

當代新儒學的基本精神使得道德實踐的主體性成了無限膨脹成自我指涉的「大寫的主體」（a self-referential subject-write-large）,其中道德主體的自我確證不需要依賴外在超越的天,這無可避免的將儒家哲學變成「關於上帝的

〔註14〕同上,頁46。

〔註15〕同註13,頁45。「天人合一」的「天」只不過是虛位化、非對象性、假借義的「天」。「天」作爲「形上實體」,其根本的作用是在說明「人」這個「道德主體」的超越性,「人」與「天」是「本體同一」（homoousia）。所謂「天」就是內在德性的呈現,「道德主體」是自足的,不需要外求,「天人合一」的「合一」在這個意義下就是「同一性原理」。

〔註16〕同上,頁47～50。牟宗三將「道德主體」邏輯地推向「絕對主體」,是康德「主體哲學」在中國的變種,將「天」移位到「道德主體」身上,正如同把人等同帝一樣的危險和災難。

〔註17〕見曾慶豹〈「天人合一」與「神人差異」的對比性批判詮釋〉（下）,《哲學與文化》22:2,1995年2月,頁141。我懷疑「天人合一」是和諧論的想法,因爲它掩飾了權力的介入,更是僞裝了合法化主體性哲學的支配性邏輯。儒家哲學經由「天人合一」的「同一性原理」斷絕了一個超越個體或主體以外的存在或世界,這就無異於合法的充諾擴大道德主體的作用,所謂「良知的傲慢」或「狂」也就不難理解。

本體論証明的翻版」。〔註18〕

　　在對「天人合一」的概念提出批判後，曾氏提出了「神人差異」的觀點，主張「神人差異」即意謂人是有限的，強調人唯有在發現其自身是有限的時，才能講「超越」，其重點在藉由這種「超越意識」，回顧反省到人自身有犯錯的可能，並且藉由「他者」的中介，人才能達到超越。

　　曾氏對「神人差異」的詮釋要點亦有三項：

1. 「非同一性」與「外在超越」〔註19〕

　　如果「天人合一」是「同一性」原理的運用，則「非同一性」原理即是「神人差異」觀念思辨的源頭，在「差異」的理解下，積極方面可以得出一種人神互爲主體性，或主體與「他者」（the Other）必須互相尊重的要求，消極方面，「非同一性」也反對將「人」與「神」實體化，因爲這種結果都忽略了在「差異」上所導向的交互主體性作用，神是主體，人亦是主體，主體與主體的「非同一性」，可以防止理論本身陷入單獨以「神」或「人」爲重點的某種「中心主義」式之結論。〔註20〕

〔註18〕 同註 13，頁 47～49。「天」被理解爲形上實體，但不意味是一個外在實體性存在的「天」，相反的，是「道德主體」在主觀上實踐或體現了「天」，道德實踐的主體性成了無限膨脹成自我指涉的「大寫的主體」（a self-referential subject-write-large）。道德主體的自我確證（self-assertion）不需要依賴外在超越的天，其合法性是自我充足的合理性（sufficient rationality），道德主體是實踐的主體，主體即實體，心性與天爲一。道德的形上學的基本精神包括三方面：即內在即超越、即存有即活動、即道德即宗教（鄭家棟之歸納），這就意味著體現天道是以成德方面來展開，自實踐功夫以體現性體心體，因此道德主體是自足的、自律的、自主的，故心即理。下文並引鄭家棟語：牟宗三無可避免的將儒家哲學變成「關於上帝的本體論証明的翻版」。

〔註19〕 同註 17，頁 142。（1）「超越」是外在於個體之外的，一方面說明了個體的有限性，另一方面卻又成質疑任何自我規定爲超越的虛構。（2）在有限性的自我揭露下，懺悔和認罪才可能，它的前提即是假定外在超越的上帝起了一定的作用，「上帝」成了超一切現實價值之外的價值，但不因此而與我們無關或形同虛構，相反的，它卻對現實喚起自我不足的發現，構成那批判的價值之外的價值的參照系統。（3）所謂的「外在超越」並不一定只理解爲「主客二元」、「斷裂」、「衝突」等陳腔濫調，因爲，「外在超越」與批判的可能性、價值學的確立，甚至人性的自我理解都有著舉足輕重的地位。

〔註20〕 （1）基督信仰否定辯證法對待非同一性的態度，是指向一種常態的互爲主體性（intersubjectivity）或主體與他者的關係。「神人差異」的「非同一性」就是指出這樣關係的存在，相互對待的適當關係，是主體與主體從張力到復和的否定辯証法。（2）「神人差異」的「非同一性」並不因爲反對主體中心而變成「無主體」的價值摧毀，所以基督信仰一方面不同意「現代性」的主體中

曾氏同時也反對任何自我規定爲超越的虛構。在「外在超越」的原則下，其前提即是假定外在超越的上帝起了一定的作用，這個概念的優點即是可以對個體喚起自我有限與不足的自覺，同時取得價值標準之準據與基礎。在「神人差異」的概念下，對「他者」的尊重即是必然的，這點可由「任其存有」的觀念來保障。

2.「任其存有」，在主體與「他者」（the Other）的關係中，指出差異存在的事實〔註21〕

「非同一性」表現出了對「作爲其所是」（as what he is）的「他者」（the Other）的尊重，而「任其存有」則是一種理想之遭遇與態度，它表現出了一種互相尊重和非操縱性，同時認知到「上帝」是最大的「他者」，對於上帝我們只能保持開放和「任其存有」，對於「他者」也是如此。在存在差異下，可以邏輯地發覺必須有一個必要的「他者」介入，由他者之「中介」而「超越」，即「神人差異」造成了一種主體間互動的「張力」而非「矛盾」。〔註22〕

心，也不接受「後現代」對主體的無情摧毀，「神人差異」所要導向的是「互爲主體性」的建立。（3）「非同一性」不接受將人實體化，也反對將上帝或神實體化，因爲這種結果都忽略了在「差異」上所導向的交互主體性作用。神是主體，人也是主體，主體與主體的「非同一性」原理防止落入中心主義，無論這個「中心」是「神」或「人」，都在基督信仰的思想邏輯中説不通。（同上，頁 145～146）。

〔註21〕同上，頁 146～147。
德希達對「差異」的注釋很大的程度受海德格「存有論差異」（Ontologische Differenz）的影響。根據德希達的觀點，存有論必須以它所否定的東西條件，要超越形上學實體化的危險，無可避免的必須在一種參照點（reference point）中尋找差異，所以存有論的參照點包含在具有互爲主體性之意涵的概念之中。存有論差異只能以「任其存有」（letting be）的姿態出現，才能保存他者異變性（the Other's alterity）。
（1）「神人差異」的「非同一性」是對「作爲其所是」（as what he is）的「他者」（the Other）的尊重。人無權也不合法支配他者，因爲在本體論或形上學中人是限定在「差異」中認識到自身的有限的。（2）「任其存有」是在互相尊重和非操縱性。「神人差異」不深陷「同一性」中，而是在與他者的異變性中限定自身發展成「主體中心」。（3）「上帝」是最大的「他者」，對於上帝我們只能保持開放和「任其存有」，對於他者也是如此。（4）「神人差異」給原始的、眞誠的共在（mitsein）形式提供了可能。德希達如此説道：當人們允許「讓他者眞實地存有時，當（人們）進行自由地對話並保持面對面的境遇時，存有的思想也就因之盡可能地接近於非暴力性了」。
〔註22〕同上，頁 145。曾氏強調拒絕接受「主體性哲學」，目的在於要求人放棄宣稱爲「主體」這類實體化或神學化的獨斷和蠻橫時，人才會學習尊重「他者」，

3. 「**互為主體性**」觀念〔註23〕

互為主體性使得主體與主體之間發生作用，多元的主體互相連結與互動，但又能避免了當代新儒學「（道德）主體性哲學」的獨斷與蠻橫，人與人學會尊重「他者」，使雙方都在相互可逆性中連繫起來。

曾氏指出「天人合一」之「道德主體性哲學」可能造成的「良知傲慢」與「狂」，故他提出了「神人差異」的觀念，反對將人與神實體化，同時以「任其存有」與「互為主體性」避免了「天為主體」或「人為主體」理論發展可能導至的偏頗。

就士林哲學的觀點而言，「實體」（Substance）之概念拉丁文為 Substantia，源於 Sub 與 Stare，意指站立在下面，也就是指現象之下屹立不變者，它的特點在於它不存在於另一物，而存在於其自身（自立性），藉其自身可下定義，而不需依賴其他的存有。其種類可分為有限實體與無限實體；完整實體與不完整實體；第一實體與第二實體……等等。當實體概念應用於實在界的不同領域內時，其內部會發生變化，所以「實體」這一概念並不專指「實際具體的東西」，因為其「在己及為己存有」之特徵本身不包含任何缺陷，而是存有的一種完滿，因此這一概念以類比方式亦可應用於無限存有者。

若此，則無須為避免「實體形上學」的困境而否定天、人、心、物的實體性，並主張以「天」為主體的形上學；同時，也無須過度強調人之道德主體性，而導致將所有超越可能都切斷的危險。

儒家倫理亦然，其形上基礎並非單純以「人」為主體之道德形上學，亦非獨重「天」之主體性的形上道德學，而乃特重天人關係的人文主義之道德學，此「天人關係」之強調，即涵蘊了「天人差異」的事實，並給予人的存在提供了穩固的形上基礎。以下再從「內在性」與「超越性」二原理來說明。

（三）「**內在原理**」與「**超越原理**」

「超越性」可分為「縱向的超越」（或「外在超越性」：transcendent）與

並以多元的主體與主體的互動為前提；曾氏認為「神人差異」正確的說應該是一種「張力」（tensions）而不是「矛盾」（contradiction），不然，「中介者」又如何介入呢？所謂的「斷裂」不就成了「絕上帝之通」嗎？「上帝」是外在超越，但不是「完全的他者」（wholly other），所謂「完全的他者」並不是指那一種「無關係的他者」，恰好相反，「完全的他者」，還是在一種關係範疇上講的，指出「差異」的事實，是否定辯証的非同一性的「差異」

〔註23〕同上，頁 145～146。

「橫向的超越」（或「內在超越性」：transcendental）兩種。〔註 24〕橫向超越性是指每一存有物最根本的實現，或是指存在於眾多個別事物中的「大共名」（共相），它是「存有的原理」，使萬物之間得以溝通。若就人類而言，則指普遍內在於每個人之中的「道德本性」。縱向的超越性乃指作爲道德基礎或做爲事物之存在基礎的「形上世界」，此形上世界並不依靠道德主體，而是獨立自存，並能提供給存有作爲其存在原因或基礎的超越根據。也就是說，它是在宇宙萬物之上，透過因果關係所推論出的「最後的推動者」，爲宇宙萬物最實在的根源與根本。

現代哲學將「內在性」〔註 25〕看成絕對的，與縱向的超越性對立。認爲人就其爲存有者或道德主體而言，其本身的內在性是絕對的，人的世界不需超越原理，人本身即自滿自足，更不需開展與上帝的關係——也就是將「內在性」絕對化了。我們可以說，道德主體的超越性，充其量只是橫向的超越，「道德形上學」之主張即是將「絕對者」之（縱向的）超越性封閉於內在性之中的「內在主義」，其「內在性」與「（縱向的）超越性」之內涵是相互排斥的，我們亦稱此說爲「絕對的人本主義」。

就儒家哲學或士林哲學而言，內在性與（縱向的）超越性之間並不衝突。存有一方面內在於所有的個體，另一方面又不爲個體所限制。存有的內在性即是每個個體獨立存在的基本結構，不但內在於個體，而且提供個體予存在的基礎。就存有的超越性來說，存有之所以爲存有，必有一最後的原因，作爲宇宙萬物的原因系列之終點，它外在於主體而獨立自存。

所以此種「內在性不妨害超越性，超越性亦內在於主體」的特質既不同於「道德形上學」所主張之「超越性即內在於主體之中」（或將內在性絕對化）之封閉的形上學，也不完全同於「形上道德學」之完全以宇宙論爲中心，忽略道德主體的主動性，因而具有「神律論」色彩的形上學之主張。尤其儒家哲學特重天人關係的特質，又免除了「主——客」、「心——物」與「內——外」二元截然對立的立場。換句話說，儒家倫理具備了形上學基礎，其倫理學與形上學之間有密切關係，但並非「即道德而說形上」或「即形上而說道

〔註 24〕此說依據李師振英先生之主張與分類，參閱李震《人與上帝》卷五，〈從「內在和超越」二原理去了解中西無神主義的共同特質〉，台北：輔大，1995 年，頁 95～115。

〔註 25〕同上，〈從「內在和超越」二原理去了解中西無神主義的共同特質〉，頁 63～94。

德」的倫理學，而乃不偏不倚，注重人性自覺與自律，並要求在此自覺與自律之背後有一形上學作爲穩固基礎的倫理學，其道德並非只是以人性爲唯一基礎的「無根的道德」，更非強調片面主體性的倫理學，而是調和兩者，以人性爲近基礎，以超越的形上世界爲遠基礎的「普遍人文主義」（或整合的人文主義）之倫理學。

二、儒家的倫理學與形上學

　　雖然道德須有形上世界做最後的基礎，但儒家哲學中，「天」的意義究竟如何？它是否等同於西方基督宗教中的「上帝」？或者它有自己的特殊內涵？又在此背景下，儒家之倫理學與形上學有何意義與關連，將是了解先秦道德與善惡觀念的重要依據，而其中「天」的意義成爲我們首先要面臨的問題。

（一）屬人之天——存在的意義基礎

　　爲調和現代哲學中「道德主體」（內在性）與「超越實體」（超越性）的衝突，袁保新先生亦曾提出「意義無盡藏」的詮釋方法，以海德格（Martin Heidegger 1889～1976）「基本存有論」（fundamental ontology）的模式，[註26]來說明孟子「盡心知性以知天」所引發的問題。[註27] 他說：

　　　　我們徵諸文獻，「天」作爲中國哲學心靈所稱引的概念，主要是出現
　　　　在以人事爲首要關懷的脈絡裡；「天人關係」遠比「天」的自身客觀
　　　　存在，更爲中國人所關注。因此，孟子的「盡心——知性——知天」，
　　　　與其理解爲通過盡心知性吾人即可證知超越實體的客觀存在，毋寧
　　　　理解爲一個「意義」的問題，即在盡心知性中體認到天之所以爲天

〔註26〕「事實上，如果我們願意暫時擱置近代西方倫理學的框架，參考海德格
　　　　（Heidegger）『基本存有論』（fundamental ontology）的若干洞見，我們發現：
　　　　孟子的『心』，與其理解爲自律自足的『道德主體』（moral subject），毋寧理
　　　　解爲以『在世存有』（being-in-the-world）爲基本形式的『存有能力』
　　　　（ability-to-be），或『存在』（existence）。」，參閱袁保新〈天道、心性、與歷
　　　　史——孟子人性論的再詮釋〉，頁 1014，《哲學與文化》廿二卷第十一期，1995
　　　　年 11 月，頁 1009～1022
〔註27〕「……當代學者在詮釋孟子人性論的過程中，由於過度依賴西方近代倫理學
　　　　中『道德主體性』（moral subjectivity）的概念，及古典形上學中『超越實體』
　　　　（transcendent substance or reality）的概念，使得孟子一方面要遭受『盡心知
　　　　性如何可能知天』的質疑，而且也不可避免地會有輕置、或遺忘孟子思想中
　　　　強烈的歷史意義與實存體驗的嫌疑。」同上，頁 1013。

的意義。〔註28〕

本文同意「『天人關係』遠比『天』的自身客觀存在，更爲中國人所關注」之觀點，因爲現代哲學從笛卡兒肯定「我思故我在」的「思考主體性」（thinking subject）開始，人成爲唯一的主體，西方哲學家皆大抵肯定心靈的優先性，並在此前提下建立不同的哲學。在人成爲唯一主體後，「主──客」、「心──物」、「內──外」的二元對立更加突顯，現代哲學便陷入二者無法溝通的難題中。欲解決此二元對立之思考，則必須從認識論的架構中跳脫出來，重新回到人本身的存在上來看。

海德格從「在世存有」開始其哲學探討，就眞理的追求而言，眞理並非人類對某物先有「設定」與「判斷」，然後再予以「肯認」（agreement）所形成的知識，而是設法超出一切「主──客」對立的觀點，使「存有自體」自然地顯現出來。在海德格哲學中，這種以「揭示」（uncoveredness）與「開顯」（unclosedness）的方法所呈現出對于存有的知識，便是一種新形上學建立的方法。這種方法所具有的特質在處理中國哲學「天人」觀念的過程中，亦可免除一些「主──客」二元截然對立的立場。

因爲海德格的哲學強調「『眞理的本質是自由的』──是一種物我相忘的『敞開之境』（das Offene）」，〔註29〕在物我相忘的意境中，海氏的方法顯然具有解消笛卡兒、康德以來過份強調理性與概念分析之弊病，同時爲「如何賦予傳統形上學予當代的新價值」提供一種可思索的新方向，所以我們在重新思考「天人關係」之際，亦可藉由海德格的豐沛靈感，進一步思索「天自體」與「屬人之天」兩者的存在性區別與其意義基礎。

基本上儒家倫理學與形上學的關係，即必須在「天」的意義基礎上展開，因爲「天自身」或「天本體」之內容並無法爲人所全盤掌握，甚至也無法被人所完全理解。也就是說，人只能以「人」的方式去了解天，所了解或把握到的「天」，絕不可能是天之完整的內容，而是「天」實際與人相關，或「天」實際對人產生影響的部分，我們亦可以將此爲人所理解而把握的「天」稱爲「屬人之天」，而非「天自體」。所以，儒家的「天」與西方基督宗教的「上帝」雖同爲存在的第一概念，但儒家較不著重於對「天」之本身作探討，對

〔註28〕同上，頁 1016。

〔註29〕參閱孫周興：〈老子對海德格的特殊影響〉，《哲學與文化》，第 20 卷，第 12 期，1993 年 12 月。

於其是否爲全知全能、是否具備絕對權威與位格亦不強調，或者說，在「天—人」與「神—人」間之關係中，儒家更多地保留了屬人發揮的空間，對於「天」不作客觀式的探討，因而也淡化處理了二者間之差異。

所以在儒家哲學中，與其探問「天是什麼？」不如探問天與人之間究竟存在著怎樣的關係，或者天的存在對人所具有的意義要來得恰當。而天與人之關係，最具體的呈現則在於「天命」與「人性」的連結上，所以，以下將從具體的「天命」與「人性」之內涵，進一步說明「倫理學」與「形上學」之間的聯繫，以建立一統合性的形上人格之可能。

（二）「天命」與「人性」

人與自然、人與宇宙、人的道德與自然、人類的價值根源與宇宙之間有什麼意義與關係，這一連串的問題，都要求吾人設法爲人類自身，進行一種「定位宇宙」與「安排人生」的工作。在這一探索人自身行爲價值與宇宙萬物的關係中，中國哲學以「本體論」爲前題，透過「道德行爲」的實踐使自身與宇宙產生關連，而最後的目標則以「天人合一」作爲一種「存在性」的暗示與喻指，提供中國人一種「天行健，君子以自強不息」的動力與精神，同時，中國哲學對「天命」與「人性」探討之切入點，亦以這種「天人關係」爲核心概念而展開。

「天人合一」的「觀念」中國自古有之，形成一較明確的觀念顯然是始於孟子的「盡心知性以知天」，〔註30〕漢代董仲舒雖言「天人之際，合而爲一」，但顯然其側重的是宇宙論的意涵而非心性價值哲學的層級。「天人合一」一詞，遲至宋初才由張載提出，同時，也開啓宋明理學對先秦儒學之大規模的精神溯源運動，試圖融合禪宗與道家學說，以孔孟精神爲核心，再創儒學高峰。

1. 性與天道

「天」的觀念，在傳統儒家是從「天命」與「天道」的角度來詮釋的，例如《尚書・仲虺之誥》言：「欽崇天道，永保天命」，〈皋陶謨〉言：「天命有德」，以及《論語・爲政》云：「五十而知天命」，〈公冶長〉中記載子貢語：「夫子之文章，可得而聞也；夫子之言性與天道，不可得而聞也」，可見「性」、「天」、「天道」與「天命」四者的探討範疇是互關的，而實際的情況則顯示

〔註30〕《孟子》曰：「盡其心者，知其性也。知其性，則知天矣。存其心，養其性，所以事天也。妖壽不貳，修身以俟之，所以立命也。」（〈盡心上〉）

著探討「性」與探問「天」有可能指向同一個存在性的哲學內涵，亦有可能只是發問的進路不同：對「性」發問是從「人」向「人自身」進行探問，而「天命」、「天道」則是從「人」向「天」、「宇宙」、或「大自然」進行思索與追問。

　　孟子接續儒家傳統，也將「性」與「天道」問題二者並呈而討論，《孟子・盡心章句下》云：「聖人之於天道也；命也，有性焉，君子不謂命也」、又引《詩經》語云：「上帝既命，侯于周服。侯服于周，天命靡常」（〈離婁章句上〉），孟子這些肯定「性」與「天道」、「天命」有著密切關係的思想，即是其紹承《論語》與《詩》、《書》之精神所必須處理的課題。

　　而對於「天」的形上思想研究，《中庸》首先提出「思知人，不可以不知天」的重要命題，開啓了建構儒家形上學之體系。孟子在這方面則提出「盡心知性知天」之說，奠定了儒家心性之學較完備的理論基礎。關於《孟子》與《中庸》的觀點，將在下章中有較詳細的討論。

2. 天人合德

　　「天人合德」的觀念在《易傳》首先被提出，其中一方面指出宇宙的運行與人類行為之關係，另一方面也顯示中國哲學所高舉的人文理想，必須在以本體論為前題的基礎上，經由人向「絕對」或「超越」不斷地趨近與努力，才有可能能眞正進入終極性倫理理想之境域。〈文言傳〉云：

　　　夫大人者，與天地合其德，與日月合其明，與四時合其序，與鬼神
　　　合其吉凶，先天而天弗違，後天而奉天時。天且弗違，而況於人乎？
　　　況於鬼神乎？

「大人與天地合德」是指出一種人文理想，以天人對舉，期待人的道德行為與倫理價值與與自然界的條理秩序相契合，其中「德」具有本性的意思。「先天而天弗違」意謂凡事豫則立，不豫則廢，人應依「天道」法則，盡人類的全部努力，對事物之變化有所觀察與防範。「後天而奉天時」則意謂在事物變化發生之後個人的包容與等待、調整與適應，此即「人」與「天」不相違，盡力與外境互相協調融合。

　　《易傳》同時又以上述「人」遵循「天道」法則之觀念，處理「人性」課題，以自然界陰陽之規律釋「天道」，並以「人努力完成天道理想」為「善」，人遵循「天行健，自強不息」的法則為人之「性」，〈繫辭・上傳〉云：

　　　一陰一陽之謂道；繼之者善也；成之者性也。仁者見之謂之仁，知

> 者見之謂之知，百姓日用而不知，故君子之道鮮矣。顯諸仁，藏諸
> 用，鼓萬物而不與聖人同憂，盛德大業至矣哉！富有之謂大業，日
> 新之謂盛德，生生之謂易。

所謂「顯諸仁」，指天地生育萬物而言，是從結合了宇宙的「創生力」與人的最高行爲價值「仁」而立論，這也是《易傳》的特性，一如「天地之大德曰生」（〈繫辭·下傳〉），也是將「創生」與「德」聯繫起來。所謂「鼓萬物而不與聖人同憂」，卻顯示「天道」與「人性」在可結合與相通之外，尚有一定的區別，一如〈說卦傳〉云：

> 昔者聖人之作易也，將以順性命之理，是以立天之道曰陰與陽，立
> 地之道曰柔與剛，立人之道曰仁與義。兼三才而兩之，故易六畫而
> 成卦。

〈繫辭·下傳〉云：

> 易之爲書也廣大悉備，有天道焉，有人道焉，有地道焉。兼三才而
> 兩之，故大，六者非他也，三才之道也。

這兩段引文都說明了《易傳》天人關係的是以「天道」爲背景，在觀自然宇宙的情懷中，見「人」與「自然」的不可分，體會「天道」與「人道」最高價值的同源；但同時經由反省回到理性自身，承認「天」與「人」有所區別，承認人類理性有所限制，仰望上天，期待人自身的行爲能取法於天並努力不懈，以趨近天之道，不違背天之理想。人不違天，以人最大的努力作保障，即可使人與天道相和諧。

透過「性與天道」以及「天人合德」的觀念，吾人可以從文獻上發覺與肯定「天命下貫而爲性」的趨勢，以及「天」「人」之際，「人」必須穿透與達成的「任務」。就《孟子》而言，人的任務在於透過「修身以俟之」來從事「盡心、知性、知天」與「存心、養性、事天」的任務；《中庸》則在透過「誠」的功夫，一方面仰望「天」（天之道）在人內心理想之可能，另一方面並以「擇善而固執」來善盡「人之道」。

透過具體的「天命」與「人性」之探討，我們可以清楚看到「天」與「人」之間有一種特殊的情境，即「天」與「人」的關係並非截然二分的，而是在兩者的交互作用下，形成一種存在性的道德體驗，此一情境中，「人」與「天」交互融滲，卻又非「同一律」下的存有，此即儒家之「天人關係」的重要起點，亦即儒家形上學與倫理學的交會處。

（三）倫理學與形上學

　　哲學的研究過程必須區分「知識的等級」，以便釐清問題的層次並提供針砭及解決之道。同理，倫理學的研究，也必須尋找其倫理實踐的價值基礎與準據，所以從倫理學的角度探問「人與天的關係究竟如何？」時，此問題即包括「形上學」與「倫理學」之間關係的確立以及其內容之說明。換句話說，這些問題實質上即以「人在宇宙間的地位如何？」或者以「人類道德有無宇宙的意義？」等形式出現，一如張岱年先生在《中國倫理思想研究》一書中所言：

> 在中國哲學中，本體論和倫理學是密切聯繫的，本體論探討以宇宙
> 為範圍的普遍性問題，倫理學探討以人類生活為範圍的特殊性問
> 題。普遍寓於特殊之中，特殊含蘊普遍。所以，倫理學與本體論之
> 間，存在著一定的聯繫。本體論為倫理學提供普遍性的前提，倫理
> 學為本體論提供具體性的驗證。〔註31〕

這個觀點說明了在知識層級上，倫理學的理論與實務、根據與發用，同時亦提醒我們在研究倫理學的實踐進路之際，亦必須同時關注知識論與形上學的進路，才能建構出一個較清晰且完整的道德心靈，以利於人類最高道德價值與終極關懷的探究。

第三節　儒家道德基本觀念的意義與結構

　　在確立了中國哲學中倫理學與形上學相銜接的起點之後，接下來所要探討的問題，就是道德哲學中幾組重要概念的探討了。首先，「天」作為中國哲學的最高範疇，也是形上學的第一原理，同時又是一切道德的根源，所以雖然我們肯認了「天人關係」遠比「天（自體）是什麼」的問題更為人所關切，但我們仍須對「天的意義」有所辨認與區別。

　　也就是說，「天」的意義，在不同的時代與不同的觀點下，其所重視或強調的內涵是不全然相同的。例如，現代科學家從科學的實證方法分析，所認識的天只是一種物質性或物理性的天；宗教家從信仰的方法與理論出發，所認識的天則是宗教義的天（或稱「主宰天」或「人格天」）；哲學家從辨證理論分析，所認識的天則是「形上的天」（或稱「義理天」）；倫理學家或道德學家則從價值理論分析，強調「道德的天」（或「價值之天」）才是真實無妄的。

〔註31〕參閱張岱年：《中國倫理思想研究》，台北：貫雅，1991年，頁177～182。

〔註 32〕雖然天的意義可以在不同的觀點下而具備不同的內涵，然而作為宇宙本體的天只有一個，其存在是客觀的，並不會因為人所採取的觀點或研究方法的不同而有所改變。

除此之外，我們也必須注意，在中國哲學中，天之觀念的演變是有其時代性的，當我們探討「天」之觀念時，絕不能把各個不同時代對天的觀念當作相同的意義來處理，而須注意其觀念之發生與演變過程所發生的變化，這也是研究中國哲學所首先遇到的難題。韋政通先生對此也提出他的意見：

> 我曾注意近幾十年來用新方法研究古史和古學術的許多著作，我發現了兩種現象：（a）是把上帝、天、天命、天道，幾乎視為同一個概念，忽略了它們生起的不同文化背景，和不同演變。（b）是把自商至秦漢，甚至到唐宋，這長達三千年的有關史料，完全放在同一個平面上來處理，忽視了時間的因素。這兩種現象，使大家對上帝與天的描述和判斷，陷入極端的混亂，每個人都可以根據他自己的假想，選取適當的材料，表達他的看法。〔註33〕

雖然與中國道德哲學相關的重要概念首推「天」，然而事實上，對於「天」的意義與內容之確立，並不是一件容易的工作。雖然曾有許多學者對於「天」之觀念作研究，也有部分學者曾得出相當的成果，但至今為止，卻仍無法得出一個對「天」之絕對而完整的定義。這也說明，「天自體」對人來說，永遠不可能以一種客觀的方式去把握，而只能透過主觀的方式，從「人」的立場來逼近。而人所能觸及的，並不是「天」的自體，而只是天與人相關或者對人產生意義的那一部分，亦即，我們所能探討而實際把握的內容，是一種「屬人」的「天」，或即是「天人關係」的「天」。

以下我們將由歷史的脈絡來探討「天」觀念在中國哲學起源之際演變的一些情況。

一、天之形上觀念

「天」之觀念在中國哲學的歷史演變中，與之直接相關的重要概念尚有「帝」、「天命」、「天地」、「天道」，以及「德」之觀念。茲按照其發生的次序，

〔註32〕此對天之不同觀點，參閱巨克毅〈當代天人之學研究的新方向——反省與重建〉（《宗教哲學》2：1，1996 年 1 月，頁 2）
〔註33〕參閱韋政通：《中國哲學思想批判》，台北：水牛，1976 年，頁 3。

說明如下：

（一）「帝」與「天」之觀念

「天」字早在商朝的甲骨文及金文中就已經出現，形音義綜合大字典：

> 甲文天：★金文天：★略同；陳柱氏以為「章氏太炎云：『天即人頂，引申之為蒼蒼者』；柱按……ロ與●皆象人首。大字本象人形而所重不在頂，故首形不顯；天字則所重在頂，故首形特大也。」小篆天：從一大本義作「顛」解，（見說文許著）段玉裁氏以其「至高無上是其大無有二也，故從一大，於六書為會意」；徐灝氏以為「天者……謂在人上至高之處，故從一在大上，指事，大象人形」；……。

由此可知「天」之本義指的是人之頭部，或指「顛頂」而言，其所代表的只是自然現象而已，並沒有特殊威權或抽象的意義。一般認為，「天」之觀念在中國哲學中所代表的意義為人格性的至上神，其內涵與「帝」或「上帝」之觀念是相同的。然而，商代對「天」字的應用並不普遍，其所注重且應用頻繁者為「帝」或「上帝」，而「帝」字字型如「釆」，為「花蒂」之意，多指祖先而言。一般又以「帝」為商之至上神，有主宰與威權之意義，而其「天」之概念則僅指「人之頂」而言，且此時「天」與「帝」之概念並未混用，所以其意義內涵是頗不相同的。

至於商朝是否已經有「天」的觀念，如同後來周朝所使用之「天」的超越形上意義？根據青銅器上圖形文字的記載，是無法直接推斷的。〔註34〕尤其又以商朝迷信的情況來看，〔註35〕其所相信的神明無論是「帝」或「上帝」、「自然神祇」、或「祖先」都好，所謂天帝之祭，雖名之為祭天，但恐亦多指自然現象而言，並沒有真正的超越理想或精神可言。〔註36〕也就是說，商人崇祀鬼神、祭拜祖先，以迷信的方式來祭祀，此種祭祀之意義，也不會是周

〔註34〕「由於甲骨文的材料有限、形式特殊（亦即占卜文字）、與索解困難，我們對天、帝起源的討論仍無法超出假設的範圍。」參閱傅佩榮：《儒道天論發微》，台北：學生，1988 年，頁 13。

〔註35〕「我們由甲骨文可以看出：殷人的生活幾乎一年四季都要祭祖宗於廟，祭天於明堂。……像殷人之祭祀，若拿董作賓先生的殷曆譜來看，可以說整個一年的生活都是在家廟裡祭祀、祭祖宗；一年四時都有時祭，一祭就是幾個月。」參閱方東美：《原始儒家道家哲學》，台北：黎明，1987 年，頁 106～107。

〔註36〕「中國殷代在祭祀中的三種形式，像大祭祀祭大神祇，中祭祀祭人鬼山川，小祭祀祭百物之魅。」同上，頁 112。

朝後之傳統中「天德」的理想精神了。

到了周朝，「天」之概念出現，學者們多認爲「天」取代了「帝」而成爲周人之至上神。但是關於「天」與「帝」之關係，學者們仍表達了不同的意見：

韋政通先生認爲，商代卜辭中的至上神，有稱「帝」或「上帝」者，絕無稱天者，所以「上帝」或「帝」是商代的至上神。而周代的至上神是「天」，因爲《詩經》《尙書》中，「天」之概念出現的次數，要比「上帝」或「帝」多得多。在《詩》《書》中以天爲神的記載共約三百三十六次，以帝爲神共約八十五次。單就《尙書》看，言天共二百零五次，言帝只有四十八次。〔註37〕所以，「帝」與「天」各自爲不同朝代的至上神。

而黎建球教授則認爲，雖然「上帝」或「帝」是商代的至上神，「天」是周代的至上神，但是並沒有充分的證據來證明周代的至上神就不是上帝。也就是說，上帝至上神的信仰並沒有在西周消失，只是西周人爲了將至上神的觀念更純粹化，於是用「天」之觀念來取代逐漸與祖先混合之「上帝」觀念。實際上，周人所祭祀的「天」就是商人所祭祀的「帝」，只是周人不再將商人的祖先神與至上神混在一起了。〔註38〕

對於「帝」與「天」二者的關係，傅佩榮教授之觀點與黎教授較爲一致，他指出，周朝的文獻中顯示出「帝」與「天」的互換等同性，並且天的出現逐漸取代了帝。〔註39〕但是在周朝以前「帝」與「天」並未正式成爲互換等同的概念，直到《詩經》《書經》中「天」、「帝」才有混用的事實出現，而此

〔註37〕 同註33，頁8。

〔註38〕 「我們從各種證據中，知道上帝至上神的觀念在商代以前就已有了，而且已深植在當時人心中，到了西周，上帝至上神的觀念，因著西周人的特性，至上神的成分變得更純了。原因是商代是一個崇祀鬼神，祭拜祖先的朝代。在他們祭祀上帝的禮節中，可能已含有祭祀祖先的成分，也可以說，商代的人，到了後來，把祭祀上帝和崇拜祖先已有逐漸混合的趨勢，因此，到了周代，他們自然不願意在祭祀天帝時，也同時祭祀商代的祖先，所以，西周的人就把天帝至上神的觀念加以純化，以免使得天帝的觀念混淆不清。所以就產生了商人祭帝，周人祭天的說法。而事實上，從本源性來說，周人所祭祀的天就是商人所祭祀的帝，只是周人不再像商人一樣把祖先神和至上神混在一起了。」參閱黎建球：《先秦天道思想》，台北：箴言，1974年，頁221～222。

〔註39〕 我們的初步了解是：（一）以帝爲由商的氏族神演化而成，及以天爲由周的氏族神演化而成，這兩種理論都是站不住腳的；（二）帝是商人的至高主宰，而且在周朝以前帝與天並未正式成爲互換等同的概念。周朝文獻才明確顯示帝與天之互換等同性，並且天的出現逐漸取代了帝。同註34，頁13。

「天」「帝」混用的原因，可能出自政治上的考慮，亦即爲了勸服商朝遺民：「天與帝都代表同一位至高主宰，並且周朝建國係由這一位統治者（Dominator）所認准。」〔註40〕

此外，對於爲何周朝使用「天」來取代「帝」的這個問題，傅教授推斷應與商王僭用「帝」名來推尊祖先有關。〔註41〕因爲商朝人相信先王不但配享在「帝」旁，擁有福佑子孫的權力，也分享了「帝」的權柄，所以漸漸地先王也開始被稱爲「帝」，〔註42〕久而久之，連在位時敗德的商王死後都成爲「帝」，嚴重影響了至上神的神聖性。所以，周朝時爲了區分清楚，改以「天」來代替「帝」。

由上可知，「天」與「帝」同被認爲是至上神是毫無疑問的，傅佩榮教授在其《儒道天論發微》一書中更歸納出「天」所扮演的角色，具備了「統治、造生、載行、啓示與審判」等等功能，〔註43〕而《尚書》中也有許多「天明威」之事的例證，不過我們對於天帝至上神的觀念還是要提出一個反省：在中國傳統哲學思想中的「天」，是否眞的爲一絕對威權之「天」？如果眞有絕對威權之「天」的存在，爲何「天」之字是以「人」而象，而非以其他任何事物？甚至爲何由此絕對威權的「天」之信仰，在後來的中國文化中，並未發展出一個「一神論」之人格神的世界呢？再者，若是中國文化未發展出一神論的信仰，是因爲「天」觀念經過了一個式微的發展階段，那麼其最高主

〔註40〕　由周初文獻詩經、書經看來，天與帝可以互換使用，因此具有共同的含意。天、帝混用的事實可能出自政治上的考慮；亦即，設法勸服商朝遺民：天與帝都代表同一位至高主宰，並且周朝建國係由這一位統治者（Dominator）所認准。（同上，頁27）。

〔註41〕　「周人爲何逐漸以天代帝來稱呼至上神呢？這個複雜的問題與當時的政治即宗教環境大有關聯，不是可以輕易作答的。此中原因之一，或許是商王僭用「帝」名來推尊祖先所致。在位的商王相信先王是神靈世界的統治者。先王之靈高居天上，在上帝左右，擁有福右下界子孫的權柄。於是子孫自然向先王之靈祈求所需的一切物事。久而久之，先王原有的權柄加上他們從上帝分享得來的權柄就越來越顯著了：最後竟連先王也被尊以「帝」的榮銜。然而，帝名的僭用產生了極其嚴重的後果。只要商王的直系後裔登基爲王，那麼無論他們生前是如何有德或如何敗德，統統可以榮膺「帝」的尊號。這一史實必與周人以天代帝有關，因爲周人的「天」概念重新強調並極其重視君王在道德上的無上要求。」（同上，頁10）。

〔註42〕　《尚書·君奭》：「率惟茲有陳，保乂有殷；故殷禮陟配天，多歷年所。」《尚書平議》：「謂殷人之禮死則配天而稱帝也。」《竹書紀年》凡帝王之終皆曰陟。

〔註43〕　參閱傅佩榮：《儒家哲學新論》，台北：業強，1993年，頁12～13。

宰性最後又如何能消失，而終於被宋明理學的「理」，甚或清代哲學的「氣」所取代呢？

從這一系列的問題之思考，我們可以大膽地推斷，「天」之概念的意義，絕對不是只有對於最高主宰之信仰而已，甚至，對於最高主宰的信仰背後，更有其所要確立的理想價值存在。也就是說，雖然「天」是周朝人民信仰的對象，但「天」觀念之提出，主要還是在於形上理想的確立，作為人間世界所有價值的根源。也就是說，天雖然保留了商朝「帝」之至上神特質，但周朝的天之性質，已經遠比商朝的帝之內涵來得豐富而更具理想意義了。

（二）哲學理想之「天」

周朝「天」觀念的提出，主要在於哲學理想的確立，我們可以以「天」字用正面之「人」形而象來看：此正面而立的人形，不同於作為「人」字的側立形象，有「人之大者」之意，除了充分顯示出周朝的人文精神之外，對於「天人關係」的著重更是有著前所未有的發揮。關於「天」字，我們可由兩個方向去理解：

1. 「天」字於商朝甲骨文中原指人之顛頂，其所著重者為人之頭部，我們可由此引申而為人之達到極高超之人格者，亦即道德之完美者。「天」之實際意義，必須由「大人」來完成。

2. 「天」之字直到周朝才賦予其哲學內涵，與商朝指人之顛頂之自然現象的「天」相比，其意義與內涵不但超越了自然現象，而且加入了特殊的道德理想性，而特重人的道德實踐。此「天」之意義不再是天之自體，而更著重於「天人關係」的滿全。

根據孔子所言：「唯天為大，唯堯則之」推斷，天之觀念（存在性意義）應在堯時即已形成，而概念化（conceptualize）的天，則至周時才正式確立並開始流行。〔註44〕我們判斷，天之觀念指的主要是人與自然〔註45〕的關係（天

〔註44〕 「天」於《尚書》中出現 277 次（虞書 36、商書 53、周書 188），《易經》中出現 214 次，《詩經》中出現 170 次。

〔註45〕 關於「自然」，本文採用方東美先生之觀點：「對我們來說，自然是宇宙生命的流行，以其真機充滿了萬物之謂。在觀念上，自然是無限的，不為任何事物所拘限，也沒有什麼超自然，凌駕乎自然之上，它本身是無窮無盡的生機。它的真機充滿一切，但並不和上帝的神力衝突，因為在它之中正含有神秘的創造力。再說，人和自然也沒有任何間隔，因為人的生命和宇宙的生命也是融為一體的。」「自然，顧名思義該是指世界的一切。就本體論來說，它是絕對的存有，為

人關係），先民在未有文字的時代、大規模的社會組織形成之前，他們生活於廣大的自然宇宙中，並且在生活中體悟出自然宇宙的神聖性，發而爲一種敬仰的心情，而漸次將這種心情突顯，並將自然宇宙對象化、客觀化，而有所謂「天」觀念的形成。所以，此自然並非物理性的自然之天，〔註46〕而是形上實體之天，不但能化育萬物、生生不已，也是價值之根源、人民信仰與依靠之對象。

　　雖然在周初典籍中「天」亦常被視爲政治權力的賦予者，間或成爲統治者政治目的之合理化依據，但基本上，我們認爲，在周文化中「天」觀念之提出的形上意圖——教導人民回歸自然（理想）道德，追求形上人格——的用意更大於政治目的，此點可由周公禮樂之制定〔註47〕來佐證。

　　我們知道，禮樂制度成於周公之手，而周公又是周初發揮「天命」理論之代表。〔註48〕《尚書・皋陶謨》曾載：「天敘有典，敕我五典五惇哉；天秩

　　一切萬象的根本。它是最原始的，是一切存在之所從出。……從宇宙論來看，自然是天地相交，萬物生成變化的溫床。從價值論來看，自然是一切創造歷程遞嬗之跡，形成了不同的價值層級，如美的形式，善的品質，以及通過眞理的引導，而達於最完美之境。」參閱方東美：《生生之德》，台北：黎明，1987年，頁277～278。

〔註46〕對中國人的心靈來說，自然是最親切的，它決不是以下各種西方人觀念中的自然：（1）自然是指在後期希臘哲學中所謂的，一個沒有價值意義，或否定價值意義的「物質的素材」（Phusis）（2）希伯來宗教思想認爲一個墮落的人受虛榮的欲望，自私的惡念，和虛僞的知識等愚妄所迷惑，而一任罪惡所擺佈，這就叫做自然。（3）自然是指整個宇宙的機械秩序，這種秩序依近代科學來說，即是遵從數學物理定律支配的數量化世界，是純然中性的而無任何眞善美或神聖價值的意義。（4）自然是指一切可認識現象的總和。嚴格遵守先驗自我所規定的普遍和必然的法則。這和康德及新康德派中的不可知及不能知的本體正好是一個顯明的對照。（同上，頁276）。

〔註47〕《禮記・明堂位第十四》：「昔殷紂亂天下，脯鬼侯以饗諸侯。是以周公相武王以伐紂。武王崩，成王幼弱，周公踐天子之位以治天下：六年，朝諸侯於明堂，制禮作樂，頒度量，而天下大服：七年，致政於成王：成王以周公爲有勳勞於天下，是以封周公於曲阜，地方七百里，革車千乘，命魯公世世祀周公天以子之禮樂。是以魯君，孟春乘大路，載弧韣：旂十有二旒，日月之章：祀帝于郊，配以后稷。天子之禮也。季夏六月，以禘禮祀周公於大廟，牲用白牡：尊用犧象山罍：鬱尊用黃目：灌用玉瓚大圭：薦用玉豆雕籩：爵用玉琖，仍雕，加以璧散璧角：俎用梡嶡：升歌〈清廟〉，下管〈象〉：朱干玉戚，冕而舞〈大武〉：皮弁素積，裼而舞〈大夏〉。昧，東夷之樂也；〈任〉，南蠻之樂也。納夷蠻之樂於大廟，言廣魯於天下也。」

〔註48〕同註39，頁80。

有禮，自我五禮有庸哉。」《左傳》亦云：「禮以順天，天之道也」（文一五）。可見「禮」是根據「天」之理想精神來制定的。而《禮記·樂記》也記載：「樂者，天地之和也；禮者，天地之序也。和故百物皆化；序故群物皆別。樂由天作，禮以地制。過制則亂，過作則暴。明於天地，然後能興禮樂也。」以及「樂者敦和，率神而從天，禮者別宜，居鬼而從地。故聖人作樂以應天，制禮以配地。禮樂明備，天地官矣。」說明了「樂」之制定更直接來自於天。

禮樂之制定，無非是要人以「天」（形上理想）而存心，內在保有對神聖仰望、向上的心情，外在的行為則合乎禮的節制。所以〈樂記〉又說：「故樂也者，動於內者也；禮也者，動於外者也。」「禮樂皆得，謂之有德。德者得也。」所以，如果「天」所指的內容即是「本體性的自然」，那麼「天概念」的形成之根本意義，即是在透過此概念的提攜而使人上達於形上的理想世界，而其具體的方法，就是禮樂精神的實踐。

所以，「天」之觀念的提出，一方面在哲學上樹立了超越的理想標準，另一方面則確立了「以人法天」、強調人為實踐的人文精神。也就是說，此「天」的確立不但具有了特殊的哲學理想之意義，而且更以「德」字成就了「天人之間」的結構性意義。因此，中國哲學中所談及的「天」，其意義大多是從周朝而來。

（三）「德」與「天命」

在《尚書》中，「天」出現了277次，「德」出現了224次，並且有「天」之處多離不開「德」的存在，如〈大禹謨〉：「惟德動天，無遠弗屆」；〈皋陶謨〉：「天命有德」；〈太甲〉：「惟天無親，克敬惟親。……天位艱哉！德惟治，否德亂」；〈咸有一德〉：「惟天佑於一德」；〈蔡仲之命〉：「皇天無親，惟德是輔」。細究其「天」之實質意義，主要還是以「德」為主要內容。由於德之存在，才使人能與天結合為一，所以，就「以人象天」的立場而言，我們可以說，「天」在形式概念上屬於超越界（the transcendent），「德」則是超越界在人間的實現。也就是說，德的完成即是天之意義的滿全；「天」是形上的第一原理，「德」則是普遍的社會規範。

所以「天」就其為超越的形上實體而言，它並不完全超絕於人類世界，「超越界」與「內在界」之間是相互聯繫的，而此聯繫的主要媒介，即是所謂的「天命」。「天」是人類所要達到的形上目標，則「天命」就是人上達於天的主要根據，所以，「天命」與「人事」又是密切相關的，其特性是「既不混同

於天，也不偏向於人，既在天又在人」的「天人之際」。〔註49〕天命的出現，
才正式打通了人與天之間內在的關係。因此，它是中國哲學中「天人相與」、
「天人合一」等思想的根據。

　　所以，介於人天之間的中介橋樑——「天命」就此形成了一個雙向的系
統：向上則建構了上達於天的通路，使人回復到人與天最直接而純粹的關係，
其具體呈現則是「道德理想」的建立；向下則以此道德理想為基礎，落實於
人間社會而成為普遍的、理想的「道德規範」。於此，我們可以歸納出「天命」
的三重意義：

1. 絕對理想的揭示

　　「天命」所揭示的理想，在於恢復人與天之間最純粹而直接的關係，此
關係即為「德」之實現。「德」之意義如前所述，為「天」之實質內容。換句
話說，此內容之原始意義並不在於對個別行為或事物關係作形式的判斷，而
是一種形上理想的文字化結果。絕對的形上之「天」未可以善惡言，善惡是
落於形下世界的判斷形式，天（自體）只是一種實際的存在狀態，所以對於
符合天命與否的判斷，亦未涉及善惡之形式，而是一種作為善惡判斷之「基
礎」的理想之標舉。所以儘管天命不可違，天命亦具備絕對威權的性質，但
事實上，此威權仍非絕對強制之規範，所以才會有「昊天不惠」、「天命不徹」
等怨天之論調出現，此點我們稍後會再說明。

　　由天與德之內在關係來看，「德」與「天命」的關係亦非外在的聯繫，而
是內在的因果。所以「天命」觀念的提出，正是周朝政治與宗教合一的德治
理想的表現，並體現於周文王身上。〔註50〕承此「天命」與「德」之理想的
發展，則有後來《中庸》以天命為人性之主張，更進一步將人性與天之關係
作緊密的聯繫，成就了超越界之內在化，如此即肯定了人之超越的可能，亦
為以「形上人格」自我期許的必然發展。所以「天命」之根本的意義，在於
確立了「上達於天」的「道德理想」，此理想實現於個人則展現為「形上人格」
（德）的完成；實現於政治即展現為「德治」的施行；實現於人間社會則為

〔註49〕同註33，頁15～16。
〔註50〕「昊天有成命，二后（指文武）受之。」（《詩經・昊天》）
　　　　「文王在上，於昭于天。周雖舊邦，其命維新。有周丕顯，帝命不時。文王
　　　　陟降，在帝左右。」（《詩經・大雅文王》）
　　　　「有命自天，命此文王。……長子維行，篤生武王。保右命爾，燮伐大商。」
　　　　（《詩經・大明》）

「禮樂制度」的規範。

「道德理想」的落實，即在於理想規範的建立，此規範的建立，在中國古代社會靠的是「天子」一人，天子能否為「形上人格」（德）的完成者，便決定了德治理想之實現與否，亦決定了對「天命」思想之解讀是否恰當。所以在「天命」落實的過程中，於是有了第二重呈現之樣態，即現實之淪降。

2. 現實性的淪降

周朝的德治理想體現於周文王身上，《尚書・康誥》有言：「文王克明德：慎罰、不敢侮鰥寡、庸庸、祇祇、威威、顯民。用肇造我區夏。」而周公也反覆強調「敬德」、「奉德」、「明德」、「用德」之思想，以期勉國君。若是國君能將「德」之理想落實，便能帶給政治良好的效果，如〈梓材〉所言：「先王既勤用明德，懷為夾，庶邦享。作兄弟方來，亦既用明德，后式典集，庶邦丕享。」若是國君無德，對於國家或人民而言皆是不幸的，所以〈召誥〉亦告誡國君：「惟不敬厥德，乃早墜厥命，……肆惟王其疾敬德，王其德之用，祈天永命。」〈咸有一德〉：「天難諶，命靡常。常厥德，保厥位。厥德匪常，九有以亡。」雖然天命之說基本上脫離不了政治現實之顧及，但其根本意義，仍在於「德」之強調。

換句話說，必先有「人德」（君德），而後有「政德」，若國君喪失「德」之要求，而僅以享有「天命」（統治權）為目的，[註51] 甚或僅將德當作統治和管理的「技術」，那麼「天」便將只有其名而無其實，一切則皆淪於現實之操作，「天」、「德」、「天命」等全失其理想性，私天下、迷信、占卜、尚鬼、陪葬制……等等現象便接踵而至了。當天命成為政治目的或手段，或者成為君王獲得現實利益（得五福、得受年）之交換時，我們即稱此現象為「現實之淪降」。

3. 現實世界的最後依靠

《左傳・宣公三年》記載：「天祚明德，有所底止。成王定鼎於郟鄏，卜世三十，卜年七百，天所命也。周德雖衰，天命未改，鼎之輕重，未可問也。」顯示周衰之時，因為不願統治權的喪失，而有「天命未改」的私念產生，「天命」成為國君繼續掌有政權的藉口，同時也淪降為現實的工具或利益，至此，

〔註51〕傅佩榮教授亦認為：「有些君王逐漸以天做為他自己遂行懲罰的藉口。從政治著眼的話，這種做法並無錯誤。君王假使疏忽自身的無上道德要求，轉而強調天命、亦即以天為名義來肯定自己的政治威權，那麼結果毋寧是相當嚴重的。」同註39，頁50～51。

「天——德」一貫之理想盡失，人民生活於無德的現實環境中，民生困乏、政治腐敗，對於現實的絕望表現爲怨天之詩，「命」於是成爲異在於主體而存在的一種必然性，〔註52〕人對之莫可奈何。

　　所以《詩經‧小雅》〈節南山〉：「昊天不傭，降此鞠訩」「昊天不惠，降此大戾」；〔註53〕〈正月〉：「民今方殆，視天夢夢」；〔註54〕〈雨無正〉：「浩

〔註52〕　參閱張立文：《天》，台北：七略，1996年，頁23。

〔註53〕　節彼南山，維石巖巖。赫赫師尹，民具爾瞻。
　　　　憂心如惔，不敢戲談。國既卒斬，何用不監！
　　　　節彼南山，有實其猗。赫赫師尹，不平謂何！
　　　　天方薦瘥，喪亂弘多。民言無嘉，憯莫懲嗟！
　　　　尹氏大師，維周之氐；秉國之均，四方是維；
　　　　天子是毗，俾民不迷，不弔昊天！不宜空我師。
　　　　弗躬弗親，庶民弗信；弗問弗仕，勿罔君子。
　　　　式夷式已，無小人殆。瑣瑣姻亞，則無膴仕。
　　　　昊天不傭，降此鞠訩；昊天不惠，降此大戾。
　　　　君子如屆，俾民心闋；君子如夷，惡怒是違。
　　　　不弔昊天，亂靡有定；式月斯生，俾民不寧。
　　　　憂心如酲，誰秉國成？不自爲政，卒勞百姓。
　　　　駕彼四牡，四牡項領。我瞻四方，蹙蹙靡所騁。
　　　　方茂爾惡，相爾矛矣；既夷既懌，如相酬矣！
　　　　昊天不平，我王不寧。不懲其心，覆怨其正。
　　　　家父作誦，以究王訩。式訛爾心，以畜萬邦。（〈節南山〉）

〔註54〕　正月繁霜，我心憂傷；民之訛言，亦孔之將。
　　　　念我獨兮，憂心京京。哀我小心，癙憂以痒。
　　　　父母生我，胡俾我瘉？不自我先，不自我後。
　　　　好言自口，莠言自口，憂心愈愈，是以有侮。
　　　　憂心惸惸，念我無祿。民之無辜，并其臣僕。
　　　　哀我人斯，于何從祿？瞻烏爰止，于誰之屋？
　　　　瞻彼中林，侯薪侯蒸。民今方殆，視天夢夢。
　　　　既克有定，靡人弗勝。有皇上帝，伊誰云憎！
　　　　謂山蓋卑，爲岡爲陵。民之訛言，寧莫之懲！
　　　　召彼故老，訊之占夢，具曰予聖。誰知烏之雌雄。
　　　　謂天蓋高，不敢不局；謂地蓋厚，不敢不蹐。
　　　　維號斯言，有倫有脊。哀今之人，胡爲虺蜴！
　　　　瞻彼阪田，有菀其特。天之扤我，如不我克。
　　　　彼求我則，如不我得；執我仇仇，亦不我力。
　　　　心之憂矣，如或結之。今茲之正，胡然厲矣！
　　　　燎之方揚，寧或滅之。赫赫宗周，襃姒滅之。
　　　　終其永懷，又窘陰雨。其車既載，乃棄爾輔。載輸爾載，將伯助予。
　　　　無棄爾輔，員于爾輻，屢顧爾僕，不輸爾載。終踰絕險，曾是不意！

浩昊天，不駿其德，降喪飢饉，斬伐四國」〔註55〕等詩皆呈現了對於現實淪降的埋怨。因爲人對客觀存在的天無法有所眞知，在現實的無常與無助中，所能歸因的只是天之無常；但另一方面，人所面對的天，並非「天之天」，而是「人之天」，所以天之存在，乃客觀而獨立自存的必然，並不會因爲人之疑天、怨天而有所改變。所以，儘管人民怨天有加，但當現實無所依靠時，人唯一可依可信的仍是天命而已，所以天命又是人在現實世界中的最後依靠。所以我們也可以說「天命」思想是周人「天爲唯一」之理想的展現。

　　從天命所透顯的三重意義來看，「理想」所代表的世界，即是「形上」的世界；「現實」之世界即是「形下」的世界；而「人」即是處於形上與形下之間。人一方面是形下世界的經歷者與處理者，另一方面也是形上世界的發現者與確立者，同時，人對於形上世界具有一種追求的願望，如果人能不捨棄此種向形上世界追求的願望，更進而興起一種不斷趨近、不斷企及的努力，此即是一種神聖性的宗教情感，也是人對於天或天命的一種崇敬與依止之情。

　　由此，我們可以知道，「天命」之觀念一方面透顯了高度的人文精神，強調人「德」之理想；一方面也充分顯示出宗教信仰的情操，提供了人在現實（形下）世界背後最終的依靠。所以，哲學與宗教在根本上的關係是密不可分的，尤其中國文化是種早熟的文化，〔註56〕哲學發生以前，並未如西方先

　　　魚在于沼，亦匪克樂；潛雖伏矣，亦孔之炤。憂心慘慘，念國之爲虐。
　　　彼有旨酒，又有嘉殽；洽比其鄰，婚姻孔云。念我獨兮，憂心慇慇。
　　　佌佌彼有屋，蔌蔌方有穀。民今之無祿，天天是椓。
　　　哿矣富人，哀此惸獨！（〈正月〉）
〔註55〕浩浩昊天，不駿其德。降喪飢饉，斬伐四國。
　　　昊天疾威，弗慮弗圖。舍彼有罪，既伏其辜；若此無罪，淪胥以鋪。
　　　周宗既滅，靡所止戾。正大夫離居，莫知我勩。
　　　三事大夫，莫肯夙夜；邦君諸侯，莫肯朝夕。庶曰式臧，覆出爲惡。
　　　如何昊天，辟言不信？如彼行邁，則靡所臻。
　　　凡百君子，各敬爾身。胡不相畏？不畏于天！
　　　戎成不退，飢成不遂。曾我暬御，憯憯日瘁。
　　　凡百君子，莫肯用訊。聽言則答，譖言則退。
　　　哀哉不能言！匪舌是出，維躬是瘁。哿矣能言，巧言如流，俾躬處休。
　　　維曰于仕，孔棘且殆。云不可使，得罪于天子；亦云可使，怨及朋友。
　　　謂爾遷于王都，曰：予未有室家。鼠思泣血，無言不疾。
　　　昔爾出居，誰從作爾室！（〈雨無正〉）
〔註56〕因爲中國是所謂的 Chinese Precocious Culture（中國的早熟文化），……如西方的埃及、希臘、印度等，都經過了長時期的的神話時代，直到紀元前八、九世紀才逐漸昇華。只有中國不同，他在藝術上、雕刻上、文存上固然也表

經歷神話信仰的合理化階段，所以在中國文化中，宗教思想經常依附於哲學思想當中，〔註57〕雖然宗教信仰不如西方發達，然而在探討中國哲學時，卻也不能不注重其中的宗教特質，其理由正在於此。

（四）「天地」與「天道」

在中國哲學中，與「天」和「天命」相關的概念尚有「天地」與「天道」。「天地」與「天道」二詞在周初的文獻中並不多見，可推斷為後起之概念。從我們前面論述之「天命」思想所透顯出的三重意義，可以知道「人」所存在的世界，是介於「形上」與「形下」之間的。如果「天」與「天命」之概念的提出，為一種形上理想的標舉與意圖，那麼將此理想在形下的現實世界實施，也是人的一種設計或措施。於此，我們可以說，「形上」與「形下」的世界皆是由於「人」居其間所區分。所謂形上的世界，指的即是天命、天道、天秩等，或是直接與「天」之絕對理想相關者；形下的世界所指就是社會、國家、天下、王朝或物理的自然世界，此即以「地」為代表或人為建立的現實世界。

在《尚書》當中，「天」字出現了兩百七十多次，「天地」二字連用者僅有二次，〔註58〕到了《易傳》，「天地」二字連用有五十一次，《禮記》中則有八十四次之多，自《莊子》而後，「人生天地之間」〔註59〕之說法更成為普遍

現了一部分，但在尚書這部古書中，中國人在精神上最佩服、最醉心的卻是堯，「欽明文思安安，允恭克讓，光被四表，格於上下，克明俊德，以親九族，九族既睦，平章百姓，百姓昭明，協和萬邦，黎民於變時雍。」也就是說，中國歷史上第一次就出現了大太陽，成為徹上徹下的理性世界。所以找不到如同希臘 Homer 與 Hesiod 或者印度 Vedas 之類的作品，在中國思想上最缺乏的是哲學的前奏，或是神話系統。……在中國，宗教的本質就是倫理，一開始便是以理性開明的倫理文化代替神秘宗教。（同註41，頁15）。

〔註57〕任何研究中國哲學史的人，不能不從中國的天道思想入手，因為哲學和宗教在本源上有著密不可分的關係：沒有宗教，將不會如此快速的引起哲學的反省。沒有哲學，宗教的最後道路，得不到理性的依歸。在西方士林哲學中，哲學和神學的關係，是彼此服務的性質。在中國亦然，但卻不如士林哲學中密切到有如婢女的程度。中國的神學不發達，因此宗教思想依附於哲學中，乃是順理成章之事。研究中國哲學，從中國宗教思想入手，幾乎成了所有治哲學史的人所共同必經的途徑。
同註38，〈自序〉，頁1。

〔註58〕《尚書·泰誓》：「惟天地，萬物父母；惟人，萬物之靈。亶聰明，作元后，元后作民父母。」
《尚書·周官》：「貳公弘化，寅亮天地，弼予一人。」

〔註59〕人生天地之間，若白駒之過郤，忽然而已。注然勃然，莫不出焉；油然漻然，莫不入焉。已化而生，又化而死，生物哀之，人類悲之。解其天弢，墮其天

之應用。由此顯示,「天地」之觀念與社會、國家、天下、王朝等「城市文明」之發展具有高度的相關。也就是說,「天地」觀念流行的時代,已是春秋戰國以後,群雄割據,百家競起,權力不再集中於「天子」一人,知識逐漸普遍,社會日趨複雜,同時,現實技術也高度發展的時代,「社會功能」之需要漸次取代「天德一貫」之絕對理想,以「地」所代表的現實世界大行其道,於是以「天」為唯一的絕對理想,轉而為「天地」並舉的二元世界。

在《詩經》《尚書》中「天德一貫」的「天」同時具有神性義與自然義,也就是在周人思想中神與自然並未有清楚之劃分,它所代表的是統攝萬有的觀念,為一種整體的、形上的理想,所以「天」實際上已涵攝了「地」而不與地相對。在詩、書中若以自然義說天則僅限於遍覆在我們之上的蒼穹而不說地,若以天地並舉〔註60〕則所指僅是我們所存在的「自然界」,而非整體性的自然宇宙。〔註61〕所以「天地」一詞,可說是將整體的「天」一分為形上與形下兩個世界了,換句話說,「天地」即是「天」之理想的現實性淪降後所必產生的結果。

從天的觀念發展為天地的觀念之後,《左傳》《國語》中已開始有了以「氣」為天地之本質的說法,〔註62〕萬物皆在天地之氣的變化當中,原來「天生烝民」的思想演變為「民受天地之中以生」。〔註63〕所以,天地二元對舉,事實上已落入相對的現實世界,也就是以「地」為基礎的形下世界了。自此而後,乾坤、陰陽、吉凶、善惡等相對之觀念亦相繼而生。儘管我們將「天地」並稱以重新統整二分之後的世界,然而此「整體存在界」較之於「天」或「天命」所代表的絕對理想,已經有了相對的意義。更確切地說,「善」「惡」之精確的形式判斷從而形成,「道德」之說正式登場,重申天與天命之絕對理想的「天道」之論亦應運而生。

　　帙,紛乎宛乎,魂魄將往,乃身從之,乃大歸乎!(《莊子‧知北遊》)

〔註60〕　《詩經‧小雅》〈正月〉:「謂天蓋高,不敢不局,謂地蓋厚,不敢不蹐」。

〔註61〕　參閱李杜《中西哲學思想中的天道與上帝》,台北,聯經,民國67年,頁45〜51。

〔註62〕　《左傳‧昭公一年》:「天有六氣,……六氣曰:陰、陽、風、雨、晦、明也。」
　　　　　《左傳‧昭公廿五年》:「則天之明,因地之性,生其六氣,用其五行。」
　　　　　《國語‧周語上》:「夫天地之氣,……陽伏而不能出,陰迫而不能烝,於是有地震。」
　　　　　《國語‧周語下》:「天六地五,數之常也。」
　　　　　《國語‧周語下》:「天地成而聚於高,……以導其氣。」

〔註63〕　《左傳‧成公十三年》:「民受天地之中以生,乃所謂命也。」

　　「天道」一詞由「天」與「道」二字組合而成，「道」的本義是指「所行之路」，《說文》云：「道、所行道也，從辵首」，其本義作「所行道也」解，即由此達彼所行經之路，稱之曰道，爲可通達的意思，引領人走向某一目標。引申爲可行或可遵循的方式，或達到任何目的的途徑。因此「天道」一詞，即具有人所應當遵循的絕對真理或客觀標準之義，因此也具備了道德意涵。

　　「天道」或「天之道」甚少見於周初典籍，﹝註64﹞直至《左傳》《國語》中，其觀念的出現則有二種形式：一種以「天道」與「地道」對舉，或以「乾道」「坤道」並說，此爲相對之概念，各指稱自然宇宙的一部分，所代表的爲自然之律則，例如：

　　　　盈而蕩，天之道也。（《左傳》〈莊四年〉）

　　　　盈必毀，天之道也。（《左傳》〈哀十一年〉）

　　　　吾非瞽史，焉知天道。（《國語》〈周語下〉）

另一種形式則是以「天道」作爲統攝「地」的絕對觀念，例如：

　　　　天道賞善而罰淫。（《國語》〈周語中〉）

　　　　天道導可而損否。（《國語》〈魯語下〉）

　　　　范文子曰：吾聞之，天道無親，惟德是授，吾庸知天之不授晉且以
　　　　勸楚乎。（《國語》〈晉語六〉）

此與詩、書中絕對的「天」觀念相應，爲形上形下二分之後的重新統合，設法在形下世界中重新標舉的形上理想，所以，此「天道」即爲爾後中國哲學所認爲「至善」義之天道。關於天道之意義，本文將於第三章中作詳細之論述。

　　綜上所論，從「天」──「天地」──「天道」觀念之發展過程來看，「天」是個「天德一貫」、「天人一如」的整體存在世界；「天地」則是「天人二分」之後形上形下分明的世界；「天道」觀念的形成，旨在重新統合二分之後的世界，並特重形上意義之顯現，一方面它代表道德意涵之初具，另方面也是道德判斷之形上基礎的建立。於是，中國哲學中「天──德」之絕對世界演變而爲「天道──道德」之理想，道德之形上基礎的發展至此可謂完成。以下，我們將再從「德」至「道德」概念之演變，探討「道德」與「善惡」的意義。

────────

﹝註64﹞《商書‧湯誥篇》有「天道福善禍淫」，《周書‧泰誓上篇》有「天有顯道，厥類惟彰」，畢命篇有「以蕩陵德，實悖天道」的記述，但據近代的考證，此三篇皆是後世的贗品，不是商初或周初的典籍。故「天道」一詞亦當是後來的觀念，不是商代初年所能有，亦非周初盛行的觀念。（同註61，頁51）

二、「道德」與「善惡」

通常「道德」與「善惡」的意義，已在倫理學發展成熟而完整的今天，作為倫理學之核心觀念。用於倫理意義中，「道德」與「善」和「惡」成為截然相對立的概念。然而，若道德與善只有和惡對立的相對意義，那麼對於道德與善的追求便成為非必然之事，對於倫理學之指導人的行為之作用，亦必然產生無比的質疑。關於此問題，則須回到倫理學產生之根源去探討，亦即，須透過形上學脈絡的梳理與釐清方可。所以，探討道德，必先從其人性基礎的「德」之觀念開始。

（一）德

甲骨文的「德」——「𢔛」，為「十目」加上「行」，有「不會走錯」和「看見真相」的意思；也有認為德即是「直」「行」二字之組合，「直行為德」，即人行而直，為「行得正也」之意。金文的「德」字則再加上「心」 「𢛳」，為「直心」，亦心行而直。直，即十目所見，即真，或無它之意，或認為「十目」即「相」，「相心為德，得於心而形於外也」。

在《尚書》中經常出現有關於「德」之使用，尤其周公反覆強調「敬德」、「奉德」、「明德」、「用德」之重要，後世學者認為周初的「德」就是我們現在意義上的道德、美德，然而這種說法是不盡然正確的。因為在《尚書》之中並未出現「道德」二字連用的用法，〔註65〕「德」之成為「道德」是到孔子的時代之後才完成的，〔註66〕換句話說，也就是「天地」與「天道」觀念形成的時代，才有所謂「道德」觀念之出現，兩者是相互一致的。

在《尚書》中，並未能找到關於「德」字之明確的定義，〈皋陶謨〉中有所謂「九德」——「寬而栗、柔而立、愿而恭、亂而敬、擾而毅、直而溫、

〔註65〕《尚書》中講「道」（37次）、講「德」（224次），但未二字連用。道德二字連用僅在《周易‧說卦》出現一次、《禮記‧王制》出現兩次，《尚書》中未曾提及。

〔註66〕周公如此反覆地強調「敬德」、「奉德」、「明德」、「用德」之重要，但「德」到底在當時是什麼意思呢？後世的著作家認為周初的「德」就是我們現在意義上的道德、美德。愚以為非是。因為道德政治的初期這種觀點還沒有形成，最多只有後來的「德」的一點萌芽和影子，「德」之成為道德是到孔夫子的時代之後才完成的，那已是道德政治成熟的時代了。

參閱諶中和：〈從殷商天道觀的變遷談周人尚德與殷人尚刑〉，《哲學與文化》，27：11＝318，2000年11月，頁1059。

簡而廉、剛而塞、彊而義」，此中並未涉及善惡之判斷，而僅是類似於「無過不及」之行為表現。《尚書》中對於善惡之觀念，「善」出現約十七次，「惡」約出現九次，其中善惡對言只有兩次：

> 〈蔡仲之命〉：「為善不同，同歸於治，為惡不同，同歸於亂。」

> 以及〈畢命〉：「彰善癉惡，樹之風聲。」

所以在《尚書》中之善惡判斷並不普遍，也因此我們可以知道，「德」雖具備了「行為」之意，但並非如後來所認為之「美德」或「道德」已然具有明確的價值之判斷。所以徐復觀先生亦認為：

> 周初文獻的「德」字，都指的是具體的行為；若字形從直從心為可靠，則其原義亦僅能從直心而行的負責任的行為；作為負責任行為的惠開始並不帶有好或壞的意思，所以有的是「吉德」，有的是「凶德」；而周初文獻中，只有在惠字上面加上一個「敬」字或「明」字時，才表示是好的意思。後來乃演進而為好的行為。〔註67〕

此外，在《尚書》中有關「德」之用法，大致可分兩種：一種是德前面加一個動詞，一種是德前面加一個形容詞。前者如：積德、度德、離德、顯德、敬德等。後者亦分兩種：一為德前面加一正面之形容詞，一為德前面加一負面之形容詞。正面形容詞者如：俊德、敏德、九德、明德、元德、大德等；負面形容詞者則如：丕德、穢德、慚德、惡德等。由此看來，德之原義，並不只是指善好的一面，其更普遍的意思，應指一種「本質」之義。或亦即一種屬人之「人之為人」之實質義。

換句話說，「德」之根本意義，是在「人」與「天」之關係基礎上來談的，正如我們前面論及「天」之實質內容時所說，「德」即是「天德」，人按照「天」之方式所表現出來的行為就是「德」，若「天」是超越善惡之絕對觀念，那麼，由之而出的「德」必然也超乎善惡判斷之上，而為「道德」之善惡判斷的基礎。〈咸有一德〉中，伊尹以「德」教導太甲：

> ……眷求一德，俾作神主。惟尹躬暨湯，咸有一德，克享天心，受天明命。……非天私我有商，惟天佑于一德，非商求于下民，惟民歸于一德，德惟一，動罔不吉；德二三，動罔不凶。惟吉凶不僭在

〔註67〕參閱徐復觀：〈周初宗教中人文精神的躍動〉，收錄於《中國哲學思想論集》〈總論篇〉，胡適等著，台北：牧童，1977 年，頁 200。
另，本文亦收錄於徐著《中國人性論史》一書，台北：商務，1987 年，頁 23。

人，惟天降災祥在德。

> 今嗣王新服厥命，惟新厥德，終始惟一，時乃日新，任官惟賢材，
> 左右惟其人，臣為上為德，為下為民，其難其慎，惟和惟一。德無
> 常師，主善為師；善無常主，協于克一。

其所謂「德」，即是「一德」，「一德」的「一」，也就是精純專一、其心不二、不偏不倚、無過不及、心行平直……等意義，所以〈大禹謨〉有：「人心惟危，道心惟微，惟精惟一，允執厥中」之言。此「精」、「一」、「中」並非形式分析的結果，而是與「天」相符合之「德」的整體存在狀態，有德之人即「以人象天」之「人」，也正是顯示「人之為人」之「人」，在孔子時代，則以「仁者人也」〔註68〕來表述。所以，「德」之根本意義，應屬於人之本質，為一種超越善惡之上的自然性之存在基礎，或更具體地就其行為意義來說，則接近於今日我們所謂的內在涵養或態度。

「德」之觀念，要到春秋戰國（《左傳》《國語》）時代「天地」概念出現，整體性的「天」之絕對觀念二分為形上形下兩個層次之後，才漸漸以「天道」為依據，進而發展出「道德」之善惡判斷的形式。

「天」劃分為形上與形下之後，「人」成為形上與形下之中介，一方面擁有高度形上的精神理想，一方面又活於現實之形下世界之中，「人」在宇宙中所負擔的責任即在於通過形下世界的束縛，靠自身的力量重新找回「天人一如」的存在狀態，完成「天德」或「一德」之理想。此種處境即是儒家思想的出發點，亦是周公所主張「德」之意義所在。方東美先生曾在《原始儒家道家哲學》一書中提到：

> 中國人哲學思想的出發點，是要把握一個整體生命，在生命的交叉
> 點上，把理想價值的世界──所謂精神領域──會歸到生命中心裡
> 面來；然後對於物質世界上的一切條件，一切力量，也拿生命的進
> 程來推進，以它來維繫生命，變成生命的資糧。所以儒家覺得他自
> 己的生命中心，也就是宇宙的生命中心。真正儒家的精神，就是在
> 表現這一種氣魄。〔註69〕

而完成「儒家精神之氣魄」與「生命中心之會歸」的主要任務，即是「德」

〔註68〕《中庸・第卅一》：「子曰：……仁者人也，親親為大；義者宜也，尊賢為大。」
《禮記・表記・第卅二》：「子曰：……仁者人也，道者義也。」
〔註69〕同註35，頁176～177。

之實踐。是以真正的有「德」之人，必定能「知天命」而「配天」，真正的「道德」亦必定來自於形上。

（二）道　德

「德」字之意義如上所述，它是「人之爲人」的本質，也是知天而配天的涵養或態度，此外也兼而有行爲之意義，其根源來自於純一不二的形上之天，爲形上人格的基本要件。而「道」字本義爲所行之路，與天合稱「天道」之後，即具備了形上普遍真理的意義，在老子哲學中，「道」更成爲形上絕對之「一」。所以「道德」二字充分顯示出形上的特質，唯有形上才有道德理想可言，否則即流於形下現實之工具意義，即非真道德。

關於「道德」之觀念，我們可以說，在文王周公之後，人文性的道德規範已逐漸形成，到春秋戰國以後，更由於社會的急遽變遷，人口大量聚集，社會性共同生活之規範或模式成爲必須，加上知識之要求，於是善惡形式的價值判斷出現，「德」之意義亦擴充而爲「美德」與「道德」，具有形式真理特質的「道德標準」正式確立，成爲一種社會生活之共同規範與模式，因而也具有了相當的強制性，此正所以道德規範必同時具有「自律」與「他律」、「人性事實」與「社會建構」雙重特質之原因。

然而，若就道德理想之本身而言，其強制並非由於他律，而是自律。因爲若只就社會建構的層面看道德規範，即是以強制而強制，這種純粹之他律不但會失去道德之本義，甚至更會將人性生命的生機都予以斷滅。也就是說，社會規範意義的道德，其根源乃來自於形上之道德，而形上道德之追求本是純粹自我之內在要求，它不可能來自於外在的強制。如果人因爲此種內在的要求而作相當的自我強制或約束，事實上，這種內在的強制即是「自由」的展現，同時也就是超越了一切形式之強制，真正的道德之意義亦在於此。

所以「道德」必須根據形上理想來設計，如果道德規範之設計不是根據此一理想，而只是爲了維護社會關係之發展，甚或統治者個人之威權，那麼此種道德只可以稱作「世俗道德」，雖然它也假借形上之名，但其所關注者僅是形下之事物，談不上任何道德理想，對於人性價值之實現或形上人格之完成亦必無所助益。所以真正的道德，是根據人與天之直接關係，面對社會之需要，所設計出具備形上基礎之社會規範，是以其形上特質大過於社會功能之設計，它是一種內在自律的展現，而非他律的教條主義，也不是假形上之名的道德僞善主義。

所以道德之難，並不在於對社會規範的遵守，而更在於人對形上理想的永不捨離，所以《易經・乾卦・象傳》才對人有「天行健，君子以自強不息」之期勉，此亦是儒家道德哲學「鍥而不捨」之精神所在。

（三）善　惡

說明了「德」與「道德」之意義之後，接著所要探討的觀念即是作為道德判斷標準之「善惡」觀念。

相較於「天」與「德」之觀念，善惡之觀念在《尚書》中並不普遍，善惡對舉的例子更是少見，然而在少數提及「善」或「惡」的觀念時，仍隱約可見其「善」與「德」之間有相互的一致性，甚至「惡」亦與「德」有相違背的特質，例如：

> 德惟善政，政在養民。（〈大禹謨〉）

> 德無常師，主善為師。（〈咸有一德〉）

> 用罪伐厥死，用德彰厥善。（〈盤庚〉）

> 樹德務滋，除惡務本。（〈泰誓〉）

若「德」為「人之為人」或「本質」之意，並為「人」依照「天」而實際生存之狀態，而「善」又與「德」相一致時，我們便可以理解孟子之所以提出「性善論」之思想背景了。

在《尚書》中，「天」、「德」、「天命」皆屬於絕對之形上層次，亦皆超乎善惡之判斷，然而在所提及的僅有之善惡觀念中，卻又有了以「善」為「德」之傾向，此種傾向造就了未來「天道至善論」之基礎，也同時是孟子主張性善之來由，那麼我們可以肯定的是，最初以德為善之「善」必定與後來善惡對舉之「善」有所不同，換句話說，以德為善之「善」是在形上絕對的層次上說，此「善」超越了善惡並涵蓋善惡，如同「天」之涵蓋「天地」一般，若必定要以價值判斷之方式來表達，則我們又稱之為「至善」。

而善惡對舉之後，「善」與「惡」成為相對的概念，其所應用的範圍，不再是形而上的「本體」層次，而是作為社會生活中個別行為的判斷了。此善惡之判斷即形下世界中，欲將眾多複雜的個別行為導入道德規範之所必須。或者說，善惡之形式判斷，乃起因於社會人口聚集，複雜而個別的行為已嚴重偏離「人之為人」之「德」的事實，為了維護人間社會的共同秩序，並設法回復人之「與天合德」之存在狀態，善惡之形式判斷才應運而生。也由此，

各種善惡之論的人性論形式開始發展，以善惡論性成爲此後中國哲學中人性論之主流。

　　然而，若將善惡之層次加以釐清或區分，我們可以清楚看出，在中國哲學以善惡爲主之人性論中，惟孟子之「性善論」與陽明之「性超善惡論」是立基於形上本體之觀點來論人性的，除此之外，荀子之「性惡論」、告子之「無善無惡論」、揚雄之「性善惡混論」、王充之「性三品論」、宋明之以理氣論爲基礎之「性二元論」，甚至清儒之「性日生論」或「血氣心知論」……等等，無不落於以行爲結果論性，或以社會功能立論，是故亦皆落於形下以下，此即中國哲學形上理想之失落，雖然其中仍保留了相當的道德之論，或天道至善論之形式，然而形上實質之理想已失，道德淪落之結果亦可想而知。所以中國哲學在明末清初出現「心學誤國」之論後，所提倡「經世致用」之學並未眞正有所裨益，原因無他，失卻形上理想罷了。

　　既然善惡之形式判斷爲道德規範之所必須，亦即道德理想落實於人間社會必先經過善惡之道德判斷，那麼欲避免以形下的相對觀念替代絕對理想，則須明辨形上與形下之層次，使形上形下各歸其位，並以形上而存心。因爲人所存在的世界即介於形上形下之間，人既非絕對屬於形而上者，亦非純然的形而下者，唯有透過對形下世界之提攜，上達於形上世界之理想，才能顯示人之爲人的眞正意義與價值。

　　在說明了道德之形上基礎，以及道德之形成的結構與過程之後，下章我們即進入道德成熟之孔孟荀哲學，從其天道論與人性論之基礎，重新揭示道德之本意，並窺探在道德世界中，「惡」何以能夠出現而存在，以及在道德角度中，如何處理、並對治惡之問題。

第三章　孔孟荀哲學對「惡」的處理

　　從第二章論及的「天」──「德」──「善惡」的層級來看，「德」的根本意義是在「人」與「天」的基礎上來談的，「天」即是「天德」，爲一絕對性觀念，人如能盡己之性按照「天」的方式所表現出者即「德」，「天」與「德」的層次應是超越善惡分別，並爲善惡判斷之基礎，但春秋戰國以後，以「天道」爲依據，「道德」之善惡判斷形式發展成熟，以善惡來區別其是否符合「德」（或即後來定位的善與道德）之要求，稱符合德者爲善、爲道德；不符合德者爲不善、爲惡。

　　隨著周朝對於「天」觀念所開創之特殊「人文理想」意義，先秦的哲學時代展開，哲學中之善惡問題亦有了多元性的探討；以儒家而言，孔、孟、荀爲其學說之代表人物；傳統儒家向來是道德取向的哲學體系，在其二千多年的歷史中，多數的學者對於道德實踐的主體與道德實踐的可能，均一致採取肯定的態度，甚至對於道德標準的「形上基礎」，無不予以「善」的肯認，在各家形上學中實難找到徹底「主惡」的學者或學說，就連「惡」這樣的概念，也少有直接加以談論的；但是，我們不能因此認爲中國的哲學家們對於「惡」沒有深切的體認，或認爲他們對於「惡」的問題不太關心，因爲「善」與「惡」在道德領域中是一組相對的概念，也是價值判斷之後所產生對比的結果，尤其當「行善避惡」的道德命令必須遵守時，「什麼是善」、「什麼是惡」，便成爲我們不得不探討的問題。

　　善惡一辭本無見於甲骨，「惡」主要指人的過失，《說文》以人有過，不善爲過；善惡在使用上通常有四種意思，第一、指對人的行爲和事件，所作的肯定或否定的道德評價。第二、指人通過活動而追求達到的與要消除的東西或目的。第三、指人的本質的肯定性與否定性屬性。第四、指人們直接運

用語言的應該與不應該的判斷形式表達對某人或某事的評價；也指用喜怒、哀樂、愛惡的情緒表達主體對對象的愛好或厭惡評價。〔註1〕其中第一與第二種「惡」觀念的使用內容，與規範倫理學的內涵有密切關連，故為本文所特別重視。以下將從孔、孟、荀的觀點，說明以下三個有關善惡之核心問題：第一、在先秦儒學中「惡」是否有其形上學的基礎？從天道論的立場，反省在哲學創生的年代之中，「惡」觀念的發展內容；第二、從初期儒學中人性論的發生，以至戰國時期較為成熟的理論建構，探究孔孟荀之人性論精神，以及其對「惡」之重要觀點，第三、就實際生活中「惡」的存在現象，探討「惡」之發生與其對治。

第一節　從天道論看「惡」之缺乏形上基礎

在中國哲學範疇中，天、道、天道、自然、陰陽、五行等概念，都是用以說明中國人內心中關於宇宙的本質，以及其與人相關之哲學概念，這些概念隨時代而發明、衍生與變化，是一民族受自己的土地與氣候影響，對大自然與外在環境現象，所做的各種合理性之解釋與闡明，其闡釋的根據所在或所以，即顯示一民族在文明形成的過程中，其價值觀的根源與對現實之處理能力，以及該文明再創生與發展之各種可能性，我們總稱其為一種「天道觀」。

方東美先生對中國哲學中的「天道」曾提出以下的觀點：從大化流行的「宇宙」觀點，天道可視為「善」的本體，「天」一方面不但生生萬物，賦予萬物本性，另一方面同時也是德性、價值之根源，所以也是道德實踐所應依循的對象與準則。「天」的內涵充滿生機氣象萬千，同時又是價值的根源，中國人的宇宙是一種生命普遍流行的境界，是一種沖虛中和的系統，其形質雖屬有限，而功用卻是無窮。究其根底，我們發覺宇宙是道德的園地，亦即是藝術的意境，宇宙一切現象，都含有「道德價值」，故可以說中國人的宇宙乃是一「道德」的宇宙，亦可以說中國先哲處處要從「價值」的根源，說明宇宙的次序。〔註2〕

這其中說明了源自宇宙、充塞天地，使「聖人者，原天地之美而達萬物之理」〔註3〕的無限感受，在紀元前五百年之際，帶給中國先秦哲學家各種衝

〔註1〕 參閱張立文著：〈中國傳統善惡範疇的發展歷程〉《中國文化月刊》，156期，1992年11月，頁6～8。
〔註2〕 參閱方東美著：《中國人生哲學》，台北：黎明，1993年，頁18～22。
〔註3〕 《莊子‧知北遊》：「聖人者，原天地之美而達萬物之理，是故至人無為，大

擊與激盪，奠定了中國人文精神發展之基礎，這種「天道觀」成爲其後中國兩千年文明發展與蘊蓄之力量，其中含括了至少三種意義，第一、宗教的神聖意義、第二、道德條理秩序，第三、美學的創造感與生命力之領域，故方東美先生稱其爲「一種生命普遍流行的境界」，唐君毅先生則說「個人與世界彼此內在或彼此超越，然最後都包含在『心』與『天』終極和諧之觀念中」。〔註4〕以下將從先秦儒家典藉中，進一步論証上述這些「天道論」之觀點，並從天道的背景中，探討孔孟荀哲學中「惡」是否有形上之基礎。

一、「道」與「天道」一詞之出現

「道」的原義有「路」的意思，即「道路」，〔註5〕首先出現在金文中，從人之「首」有「所向」之意，後衍生有「一定不變之理」的意思，例如「一陰一陽之謂道」《周易・繫辭》之「道」，以及《中庸》所云「道也者，不可須臾離也」，皆是指出不變之理的意義，朱注亦云：「道者，日用事物當行之理」，簡言之，「道」之字源從「人首」，即表示此人首之自導其行爲於道路之中，故亦有「人前望其所將行之道路，以自導其身、其足，以經行之義」，〔註6〕即「道」的內涵最初在於強調「人於道路上向前望，有通過，或通達並超越」〔註7〕之意義，後來則衍生有「準則」與「不變之理曰道」的意義出現，當「道」與「天」、「地」、「人」結合成「天道」、「地道」、「人道」的新觀念出時，「天道」在思想史上也有了新的意義。

「天道」〔註8〕一詞在《尙書》中出現五次，在《詩經》一書中則未見，在《周易》中只有出現兩次，可見「天道」一詞在周初並未多見，在春秋戰國時期才有較多之運用；其中「道」具有道德含意，亦即所指爲正當之道或

聖不作，觀於天地之謂也。」
〔註4〕　參閱唐君毅著：《哲學論集》，台北：學生，1990 年，頁 470。
〔註5〕　例如：《詩經・邶風・雄雉》：「瞻彼日月，悠悠我思。道之云遠，曷云能來？，又〈谷風〉：「行道遲遲」，以及《荀子・修身》「道雖邇、不行不至」，「國無盜賊，道不拾遺」《韓非子・外儲說》等文獻皆保留這種用法與意義。
〔註6〕　參閱唐君毅著：《中國哲學原論》〈原道篇（一）〉，台北：學生，1986 年，頁 37。
〔註7〕　同上，頁 38。
〔註8〕　「天道」一詞在十三經及先秦諸子典藉中，其出現之次數統計如下：《詩經》0 次、《尙書》5 次、《周易》3 次、《禮記》9 次、《左傳》6 次、《論語》1 次、《孟子》1 次、《荀子》1 次、《老子》2 次、《莊子》3 次、《列子》1 次、《晏子春秋》1 次、《管子》15 次、《愼子》1 次、《韓非子》1 次、《呂氏春秋》2 次。

應行之道，而非中立之道。〔註9〕春秋戰國時期隨著「天」觀念的演變，各種關於天的理論亦開始出現，其中對「天道」定義亦出現了許多變化，〔註10〕韋政通先生對此則將「天道」之意義區分為四種意義：〔註11〕（一）至上神，〔註12〕（二）自然義，〔註13〕（三）至善義，〔註14〕（四）形上義，〔註15〕其中至上神義與至善義皆有形上意義，故其四類之區別界限實不甚明確。李杜先生則認為「天道」其涵義則包括了「天帝的意志、自然的律則、社會的律則，以及對天地萬物或歷史文化的一種了解等」，〔註16〕此一觀點則較完整的指出了「天道」與萬物自然，以及人類的生存需求，以及宗教信仰、古典精神與城市文明，都在與大自然相關的「天道」範疇之中。

本節將根據第二章之結論，以「天」與「德」為超越善惡層級之觀點進行申論，簡言之，就知識論言，我們將「德」與「天」的本體層次定位為「善」，但事實上此善應為一善惡未區分前之「至善」的存在狀態，此為第一層級，亦是一絕對的形而上之世界；對於「人的行為」操作層次，才用善惡來區別其是否符合「德」，此屬第二層級，是一種經過文字說明，並且「善」「惡」之精確形式判斷已然形成，隨之而有者為重申天與天命之絕對理想的「天道」論，同時，形上與形下相對的二元世界隨之出現。

第二層級之存在，春秋時期以後諸子百家理論所定位的「善惡」或道德

〔註9〕 「天道」一詞，就像「天地」，並未出現於周初典籍。「道」的原義是指「所行之路」，引領人走向某一目標。引申為達到任何目的的途徑。左傳與國語就曾出現「人之道」、「國之道」、「天之道」、或者僅稱「道」這一類的術語。我們不難發現，「道」具有道德含意，亦即所指為正當之道或應行之道，而非中立之道。
參見傅佩榮著：《儒道天論發微》，台北：學生，1988年，頁84。

〔註10〕 「春秋戰國時期，『天』為『天道』……春秋時期，周時期的『天帝』觀念被衝擊，各種關於天的理論開始出現，如天地、天道、天常、天命，天不僅，亦是自然的道理、規律和必然性的命運，……既是人格神和它的意志、命令以天道為信仰對象，又以天道為自然」。
參見張立文著：《天》，台北：七略，1996年，頁11。

〔註11〕 參閱韋政通著：《中國哲學思想批判》，台北：水牛，1976年，頁20～27。

〔註12〕 如《尚書·湯誥》：「天道福善禍淫，降災于夏，以彰厥罪」、《左傳》昭公二十六年：「天道不諂，不貳其命」。

〔註13〕 《左傳》宣公十五年：「瑾瑜匿瑕，國君含垢，天之道也。君其待之！」

〔註14〕 如《易象傳》：「大亨以正，天之道也」、《易謙象》：「謙亨，天道下濟而光明」。

〔註15〕 《易傳》：「《易》之為書也，廣大悉備。有天道焉，有人道焉，有地道焉。」

〔註16〕 參閱李杜著：《中西哲學思想中的天道與上帝》，台北，聯經，民國67年，頁51～57。

之要求屬之，稱符合道德者爲「善」；不符合道德者即爲「惡」；上述第一與第二層級之區分，其中重點觀念在於強調：人一旦落入「文字」所形容之「形上」與「形下」二元相對世界後，容易在文字理論世界周轉、迷失，但人卻又有掙脫各種理論束縛的企圖，故而以「天」、「德」作爲統整之目標，一方面標舉出具備「理想」性質之天德的形上世界，使人能興起追求的願望，另一方面，哲學家更企圖以天德的理想，在社會中減低人性各種墮落，以及使人性黯然失色的可能，並希望能尋找出一種人對天之神聖所期盼的終極性情感。

所以春秋以後「天道」一詞的使用，爲的即是重申天命與天德之絕對理想，爲了重新揭示人性中最珍貴的美德，故而《論語》、《孟子》、《大學》、《中庸》、《易傳》，皆在社會日趨複雜，現實技術高度發展之後，以不同方式闡釋了此一企求絕對理想之觀點，以下分別就孔孟荀之天道論加以說明論述。

二、孔　子

（一）孔子思想之背景——春秋時代的「天道」觀

在人類歷史上，釋迦牟尼（563～483B.C.）、孔子（551～479B.C.）、蘇格拉底（470～399B.C.），皆誕生於紀元前五百年前後，爲印度、中國、希臘與三古典文明開啓了各自豐富的區域文化。其中，印度文化善於瞑想，因而形成一滅絕外在以求得內在解脫之宗教文明；希臘則以宗教、神話與雕刻，表現出一外在活潑，內在優雅，並以理性分析爲本質的文化；只有中華民族特重現實與人的存在，並同時愛好自然：其重視現實的運作一如孔子強調「爲政以德」《論語》的觀念；重視人存在的特徵則如「自誠明，謂之性；自明誠，謂之教」《中庸》之「盡性」觀念；愛好自然則如「萬物並育而不相害」之思想。

我們嘗試先由《左傳》一書之歷史線索出發，來探詢孔子思想中的天道觀，因歷史是整體而向前發展的，人類在歷史中求源，和在哲學中求知識眞正的存在性基礎是一樣的。《左傳》以魯國爲紀元而寫成編年體史書，詳細記載了春秋時期周王室與各諸侯國間政治、軍事、外交與文化方面的內容，其中有三則關於「道」、「天道」與「人道」之章句，足以說明孔子時代對「天道」一辭用法的各種意義。

1. 第一則是《左傳‧桓公六年》（公元前七○六年）：

所謂道，忠於民而信於神也。上思利民，忠也；祝史正辭，信也。……

夫民，神之主也，是以聖王先成民而後致力於神。〔註17〕

此處所言之「道」兼具「信仰」（信於神）與「造福百姓」（忠於民）之意義，若從「夫民，神之主也，是以聖王先成民而後致力於神」的觀點而言，「道」的意義則有「導向民意」的義涵。

2. 第二則記載於《左傳》昭公十八年（公元前五二四年），子產說：

天道遠，人道邇。〔註18〕

即使四國如裨灶所言發生了火災，仍然反對給裨灶寶物，明確的將「天道」內涵客觀化、合理化、去神秘化，即「天道」在當時已有多重涵義，一方面仍可相關於至上神的信仰，另一方面亦可說明自然之規律，後者即如《荀子・天論》所言之「天行有常，不爲堯存，不爲桀亡」的意思。

3. 第三則文獻則說明了「人道之理想根源在於天道」。魯襄公二十二年年，即公元前五五一年，正是孔子出生之年，《左傳》中記載：

秋，欒盈自楚適齊。晏平仲言於齊侯曰：「商任之會，受命於晉。今納欒氏，將安用之？小所以事大，信也。失信，不立。君其圖之。」弗聽。退告陳文子曰：「君人執信，臣人執共。忠、信、篤、敬，上下同之，天之道也。君自棄也，弗能久矣。

這裡強調國君與臣子應共同把握的忠、信、篤、敬等倫理規範，本屬「人之道」，但晏子卻說「天之道」，晏子之說，指出了那「規範」（人道）外之「理想」（天道），指出促使規範得以成立之「存在性基礎」（天道），此基礎亦爲孔子所強調，是爲一統合「現實」與「理想」之「基礎」，亦指那絕對的形上人格（聖人與君子）形成之力量與可能。

〔註17〕少師歸，請追楚師。隨侯將許之。季梁止之，曰：「天方授楚，楚之贏，其誘我也。君何急焉？臣聞小之能敵大也，小道大淫。所謂道，忠於民而信於神也。上思利民，忠也；祝史正辭，信也。今民餒而君逞欲，祝史矯舉以祭，臣不知其可也。」公曰：「吾牲牷肥腯，粢盛豐備，何則不信？」對曰：「夫民，神之主也，是以聖王先成民而後致力於神。（《左傳・桓公六年》）

〔註18〕夏，五月，火始昏見。丙子，風。梓慎曰：「是謂融風，火之始也；七日，其火作乎！」戊寅，風甚。壬午，大甚。宋、衛、陳、鄭皆火。梓慎登大庭氏之庫以望之，曰：「宋、衛、陳、鄭也。」數日皆來告火。裨灶曰：「不用吾言，鄭又將火。」鄭人請用之，子產不可。子大叔曰：「寶以保民也，若有火，國幾亡。可以救亡，子何愛焉？」子產曰：「天道遠，人道邇，非所及也，何以知之？灶焉知天道？是亦多言矣，豈不或信？」遂不與。亦不復火。（《左傳・昭公十八年》）

（二）孔子思想中的「天道」意義

　　孔子對天道的看法，雖然在《論語》中僅有子貢所云：「夫子之文章可得而聞也；夫子之言性與天道不可得而聞也。」（〈公冶長〉）的一句話，但是對於孔子的天道觀，仍可由他對「天」的看法來加以了解。

1. 天道是宇宙運行不已的生命力

　　首先，孔子認為天是生生萬物的根源，天道是運行不已的生命力，例如《論語‧陽貨》云：

　　　　子曰：天何言哉？四時行焉，百物生焉。天何言哉？

有的學者認為這裡的「天」表面上是消除了商朝「主宰之天」的概念，〔註19〕成為義理之天，命運之天；事實上我們卻可以有另類的思考，即孔子是以春秋時期，哲學合理化的過程開始後，可以為人接受的方式，再度指出「天」的絕對意義，指出天是宇宙生生不已的力量。如《禮記‧哀公問》云：

　　　　哀公問孔子曰：君子何貴乎天道也？孔子對曰：貴其不已，如日月
　　　　東西相從而不已也，是天道也；不閉其久，是天道也；無為而成物，
　　　　是天道也。

可見孔子之「天道」是一股宇宙運行不已的生命力，其內涵若以哲學來分析，就「人性」部份而言，天道的實踐必須能完成一種屬於自身道德之徹底向善之決心；就「社會」而論，必須能對人類歷史完成一超越現實困境之弘遠規劃，提出一巨大理想之設計與藍圖，在自然與原創性的基礎上，對人性與歷史兩者有所定位與安排；就此一目標之觀點而言，如果孔子所重者僅為以知識而求知識，何以能稱為聖哲？何以能成為持續影響中國兩千年之「聖之時者」？其所秉持者，無非是培養一真正能統觀當代文明之能力，並在自身之中，設法真切地擁有道德心懷，並無時無刻不以實踐工夫省改而立志於學，在敬天、畏天命的態度上，以心正求性誠，進而化物極于天，以符合天行健，君子以自強不息之天道動力。

2. 天道是聖哲與君王努力的最高理想與目標

　　「天道」不但生物、運行不已，且一方面是德性的賦予者，如「子曰：天生德於予，桓魋其如予何」〈述而〉，另一方面也是有德君王所遵循、效法的對象，關於遵循的例証一如《論語‧八佾》中記載：

〔註19〕孔子宗教哲學觀的思維方式，本質上係擺脫殷商「主宰之天」的概念，換言之，欲消除天神的人格形象性，使之成為「命運之天」、「義理之天」。

　　　　參閱呂宗麟著：〈試論先秦宗教哲學觀〉《宗教哲學》，1996 年 1 月，頁 33。

王孫賈問曰：「與其媚於奧，寧媚於灶，何謂也？」子曰：「不然，獲罪於天，無所禱也。」

孔子回答衛國代夫王孫賈之問，意指領導者如不以其道，則行為將不得其正，又因行為之乖離，故為政也必不得通和，若是者，自作孽也，復有何祈救者也？此無非是說明君王必須效法天道之理想，在《論語・泰伯》中載有贊美堯君齊天之大德云：「子曰：大哉堯之為君也，巍巍乎，唯天為大，唯堯則之」，此處言「天」者，即天道運行之規則，是道理之至者、盡者，君王能盡理以知天，即如天地法自然而形萬物，正為天道運行在人間之呈顯方式。又〈里仁〉篇中有云：「朝聞道，夕死可矣」，所謂聞道乃先聞「天道」而後有超脫生死之視野，其道即指天，天即意指正確的道理，故《論語》中記載堯曰：「咨！爾舜！天之曆數在爾躬。允執其中。四海困窮，天祿永終」〈堯曰〉，堯君強調君王的義務與正確責任，不外是百姓生活之豐榮，如人君不知天，行為偏私則必失己失天，終必改朝易主。

可見《論語》中對天道觀念一方面是從上而下的說「天生德於予」，說明社會道德的基礎在天，另一方面則從下而上指出人之進路在於「允執其中」，在於「聞（天）道」依天道而後行，真切的為治國與百姓而付出努力，遵天道理想而行君主為政之道。

《大學》繼承《詩》、《書》對「天」之看法，與孔子說的「天生德與予」的觀點意義相一致，都是源自《詩經》：「天生烝民，有物有則」〈烝民〉的天觀念，以德化的宇宙觀來說天道，以天為人性的根源，以天為人實踐「德」與「禮」之根據。對於天是生生萬物的主體，同時也是德性根源的看法，《易傳》也有相同的說法：

生生之謂易。（〈繫辭上〉）

天地之大德曰生。（〈繫辭下〉）

「生生」即不絕的意思，揭示陰陽變易相生之理，說明整個天道歷程，是不息不已的，而此「生物」的功能即是天的「大德」。天創生萬物，《易傳》透過天人關係，強調人道德行為的重要，〈繫辭上傳〉曰：「是故君子居則觀其象而玩其辭，動則觀其變而玩其占，是以自天佑之，吉無不利」，君子觀察萬物的變化，目的在於獲得上天的福佑，避禍得福，無往而不利，這裡亦可觀察到中國的道德哲學和「天」之間有深厚的關連性。〔註20〕《周易》以陰陽

〔註20〕君子觀察萬物的變化，行占卜之事，目的在於獲得上天的福佑，便可無往而

為變易結構，乾坤為內容，代表一純陽純陰之卦，定位尊卑、高低與動靜：

> 天尊地卑，乾坤定矣。卑高以陳，貴賤位矣。動靜有常，剛柔斷矣。
> 方以類聚，物以群分，吉凶生矣。在天成象，在地成形，變化見矣。
> 《周易・繫辭上》

天道以知識而言，表示全般而完整的真理，代表整體存在世界，天之道，即指欲以全般真理見部份真理之殊義；《周易》強調以天為背景而觀地之形相與變化，故知天之動與地之靜有一定的規律，動靜代表陽剛與陰柔之分別，吉凶、矛盾都在其中；其原則是依天道而人盡其力，人盡其力則萬物興盛，百物生焉，故云天是生生萬物的本體。

對天是德性根源的看法，〈繫辭上〉亦云：「乾以易知，坤以簡能」，「易簡之善配至德」，再云：「一陰一陽之謂道，繼之者善也，成之者性也」，三則曰：「天地設位，而易行乎其中矣，成性存存，道義之門」。乾坤之天道以平易為人所知，以簡約而見其功能，正因其展現易簡之美善原理，故可以配合至高的道德。人如能繼承發揮此陰陽之道，即屬天地設位，「知」與「禮」之道行乎其中，此為化育之善功，如又能蔚成其道，以易理為修身之基礎，即顯人性本質之最大美善，成其性而存之又存，即可通向道、義。道德的意義，于此成為人盡一切可能響往清明與覺醒，並在實踐易理之極至中，以人成性，最後，以性返天。

（三）孔子思想中的「天道觀」與「惡」

孔子之天道思想既是宇宙運行不已的生命力，又為聖哲與君王努力的最高理想與目標，在此形上背景中，規範倫理學的基礎已然存在，接續第二章對善惡發生意義之探討，善與惡，主要是指對人的行為和事件，所作的肯定與否定的道德評價，其中「惡」主要是指一種失序的狀態，不符合形上規律與人性本然的要求。孔子思想中「惡」的觀念，我們可以從《論語》中統計出「惡」一詞總計出現十九次，基本上有「厭惡」或壞、過失二種意義。《論語》中「惡」如為「厭惡」之用法時，則屬於個人情感、情緒性之好惡，故不在本文所言「惡」或進行「價值」判斷的規範倫理學討論之列，此種用法

不利。上天所助佑的人，必能避禍得福，無往而不利了。由易經吉凶禍福的觀念，我們可以明白地看出，中國的道德哲學有形上學和神學作為基礎。參閱李震著：《中外形上學比較研究（上冊）》，台北，中央文物供應社，民國71年，頁404〜408。

如孔子所云：「唯仁者能好人、能惡人」（〈里仁〉）、「我未見好仁者，惡不仁者」（同上）、「是故惡夫佞者」（〈先進〉）、「愛之欲其生，惡之欲其死」（〈顏淵〉）等皆屬之，雖人之好惡中隱然已有價值之判斷，但好惡之情感非所判斷之價值本身，故於此不擬詳論。

「惡」一詞在規範倫理學中主要是指出人行為中的過失（瑕疵）、壞等意義，其中又可詳分為無心之過（失）與有心之過（惡行），無心之過是一種被動的瑕疵，是一種無可奈何之缺乏；有心之過則以其居心不良、心存故意不善，特別為規範倫理學所研究，唯兩者皆不符合形上本然之要求，例如：

　　苟志於仁矣，無惡也。（〈里仁〉）

　　伯夷、叔齊不念舊惡，怨是用希。（〈公冶長〉）

　　君子成人之美，不成人之惡；小人反是。（〈顏淵〉）

　　攻其惡，無攻人之惡，非修慝與？（〈顏淵〉）

　　尊五美，屏四惡。（〈子路〉）

其中「惡」的觀念，主要是指出其相對於「善」的「缺乏」與「不完善」，故孔子有時亦以「非禮」（〈顏淵〉）、「非仁」（〈憲問〉）〔註21〕等詞，以強調「仁」、「禮」有所不足之「表達方式」取代「惡」一詞的運用，對於「惡的發生與對治」之問題，本文將在第三節中論述。

從《論語》關於惡的言論中，我們無法從孔子的思想中找到直接或間接肯定「惡」存在有形上基礎的事實，其中相關於倫理學層次所使用之「惡」觀念，其內涵皆可以「不善」或「善之缺如」意義代換之。因孔子立其宏大基礎於「天生德於予」（〈述而〉）的形上背景下，故而能肯定的說出：「君子去仁，惡乎成名？君子無終食之間違仁，造次必於是，顛沛必於是」（〈里仁〉）、「我未見力不足者」（同上），可知以天道為形上基礎之仁者心懷，方為孔子所認肯之人性本質，其言「惡」之觀念，絕非以形上實體之方式表出；反之，他是在人性光明與圓滿之基礎上，以「克己復禮」（〈顏淵〉）、「為仁由己」（同上）的正面方式，表達其「非禮」（〈顏淵〉）與「非仁」（〈憲問〉）觀念的欠缺與不完善，要求回到自身的完善，故時時以「志於道，據於德，依於仁，遊於藝」（〈述而〉）勉勵學生邁向至善。

〔註21〕子曰：「非禮勿視，非禮勿聽，非禮勿言，非禮勿動」（〈顏淵〉）、「管仲非仁者與」（《論語・憲問》）

中華文明之所以重視孔學，其原因主要是在於孔子之選擇與解釋，皆建立在最高超之形上道德之基礎上，故假如我們稱孔子是一位哲學家，他必定是一位真正的形上學家，一方面一切修己作爲皆以「天道」爲鵠的，另一方面一切立己工夫皆在天道的背景中實施，知天德生命之要義，透過「好學」（就有道而正焉）與「自省」（退而省其私），〔註22〕使人性光明漸昇，達己達人，以行聖人君子之道。

三、孟　子

孟子承孔子之道，以正人心爲己任，嘗云「我亦欲正人心、息邪說、距詖行、放淫辭，以承三聖者」（〈滕文公章句下〉），當時社會混亂，君臣之道不彰，故孟子以承繼三聖（禹、周公、孔子）救世大業爲己任；唯孔孟之時代背景有所不同，以下說明之。

孔子的時代是天道逐漸喪失但未盡失的年代，他曾批評諸侯「八佾舞於庭，是可忍也，孰不可忍也」《論語·八佾》，強調「名不正，則言不順」（同上）的觀念，他企圖導正時代風氣，復「堯、舜垂衣裳而天下治」《周易·繫辭下》的里仁社會，但至孟子時代，則大局已定，天道廢，強權「率獸而食人」，〔註23〕「暴君代作，壞宮室以爲汙池，民無所安息；棄田以爲園囿，使民不得衣食……世衰道微，邪說暴行有作。臣弒其君者有之，子弒其父者有之」《孟子·滕文公下》；故可知孟子時處一人欲橫流的時代，但似乎整個時代的痛苦都被他一肩承擔起來了，其理想人格的描寫可以《孟子》一書中「天將降大任於是人也，必先苦其心志」與「我善養吾浩然之氣……其爲氣也至大至剛，以直養而無害，則塞于天地之間」〔註24〕兩章作爲代表。

如果我們能明白孟子於亂世中具一堅毅人格之特質，則於《孟子》一書的天道思想中，我們當關注的是其「天道」的內涵，以及「天道」觀念在孟子面對世衰道微的遭遇中，所發生之影響爲何；進而從其形上背景中，觀察

〔註22〕子曰：「君子食無求飽，居無求安，敏於事而慎於言，就有道而正焉，可謂好學也已」（《論語·學而》），「退而省其私，亦足以發」（〈爲政〉）。

〔註23〕「庖有肥肉，廐有肥馬，民有飢色，野有餓莩，此率獸而食人也」（《孟子·梁惠王上》）

〔註24〕「天將降大任於是人也，必先苦其心志，勞其筋骨，餓其體膚，空乏其身，行拂亂其所爲：所以動心忍性，曾益其所不能。」（《孟子·告子下》）「我善養吾浩然之氣」、「其爲氣也至大至剛，以直養而無害，則塞于天地之間」（〈公孫丑上〉）

其對「惡」的問題所秉持之態度。

（一）天道的內涵

1. 天

關於「天道」的內涵，我們將依天、道、天道之次序進行觀察，《孟子》中言及「天」者數次，其中較重要者有：

> 天之所廢，必若桀紂者也。（〈萬章上〉）

> 心之官則思，思則得之，不思則不得也。此天之與我者，先立乎其大者，則其小者不能奪也，此為大人而已矣。（〈告子〉）

> 詩曰：天生蒸民，有物有則，民之秉彝，好是懿德。（〈告子上〉）

在《論語》中，尚未明言生生萬物的天是否為善，到了孟子，天成為「善」的表徵，天的運作轉向義理內涵，其「所廢者」為桀紂之暴政，其「所與者」為從其大體、立乎其大者，其所生者亦在使人企求道德之美善。

2. 天　道

關於「道」，《孟子》云：「道在邇而求諸遠」（〈離婁上〉）、「仁也者，人也；合而言之，道也」（〈盡心下〉），其中「仁」是指人之所以為人之理也，「道」即指以仁之理合於人之身而言，故孟子之天道思想即統攝道德義理與人性，而其具體運用「天道」一辭則出現在〈盡心〉與〈離婁〉兩章：

> 仁之於父子也，義之於君臣也，禮之於賓主也，知之於賢者也，聖人之於天道也；命也，有性焉，君子不謂命也。（《孟子·盡心下》）

> 誠者，天之道也。思誠者，人之道也。至誠而不動者，未之有也。不誠，未有能動者也。（《孟子·離婁上》）

此段之「天道」思想，一者與仁、義、禮、智對舉，另一則與誠身之道相提並論，前者突顯超越耳目口鼻等感官之人類理想，後者則具體指出其超越進路之核心觀念──誠，並以思誠者為做人當然之理，故孟子曰：「萬物皆備於我矣，反身而誠，樂莫大焉。強恕而行，求仁莫近焉」《孟子·盡心上》，其中無非是要求透過「反身而誠」照見自身無限超越之可能性，故云萬物齊備，至樂可得。「誠」之觀念則以《中庸》「天德一貫」之形上體系為代表經典。

（二）天德一貫

1. 人道以天道為依據

關於「人道」以「天道」作爲形上根據的思想，在《中庸》中，發揮得最爲完整：

> 誠者，天之道也；誠之者，人之道也。詩云：「維天之命，於穆不已。」
> 蓋曰，天之所以爲天也。

「誠」本來是天道的特質，下貫於人性與人心之中，其所有的內容就是眞實無妄，此「天」之實體，不僅是客觀的超越實體，也同時也是人性的超越根據，人努力行之即「誠」，即人之道也。《中庸》之「誠」與「道」，強調一股回歸自返於「天」之力量，故云「誠者，自成也。而道，自道也」（同上），是故君子誠之爲貴，誠性則可以知道理之極至，誠之終極目的以成己爲始點，必須運用智慧，通過現實世界之考驗，才能彰顯出人性在墮落與超升之外，更有向上達到極限之可能，此即人性中之天德，即性之德是也。故《中庸》云：

> 誠者，非自成己而已也，所以成物也。成己仁也，成物知也，性之
> 德也，合外內之道也，故時措之宜也。

透過自誠明與擇善固執而能鍥而不捨，並展現人性極限可能者必屬聖人，《中庸》於此人格者讚頌不絕：「大哉聖人之道！洋洋乎發育萬物，峻極于天。優優大哉！」於此則明人道唯一之準則爲反求諸己、成己、化己，盡性而知天，唯此理想之難，人如何眞能盡其性知天，《論語》早已道出其難處，子曰：「已矣乎！吾未見能見其過而內自訟者也」（〈公冶長〉），「過」即偏也，「人之過也，各於其黨。觀過，斯知仁矣」（〈里仁〉），有所偏執即各執其類，各執其類則義失。對此人性之困難處《中庸》指出：

> 仲尼祖述堯、舜，憲章文、武：上律天時，下襲水土。辟如天地之無
> 不持載，無不覆幬，辟如四時之錯行，如日月之代明。萬物並育而不
> 相害，道並行而不相悖，小德川流，大德敦化，此天地之所以爲大也。

「萬物並育而不相害，道並行而不相悖」是結果，《中庸》說明孔子所響往之偉大人格，在於自堯舜以來，如天地般的虔誠、寧靜、浩浩如四時運行日月交錯般自然的德性，其人格之具體表現則爲「聰明睿知，足以有臨也；寬裕溫柔，足以有容也；發強剛毅，足以有執也；齊莊中正，足以有敬也；文理密察，足以有別也」，於現實生活人群中達「在彼無惡，在此無射」之譽；人如努力達成此天德一貫之理想，即爲天下至聖。

2. 風行草偃

《孟子》承此一貫之道強調三代之德，唯其道德實踐者特別強調「國君」

之德性，如〈萬章〉篇提到：

> 舜、禹、益相去久遠，其子之賢不肖皆天也，非人之所能為也。莫
> 之為而為者，天也；莫之致而至者，命也。匹夫而有天下者，德必
> 若舜禹，而又有天子薦之者。

透過君德之善政，孟子標舉出「德」為其天道觀作為人間指導原則之實質內涵，其以絕對之理想為基礎，故理論上強調人性本善，又於社會中突顯此人性之最高價值，要求國君必須行善避惡，這種方式即是以人的觀點看天道，並將「天」、「君德」及「民心」三者互相貫連，孟子曾多次提出此一觀點，又如：

> 萬章曰：「堯以天下與舜，有諸？」孟子曰：「否，天子不能以天下
> 與人。」「然則舜有天下也，孰與之？」曰：「天與之。」（〈泰誓〉）
> 曰：「天視自我民視，天聽自我民聽」，此之謂也。（〈萬章〉）

以上二例所言道德實踐之對象皆為國君，對擁有天下者而言，「天與之」的內涵是什麼呢？孟子以「使之主祭而百神享之，是天受之。使之主事而事治，百姓安之，是民受之也」回答萬章之問，其回答的各種內容，皆指向「百姓」，並提出「君德」之標準，以「德性義」為天道詮釋基礎，說明「天予之」在人世間的意義，其中君王「品德」及百姓「民心」相連，以及「天」與「德」相提，正足以說明「天」在儒家修德成聖的過程中，一方面具有絕對根源性的地位，另一方面亦作為提升人間道德實踐可能，與彰顯人性本善的重要力量，故孔孟皆讚「堯」之為君「惟天為大，惟堯則之」，[註25] 其目的皆在運用「天道」濃厚之德性色彩，在一爭功求利的年代中，作為抵擋悲苦，並能提升人性之大智與氣魄；於此，故孟子面對邪說暴行、暴君代作仍有無限的信心，以不可一世的自信說出「聖人復起，不易吾言矣」（〈滕文公下〉）、「聖人復起，必從吾言矣」（〈公孫丑下〉）。

（三）孟子思想中的「天道觀」與「惡」

《孟子》一書對「天」的觀念是繼承《詩》、《書》、《論語》及《中庸》，進一步往人文精神的提升而發展，遵循「天德一貫」之道，以人性極至表現的道德觀點詮釋天道本質，天成為「善」的表徵，但是，孟子並非無見於「惡」之存在，而乃著眼於形上層次——亦即人之為人價值理想所在，是以其不以行為結果論斷人性之故，所以，如果我們在此一基礎上探討行為中實際善惡

〔註25〕《論語‧泰伯》、《孟子‧滕文公》

的問題時，我們首先應肯定的是其以「天道觀」作爲人間指導的原則，同時也成爲一股人性中向上提升的力量，這點我們可以由《孟子》一書行文的理路中發覺其特性，如：

> 居天下之廣居，立天下之正位，行天下之大道；得志與民由之，不得志，獨行其道；富貴不能淫，貧賤不能移，威武不能屈——此之謂大丈夫。(《孟子・滕文公下》)

在此大丈夫立天下之正位、行天下之大道的磅礡氣勢下，孟子一方面承認人有惡之潛能，另一方面卻要求人從其大體，不以小害大者，從其大體即指明孟子所重視者爲人性中正面的天道原理，視惡爲私慾之蔽。

1. 人有惡之可能

關於人性趨向安佚爲惡的可能性，孟子曰：

> 口之於味也，目之於色也，耳之於聲也，鼻之於臭也，四肢之於安佚也；性也，有命焉，君子不謂性也。(〈盡心下〉)

但他卻以天命爲基礎，指出人行天道之可能云：

> 仁之於父子也，義之於君臣也，禮之於賓主也，知之於賢者也，聖人之於天道也；命也，有性焉，君子不謂命也。(〈盡心下〉)

如果父子、君臣、賓主等各種角色，能在社會中各安其位，各盡其能、各善其事，則即使身處戰國之亂世，人類亦有無窮的希望；以下再從《孟子》一書的天道觀點對個人行爲「惡」之內涵提出說明。

2. 惡乃善為私慾所障蔽

對於個人行爲之惡，孟子並未直陳「惡」有其人性基礎，《孟子》一書僅從「天道」的觀點提出了「大人」、「大體」與「蔽於物之小人」二類觀念，指出「惡」是善爲私慾所「蔽」：

> 公都子問曰：「鈞是人也，或爲大人，或爲小人，何也？」孟子曰：「從其大體爲大人，從其小體爲小人。」曰：「鈞是人也，或從其大體，或從其小體，何也？」曰：「耳目之官不思，而蔽於物。物交物，則引之而已矣。心之官則思；思則得之，不思則不得也。此天之所與我者，先立乎其大者，則其小者不能奪也。此爲大人而已矣。」
> 《孟子・告子上》

大人即聖人，一方面有「當今之世舍我其誰」(〈公孫丑下〉)的擔當，另一方面則指出此大人之德爲「堯舜與人同耳」(〈離婁下〉)，且對每個人自身而言

此成「大」之能力是屬「萬物皆備於我」(〈盡心上〉)的特性,故云「堯舜,性之也」(〈盡心上〉),在此觀點下,個人行為之惡主因是「耳目之官不思而蔽於物」,迷惑於現實之利誘,「有私龍斷焉」(〈公孫丑下〉),服從於四肢安佚之天生傾向,此則以小害大。但如人能「思誠」之道並對「人道」有恆心,則即使如「西子蒙不潔」,孟子亦云:「雖有惡人,齋戒沐浴,則可以祀上帝」(〈離婁下〉),可見其對「惡」的存在內涵多以條件限制之,「惡」並非善性之泯滅,而僅是私慾之障蔽。

所以在孟子天道論的本體架構中,「聖人與我同類」(〈告子上〉)的思想貫穿全書,其理論體系並無「惡」存在的形上基礎,對於其「惡」的發生與對治,將於後節專文交待。

四、荀　子

(一)《荀子》一書「天道」之內涵

荀子之學,志在習大儒之道,統一天下制度,自許「知通統類,如是則可謂大儒矣」(〈儒效〉),荀子雖以成大儒自許,但其學說卻融合儒、道二家,對「天」概念提出新的看法,一方面開展出特重「禮」的思想,另一方面亦影響韓非、李斯等法家人士,故荀子究竟是儒家之異端或集大成者,歷來有許多不同意見。基本上荀子和孟子一樣,想排除異端,提倡儒家學說,其理論目標是法舜禹之制與仲尼子弓之義,除天下之害,顯聖王之跡,如《荀子·非十二子》云:

> 夫仁人也,將何務哉?上則法舜禹之制,下則法仲尼子弓之義,以
>
> 務息十二子之說。如是則天下之害除,仁人之事畢,聖王之跡著矣。

《荀子》一書提到的「天」有「自然義」與「神性義」兩種內涵:

1. 神性義的天

荀子之神性義的「天」保留了部分位格性與道德性,能降命於人,亦是道德行為的判準,如:

> 詩曰:天方薦瘥,喪亂弘多。(〈富國〉)
>
> 夫天生烝民,有所以取之。(〈榮辱〉)
>
> 得眾動天,美意延年,誠信如神。(〈致士〉)
>
> 郊者並百王於上天而祭祀之也。(〈禮論〉)

這些天以繼承《詩經》的觀點為多，一方面認為個人之命運取決在於天，另一方面則指出天與得眾、得民心之君德相關，進而以「天」標舉人間價值判準，強調「禮」，故云：「人之命在天，國之命在禮」（〈彊國〉）。

2. 自然義之天

荀子除神性義與道德性之天外，還提出「自然天」的看法，在〈天論篇〉專論此一問題：

> 天行有常，不為堯存，不為桀亡。應之以治則吉，應之以亂則凶。彊本而節用，則天不能貧；養備而動時，則天不能病；修道而不貳，則天不能禍。故水旱不能使之飢渴，寒暑不能使之疾，祅怪不能使之凶。本荒而用侈，則天不能使之富；養略而動罕，則天不能使之全；倍道而妄行，則天不能使之吉。故水旱未至而飢，寒暑未薄而疾，祅怪未至而凶，受時與治世同，而殃禍與治世異，不可以怨天，其道然也。故明於天人之分，則可謂至人矣。（〈天論〉）

荀子雖然強調「明於天人之分」，但並不否認天與人的聯繫，其作品中亦肯定人是天所生成的，心和感官都是天的創造。所以他說：

> 不為而成，不求而得，夫是之謂天職。……天職既立，天功既成，形具而神生，好惡喜怒哀樂臧焉，夫是之謂天情；耳目口鼻形態各有接而不相能也，夫是之謂天官；心居中虛以治五官，夫是之謂天君。（〈天論〉）

荀子的觀點我們可以做三方面的可能性之思考：

第一、荀子並非拋棄了天的神聖性，故言「天功」，其自然意義之「天」的提出乃是由其「性惡論」的主張而起，因其主張性惡，但另一方面又以儒家的傳統來提倡倫理道德，此二者之間存在著本質上的矛盾，所以必須以人為的努力去改變自然的天賦傾向，故而有人定勝天之信念。〔註26〕

第二、荀子內心中，此種人定勝天之信心，源於個人內心向上超升的絕對理想，此一理想荀子以「全其天功」（〈天論〉）〔註27〕說之，荀子認為：聖人雖

〔註26〕 「荀子不是由於拋棄宗教信仰，也不是由於反抗命運，而是由於性惡論的前題而來。因為他既然主張性惡，則以儒家的傳統即應提倡倫理道德，所以他必定要以人為的努力去變化自然的天賦傾向，乃有『人定勝天』的觀點。」參閱羅光著：《中國哲學思想史》〈先秦篇〉台北：學生，1982 年，頁 665。
〔註27〕 〈天論〉云：「聖人清其天君，正其天官，備其天養，順其天政，養其天情，以全其天功。如是，則知其所為，知其所不為矣；則天地官而萬物役矣。其

不求知天的奧秘，但必須以「知其所爲」、「知其所不爲」等方式以面對「知天」的課題，故云「其行曲治，其養曲適，其生不傷，夫是之謂知天」（同上）。

第三、《荀子》混淆了眞正絕對天之理想，而以形上、形下二元相對中的天（自然之天），申論其「天道論」的內容；在這個可能性中，《荀子》言論時而指向「自然義之天」，時而援引詩書之言云「浩浩蒼天」，其中兩義交換互用，亦誤以形上、形下二元相對之天爲絕對本體之天，此爲《荀子》一書中「天」概念之不一致性，無論如何，這種情形在戰國時可能已經形成一普遍風氣。

簡言之，春秋時代，孔子仍企圖力挽狂瀾，至戰國時期則情況更加惡化，臣弑其君者有之，子弑其父者有之，邪說暴行作，此時戰國學者，對中國哲學最高天道思想，對天之所以爲天，文王之所以爲文，純亦不已的掌握已大不如孔孟般具有原創性的生命精神。

以上三種觀點是我們思考《荀子》一書中，「天」之內涵有所歧義之歸納與說明，其最特殊的部份仍是自然義的天。不可諱言，荀子仍屬儒家系統，從其理論解析中，如果就其強調天的自然義而言，「天」本身不能對人有賞罰，社會變化亦與之無關，所以，我們亦「不可以怨天」，即人必須靠自身之努力，改造現實的困境。再者，如果我們考慮到荀子對「天」自然義的看法，亦可從中了解，一種源自儒家對人事與信仰不同的處理態度，荀子一方面表達了人與天的關連性，但亦儘量突顯盡人事與重禮樂制度之儒家精神，另一方面，又因爲戰國末期民間陰陽五行之說盛行，一切都看天意而轉移，故荀子亟思把儒家努力修身的思想，擴充到人事的各方面。〔註28〕在這個理解上，荀子〈天論篇〉以自然、物理性之「天」爲背景去說天，其目的則是爲了去說「人」，去說明「人世間的治亂由人不由天」，〔註29〕在這種社會現實之要求下，荀子才推展出其重「禮」與「法」的哲學體系，成爲在戰國後期爲君王所看重之學說。

行曲治，其養曲適，其生不傷，夫是之謂知天。」（《荀子・天論》）

〔註28〕「從孔子以來，重在人事，把宗教和信仰分開；宗教信仰爲人內心的一種情感，由祭祀而表現；人事則由人自己努力。雖然有天定的命運，仍舊要自己盡人事而不靠天。荀子繼承這種積極的精神，加以戰國末期民間信仰鬼神風氣很盛，又有鄒衍所倡的五行感應，一切都看天意而轉移。荀子乃把儒家自己努力修身思想，擴充到人事的各方面。宇宙以上雖仍有皇天上帝，然只定有規則，不干預宇宙變易，按照上天所定規則而運行，這種運行規則，稱爲自然，稱爲天」。同註26，頁668。

〔註29〕同註16，頁176。

（二）荀子思想中的「天道觀」與「惡」

從荀子自然義「天」的觀點我們無法討論有關善惡的價值根源，但從荀子神性義之「天」，可以合理的觀察到他對價值根源之描述，例如他說「君子小人之反也，君子大心則天而道」（〈不苟〉），指出志向宏大的君子，只要抱負高遠，即合乎上天而遵循天道，此中天道作爲指導人道之原則即明確存在君子心中，又如〈大略〉篇云：「天之生民，非爲君也。天之立君，以爲民也」，更明顯的指出上天生育百姓，立一國之君，爲的是確實協助百姓平順安康之生活，於此，荀子思想中以理想之天德指導君德，並要求君德符合民心的觀念躍然句中，此一國之君如能遵行堯舜等先王之道，即是儒家的君子、聖人，荀子強調「君子以德」，並說「天地生之，聖人成之」（〈富國〉）就是這個道理。

荀子力倡性惡之論，言「今人之性惡，必將待師法然後正，得禮義然後治」（〈性惡篇〉），強調人性爲惡，其中性惡論的提出背景、內容與性惡論的解決之道將在下節詳細討論，但荀子之天道觀仍言「配天」，即其天道觀仍爲善之價值根源，是一不爭之事實，例如，〈大略篇〉云：「配天而有下土者，先事慮事，先患慮患」，〔註30〕其中仍以「配天」之德而形容一國明君，又例如荀子引〈康誥〉曰：「弘覆乎天，若德裕乃身」（〈富國篇〉），此中說明君子心胸如能廣大似天，能包容一切不完美與困境，則爲符合有德者的標準。

荀子「性惡論」認爲「惡」的存在是不爭的事實，但反思荀子對「性」定義爲「生之所以然者謂之性……不事而自然謂之性」（〈正名篇〉），則可以知道荀子雖倡言性惡之論，但他對人性本質乃以「材質之性」視之，性惡論的提出仍屬於對時局險峻之極處，所提出的針砭藥方，如再以《荀子》一書天道觀背景看常人之惡行，則我們更能了解荀子思想之天道觀，仍間接的呈現出一種理想性天德的包容情感，企圖改變時局，以禮的精神感化社會，所以，荀子曾明確提出「雖有大過，天其不遂乎！」（〈修身篇〉）的觀念，荀子指出人的言行雖有大過錯（惡），但上天終將裕之，不使陷於禍患，這指出了在巨大過錯背後的

〔註30〕天子即位，上卿進曰：「如之何憂之長也？能除患則爲福，不能除患則爲賊。」授天子一策。中卿進曰：「配天而有下土者，先事慮事，先患慮患。先事慮事謂之接，接則事優成；先患慮患謂之豫，豫則禍不生。事至而後慮者謂之後，後則事不舉；患至而後慮者謂之困，困則禍不可禦。」授天子二策。下卿進曰：「敬戒無怠，慶者在堂，弔者在閭。禍與福鄰，莫知其門。豫哉！豫哉！萬民望之！」授天子三策。
《荀子‧大略篇》本段意指德行配上天而有下土的（天子），要事未發生就要想到，患未發生就要想到。

終極基礎，是建立在上天善意的諒解、包容與指導之內容上的。

又如荀子對君子理想人格的一生作了下列描述：「君子敬始而慎終，終始如一，是君子之道」（〈禮論〉），這裡呈顯出荀子對君子之德性有莫大的信心，認爲君子可以終始如一，敬始慎終，這說明了荀子認爲在人性的超越與墮落，二極對立與鬥爭中，另有一突破二者對立的向上之力，此即「君子大心則天而道」（〈不苟〉），這股力量，促使人能透過努力，完善自身，這使荀子對君子之德有如此自信，故其性惡論的提出僅具有工具性之意義，在形上學或天道論的範疇中其「惡」的基礎並不存在。

「天道」一詞在《論語》、《孟子》、《荀子》雖然只各出現過一次，但其對「絕對形上世界」的揭示卻有許多的表達方式，有的直接而明確，如「天生德於予」、「誠者，天之道也」，有的必須從其人生觀中推論理解，例如「雖有惡人，齋戒沐浴，則可以祀上帝」、「天之立君，以爲民也」；方東美先生對此也說：「中國的人性論以哲學的思辨爲根據，毫不挾帶宗教的色彩，因此之故，中國思想上，絕對找不著純粹的先天性惡論，也並沒有出世的思想」。〔註31〕從上文對先秦儒家典籍的檢視中，我們可以明確的說「天」的特質是「生」、是「誠」、是「於穆不已」，無論是超越善惡的天，或是賞善罰惡的天，整個宇宙就是天道「一陰一陽」不斷創生萬物的歷程，是價值與道德的起點和終點，其間沒有「惡」所能依存之處，換句話說，從詩、書傳統到孔、孟、荀，在先秦儒家天道的生生歷程中，整個的形上世界並沒有惡的存在基礎。

中西方學者對「惡」之形上研究，多數主張「惡」非某種積極的實有，而是一種缺陷，但「非實有」不意指「虛無」（Nihil），即「惡」非虛構的抽象觀念，而是實際存在，並且造成人心痛苦、社會混亂的具體事實，一如懷德海所言：「在事物之本性之中，惡化或墮落仍爲有效」，即如果我們從「存在」的觀點去理解「惡」，即視「惡」爲非積極的存在，即它不像「善」有所謂的「至善」或「絕對善」，而只是「依附在」善的存在上。例如：一個人身體有「缺陷」，我們是相對於那個「完美」的人去說的；同理，對「惡」的理解，也必須在「善」的定義中去觀察。正如人不可能缺少作爲人所應具有的官能，一存在物也不可能缺少作爲一存在物所應有的東西，這說明了在形上領域中，並沒有「絕對惡」，亦沒有「惡自身」。〔註32〕

〔註31〕同註2，頁23。
〔註32〕本段主要觀點，參閱鄔昆如著：《倫理學》，台北：五南，1993年，頁319

第二節　人性論的主張與「惡」的意義

　　哲學本以關懷人生問題為中心，其中各種人性論的主張更是哲學家們精采發揮其思想之成果，「中國哲學中性命天道等主要思想範疇，亦都以人性之論証為主要思想內容或証成之者」，〔註33〕原因不外是從日常生活中，當我們發現了完美與缺失俱在，善惡之判斷無時無刻不在運作時，我們於是有了探討人性善惡根源的企圖。「惡」在哲學上，是個複雜而難解的問題，此問題關係到人生的意義、目的、價值及宇宙的來源，所以許多神學家、哲學家、文學家在此問題上煞費苦心、力圖解決。

　　善惡問題首推人性，而談人性的善惡，首先應界定「人性」的內容，於是哲學中就有所性善、性惡，以及性為材質說等折衷觀點。接續前章孔、孟、荀「天道」思想的研究，我們將從人性論的發生年代，檢討古典儒家人性論主張、內容與結構，並就其理論中「惡」的意義詳加探討。

一、孔　子

　　中國以儒家思想為傳統，對「天」有信仰，承認人性本善，此種態度首先源於「孔子」，〔註34〕性善的意義並非指人性盡善盡美，而是要指出人本性中自然擁有的性善之心與向善的力量。我們由人性論觀點看先秦儒家典籍，可以發覺《論語》對人性的說明較為質樸，因其觀念的發生較早，《易傳》、《中庸》探討人性問題的方式，則已有較完整形上學思辨的特性於其中，〔註35〕此為接續孔子思想而稍後之發展。

（一）人性論的主張

對於人性的問題，《論語》只有兩處提到：

第一為〈陽貨篇〉云：

　　子曰：「性相近也，習相遠也」

　　～320。以及黃維潤：《輔仁大學哲學論集》，十九期，1985 年 7 月，輔大哲研所，頁 45。

〔註33〕參閱台大哲學系主編：《中國人性論》，台北：東大，1990 年，頁 3。

〔註34〕參閱鄔昆如著：〈中國傳統倫理教育的形上基礎〉，《哲學與文化》，第十二卷，第七期，1985 年 7 月，頁 6。

〔註35〕《論語》對「性」字的解說最簡單，在時間上應為最早，《易傳》的「性」字已經進入了形上學範圍，這是因為《易經》一書的性質為宇宙論，但在思想變遷上，似乎應在《中庸》以前。同註 26，頁 238。

認爲人的本性都是相近的，並未直接談到人性的內涵，也未以善惡論人性。

第二則爲〈公冶長篇〉云：

夫子之文章，可得而聞也。夫子之言性與天道，不可得而聞也。

雖然《論語》直接描述人性的話不多，但是我們應該可以從其它關於個人與社會兩方面的材料而略窺孔子對人性之看法。

1. 個人方面

首先從談論「生」、「本」等代表個人「人性」初始意義的用辭觀察，〈雍也篇〉云：「人之生也直，罔之生也幸而免」，〔註36〕代表《論語》對人性之觀念強調人活在世間，原本即應以眞誠與正直爲最高修養目標，再者，〈學而篇〉云：「君子務本，本立而道生」，《論語》既強調「務本」，則人性之內涵如無善質，「務本」之後，「道」將由何而生？又如何能再言「君子食無求飽，居無求安，敏於事而愼於言，就有『道』而正焉」？〈學而篇〉，再者，林放問「禮之本」。孔子贊曰：「大哉問！」（〈八佾〉）亦顯示孔子以禮樂精神爲人性善質之內涵，並重視、稱許追溯此一精神者。從個人生活、君子務本、求禮之本等追溯人性根源觀點分析，孔子所主張的人性觀念，應該以善爲觀念，以一顆追求善之心爲內涵。

2. 社會方面

從社會的角度觀察，則論君王德性的表現亦可以輔助我們發覺人性本質爲善，〔註37〕例如《論語》中云：「爲政以德，譬如北辰，居其所而眾星共之」（〈爲政〉），又如「君子之德風，小人之德草，草上之風，必偃」（〈顏淵〉），在談到政治效應時，孔子一向論善不論惡，這主要是因其對「人」之觀念，認爲其與「仁」密不可分，認爲人性是向善的；在此一正向的人性觀點上，《論語》才可能肯定的提出「志士仁人，無求生以害仁，有殺身以成仁」（〈衛靈公〉），或者「貧而樂道」（〈學而〉）的正面觀念，樂天知命，樂觀處世。

《易傳》一書亦主張人性爲善，其總原理在於「生生之謂易」，以生生不息，大化流行之義的立場來說易，孔子曾說「五十以學《易》，可以無大過矣」（〈述而〉），《周易》從最早的占卜傳統到《易傳》時，已漸從神祕性進入合

〔註36〕徐復觀先生曾經引此文認爲性相近的「性」必定只能是「善」而不能是惡的。參閱徐復觀著：《中國人性論史》，台北：商務，1987年，頁89。

〔註37〕傅佩榮先生認爲從孔子描述「有德者」在政治上所表現的神奇功效，可以証明人性傾向於仁。同註9，頁124。

理化人文精神洪流之中，對人性的觀點《易傳》云：

> 一陰一陽之謂道，繼之者善也，成之者性也。仁者見之謂之仁，知
> 者見之謂之知，百姓日用而不知，故君子之道鮮矣！顯諸仁，藏諸
> 用，鼓萬物而不與聖人同憂，盛德大業至矣哉！富有之謂大業，日
> 新之謂盛德。生生之謂易。(〈繫辭上〉)

> 子曰：「《易》其至矣乎！夫《易》，聖人所以崇德而廣業也。知崇禮
> 卑，崇效天，卑法地。天地設位而《易》行乎其中矣！成性存存，
> 道義之門。(〈繫辭上〉)

這兩段文字提出天、道、善、性等重要範疇，以及道義、仁、禮等重要道德
價值觀，明顯以人性爲「善」，並從宇宙論、形上學的天道觀點，進而對倫理
學的價值實踐，作了一全盤性的形容與理解，此全盤整體的觀察即是透過「聖
人有以見天下之動，而觀其會通」(〈繫辭上〉)，其方法則是「有以見天下之
賾，而擬諸其形容，象其物宜」(同上)；《易傳》從天道論的形上觀點，擬諸
其形容，說明人如能傳繼此一陰一陽之道開創萬物者則爲善，又如能柔順守
貞以孕育萬物者即是性，在這兩者之間《易》的內容說明了人類思考變化極
至之規則，《易》之道理「廣大配天地」，故聖人遵其道理即能成就自身德性
與事業，即所謂「君子而時中」；具體言之，即能法天地而行，修身成性，最
後終能尋得實踐道義之眞正進路，成就「易簡之善配至德」的目標。

(二)「惡」的意義

《論語》中的「惡」至少有三種表達方法或意義：

第一種指出屬於個人情感性之好惡，此種用法如孔子所云：「唯仁者能好
人、能惡人」(〈里仁〉)、「我未見好仁者，惡不仁者」(同上)、「愛之欲其生，
惡之欲其死」(〈顏淵〉)等「惡」的用法皆屬之，屬於主觀性好惡的情感表達，
較不涉規範倫理學中道價價值判斷之善惡用法。

第二種是如規範倫理學中所言之「惡」，主要是指出個人行爲中的過失，德
性的瑕疵等意義，直接以「惡」一詞表示，例如：「君子成人之美，不成人之惡；
小人反是」(〈顏淵〉)、「苟志於仁矣，無惡也」(〈里仁〉)、「伯夷、叔齊不念舊
惡，怨是用希」(〈公冶長〉)；其中「惡」的意義，主要是指出其相對於「善」
的「缺乏」或「缺失」，這種特指「個人德性」不足部份之討論常是《論語》中
精華的內容，孔子非常僅愼的提醒我們這些生活上的小缺失必須注意與改善，

例如子曰：「群居終日，言不及義，好行小慧，難矣哉！」（〈衛靈公〉），以及「過而不改，是謂過矣！」（同上），「飽食終日，無所用心，難矣哉！」（〈陽貨〉），這些都是《論語》從日常中，針對吾人言行之「惡」所提煉的生活真理與警語。

第三種「惡」的表達方式，則不以「惡」一詞直接陳述，所表達的意義也是一種行爲中的過失，而且是指可以補救的外在行爲之惡；例如孔子有時亦以「不善」（〈陽貨〉）〔註38〕、「非禮」（〈顏淵〉）〔註39〕、「非仁」（〈憲問〉）〔註40〕等詞，以強調人的禮義或仁德有所不足，以「不」或「非」取代「惡」一詞的運用，又如孔子曰：「侍於君子有三愆」（〈季氏〉），「愆」即指過失；《論語》中有更多的典故可以表示孔子對「惡」觀念的使用方式，例如〈先進篇〉〔註41〕記載孔子責備子路，言其以子羔爲縣長的安排是「賊夫人之子」，這明顯是孔子批評子路行爲上的惡行或缺失，又如孔子責怪臧文仲之惡行曰：「其竊位者與？知柳下惠之賢而不與立也」（〈衛靈公〉），孔子指出魯國大夫臧孫辰行爲上的不負責任；這些缺失與惡，皆是立足於人正當與合宜行爲的觀點，而提出的道德批判。

《易傳》對「惡」觀念的重要內容如下：

第一種是屬於個人情感好惡的表示，如《周易·繫辭下》云：

> 「是故愛惡相攻而吉凶生，遠近相取而悔吝生，情僞相感而利害生。」
>
> 「人道惡盈而好謙」（《周易·謙·彖》）

第二種是規範倫理學所討論的善惡，主要是以示警爲目標，對人事吉凶的變化提出說明，如在《周易·大有·象》云：

> 大有：君子以遏惡揚善，順天休命。

其中以善惡對舉，「惡」指人之缺失，這句話裡明確指出君子應遏止邪惡，倡導善行，才是順從天道之規律；另一則《易傳》關於善惡之內容如下：

> 善不積不足以成名，惡不積不足以滅身。小人以小善爲無益而弗爲也，以小惡爲無傷而弗去也。故惡積而不可揜，罪大而不可解。（《周

〔註38〕 「親於其身爲不善者，君子不入也」（〈陽貨〉）
　　　　「三人行，必有我師焉！擇其善者而從之，其不善者而改之」（〈述而〉），「不如鄉人之善者好之，其不善者惡之。」（〈子路〉）
〔註39〕 子曰：「非禮勿視，非禮勿聽，非禮勿言，非禮勿動」（〈顏淵〉）
〔註40〕 「管仲非仁者與」（《論語·憲問》）
〔註41〕 子路使子羔爲費宰。子路曰：「有民人焉，有社稷焉。何必讀書，然後爲學？」子曰：「是故惡夫佞者。」

易・繫辭下》）

這段話指出善行不累積就不足以成名，惡行不積累就不足以滅亡其身，小人視
小善爲無益而不屑施行，又視小惡爲無傷大體不願除去，故最後終將無法掩蓋，
使惡發展至極而不得解脫。《易傳》中這種「惡」觀念的用法，主要是對人提出
警訊，認爲人應知天道、地道與人道間的變易之道，自始自終保持僅慎，不掉
以輕心，此即「懼以終始，其要無咎。此之謂《易》之道也」。〔註42〕

　　上述這些「惡」觀念之使用，皆是相對於人完美行爲而言之惡，並指出
其缺失並非不可改正，改善的關鍵在於「修己」、「敬」與「靜」，孔子與《易
傳》本著人性爲善的正面觀念，對於德性缺失強調其改善的可能性，認爲人
如能「克己復禮」，先「敬」而後則能「靜」，能靜而後品德流布四方，故《周
易》云：「至靜而德方」、「君子敬以直內」，〔註43〕孔子亦言「修己以敬」、「修
己以安人」（〈憲問〉），皆爲人性爲善的立場，提供了佐証與肯定。

二、孟　子

（一）人性論的主張

　　《孟子》一書通說是「性善論」的經典之作，但對書中「性」字的定義
我們必須提出檢討：

1. 性與命

　　在《孟子・盡心下》中所言之「性」依君子與常人之觀點不同，有兩種
看法：

> 孟子曰：「口之於味也，目之於色也，耳之於聲也，鼻之於臭也，四
> 肢之於安佚也；性也，有命焉，君子不謂性也。仁之於父子也，義
> 之於君臣也，禮之於賓主也，知之於賢者也，聖人之於天道也；命
> 也，有性焉，君子不謂命也。」（《孟子・盡心下》）

本段引文認爲口、目、耳、鼻、四肢各有其傾向亦稱爲性，這種偏向動物本
能性之意義如何與「性善論」連結是個問題，一般人以前五者爲性，雖有不
得必欲求之，以後五者爲命，一者不至，不復致力；但君子之人於前五者之

〔註42〕《周易・繫辭下》
〔註43〕《周易・坤・文言》：「坤至柔而動也剛，至靜而德方，後得主而有常，含萬
　　　　物而化光。」〈坤初六・文言〉：「直，其正也；方，其義也。君子敬以直內，
　　　　義以方外，敬義立而德不孤。」

不可必得,不謂之性而諉之命,不汲汲強求,於後五者或有所缺,但決不諉之命而謂之性,必孜孜而不倦也。口目耳鼻四肢的本能欲望,從道德價值來看,不足以稱作「性」,其雖天生而成,唯因無法彰顯人之所以為人的價值,所以孟子不以之為真正「性」之所在。

2. 大體與小體

由上可知,孟子的人性論,一般稱之為「性善說」,然而「性」並非指生而即有的全部內容,它是有所區分的,這種限定方式正符合《孟子》的思辨體系中,區分人為大人與小人,大體與小體兩方面:

> 公都子問曰:「鈞是人也,或為大人,或為小人,何也?」孟子曰:「從其大體為大人,從其小體為小人。」曰:「鈞是人也,或從其大體,或從其小體,何也?」曰:「耳目之官不思,而蔽於物。物交物,則引之而已矣。心之官則思;思則得之,不思則不得也。此天之所與我者,先立乎其大者,則其小者不能奪也。此為大人而已矣。」
> (《孟子・告子上》)

這裡強調「天之所與我者,先立乎其大者,則其小者不能奪也」,即同於上文所言,在天道的基礎上,所重視者純粹是自我之內在要求,故仁義禮智等德性或有所欠缺時,決不諉之於「命」,而謂之為「性」。

3. 心之謂性

在上述背景下,孟子即使在戰亂中承受了肉體與精神上的壓迫,仍能以一種深悲之大智,繼承孔子以來的形上理想,嚮往君子與聖人自強不息之德,故云「聖人,與我同類」(〈告子上〉),此「同」自然著重於「心」同,「聖人,與我同類者。……心之所同然者,何也?謂理也,義也。聖人先得我心之所同然耳」(同上),孟子是就「心」的層面來說「性」,而非以「生之謂性」來界定人性,認為人之所以為人(異於禽獸者)即是因為心的四端,其人性論的內涵,著重於「心」上講:

> 惻隱之心,人皆有之:羞惡之心,人皆有之;恭敬之心,人皆有之;是非之心,人皆有之。惻隱之心,仁也;羞惡之心,義也;恭敬之心,禮也:是非之心,智也。仁義禮智,非由外鑠我也,我固有之也,弗思而矣!故曰:求則得之,舍則失之。(〈告子〉)

孟子言「性」之所以善的理由,如第二章第三節所論,主要以「德」為「人之所以為人」的本質(人皆有之),「德」是人依「天」而實際生存之狀態,

其所謂的「善」，其實也就是一種人合乎了天道標準之存在狀態，故而孟子強調四種人性中的向善力量，以仁義禮智爲道德之端，只要反身內求、擴而大之，〔註44〕便可以成就形上之道德人格。

　　《孟子》書中與告子論「性」之結果是著名的，其中告子以爲「人性之無分於善不善也，猶水之無分於東西也」；〔註45〕孟子、告子之不同主要在於孟子是基於形上的觀點論性，告子只基於「生之謂性」言性，以天生素質爲性，此一觀點就自然科學而言似乎正確，在思想史上亦非唯一，〔註46〕但如就理想而言，則忽視了哲學尋求人性中原創精神的可能性，也就是說，對於存有中美善根源追求之方向，以及對天德的宏觀理想，我們在告子理論中難以發覺。

　　《中庸》對天德的宏觀理想則有較完整的闡釋，以天道作爲人道之根據，以天命下貫之形上體系言人性：

　　　　天命之謂性，率性之謂道，修道之謂教。道也者，不可須臾離也，

　　可離非道也。

《中庸》不從生字去論性，便是不從人心面對形下世界的眾多可能去論性，而偏重於人對形上超越的意願，指出人立於天地之中，介於形上形下之間，追求性誠而上極於天道之理，此即「窮理盡性以至於命」，〔註47〕由此而生了一層浩然的生命之域，代表人性中最高貴的內涵即依此天命大道，行教化之立制，此中言「不可須臾離之道」，即「忠恕」之道，〔註48〕其行爲原則具體言即「施諸己而不願，亦勿施於人」。〔註49〕忠者，指向人與自身，必透過自省工夫以成就人性內在之和諧；〔註50〕恕者，指向人與人之間，必求生活人

〔註44〕《孟子》〈公孫丑〉：「凡有四端於我者，知皆擴而充之矣。若火之始然，泉之始達。苟能充之，足以保四海；苟不充之不足以事父母。」

〔註45〕告子曰：「性，猶湍水也，決諸東方則東流，決諸西方則西流。人性之無分於善不善也，猶水之無分於東西也。」孟子曰：「水信無分於東西，無分於上下乎？人性之善也，猶水之就下也。人無有不善，水無有不下。今夫水搏而躍之，可使過顙，激而行之，可使在山，是豈水之性哉？其勢則然也。人之可使爲不善，其性亦猶是也。」（《孟子·告子上》）

〔註46〕性無善無惡的觀點主要是依科學齊物論或性法自然說的立場而言，例如：老、莊、告子、董仲舒、朱世卿。同註2，頁28。

〔註47〕《周易·說卦》

〔註48〕子曰：「參乎！吾道一以貫之。」……曾子曰：「夫子之道，忠恕而已矣！」（《論語·里仁》）

〔註49〕「忠恕違道不遠，施諸己而不願，亦勿施於人」（《中庸》）

〔註50〕曾子曰：「吾日三省吾身：爲人謀而不忠乎？與朋友交而不信乎？傳不習乎？」

際之氣氛融洽，〔註51〕前者爲盡己，後者爲盡人，這種對自身要求的方式，孔子以「仁」示之，孟子以「反身而誠」與「強恕而行，求仁莫近焉」〔註52〕表示，《中庸》則以「至誠無息」論之如下：

> 自誠明，謂之性；自明誠，謂之教。誠則明矣，明則誠矣。唯天下
> 至誠，爲能盡其性；能盡其性，則能盡人之性；能盡人之性，則能
> 盡物之性；能盡物之性，則可以贊天地之化育；可以贊天地之化育，
> 則可以與天地參矣。（〈二十一・二十二章〉）

> 故至誠無息。不息則久，久則徵，徵則悠遠，悠遠則博厚，博厚則
> 高明。博厚，所以載物也；高明，所以覆物也；悠久，所以成物也。
> 博厚配地，高明配天，悠久無疆。如此者，不見而章，不動而變，
> 無爲而成。天地之道，可壹言而盡也。其爲物不貳，則其生物不測。

> 天地之道，博也厚也，高也明也，悠也久也。（〈二十六章〉）

《中庸》以「至誠無息」，從本體、變化與境界各方面，貫通了天道、天地萬物之性與人之性，「天道之至誠也必透過命，隨著人的出生而賦予人，以凝結爲性，成爲人類生生不已，眞實無妄的精神動能」，〔註53〕唐君毅先生強調《中庸》之「盡性」包含人之去除不善，擇善固執在內，在「自誠之性」之外，則更無不善之心、不善之性與之相對。因此性，即以革除內心一切不善者爲其性也。〔註54〕如人之能以「自誠之性」以言性，即符合本文第二章所強調：以天德的至善理想引導道德判斷中相對的善惡，力行恕道精神，時時能設法去除一切心中之雜念與墮落之習，以歸於純一而不已，精進向上，是爲《中

　　　　（《論語・學而》）

〔註51〕 氣氛融洽的原則即：「己所不欲，勿施於人」。
　　　　子貢問曰：「有一言而可以終身行之者乎？」子曰：「其『恕』乎！己所不欲，
　　　　勿施於人。」（《論語・衛靈公》）

〔註52〕 孟子曰：「萬物皆備於我矣，反身而誠，樂莫大焉。強恕而行，求仁莫近焉」
　　　　（《孟子・盡心上》）

〔註53〕 參閱陳滿銘著：《中庸思想研究》，台北：文津，1989年，頁104。

〔註54〕 《中庸》即人之能自誠之性以言性，……故人即已有強恕之心，仍有誠不誠
　　　　的問題在。此自誠之性，必須表現於時時之擇善，而固執之，以去一切間雜
　　　　之不善，而人於其求自盡其心之繼續不已之無窮歷程中，乃恆見有未能自盡
　　　　而當盡者難，故必須言盡性。是見中庸之盡性，與孟子之盡心，正不必全同
　　　　其旨，盡心可只順當下已呈現之德心而擴充之，盡性則必須去除一切心中之
　　　　間雜，以歸於純一而不已。參閱唐君毅著：《中國哲學原論》〈原性論〉，台北：
　　　　學生，1989年，頁80～81。

庸》所欲倡導「人性論」之內涵與精神。

（二）「惡」的意義

《孟子》一書所言之「惡」共計五十次，其中約可分爲（一）「語助詞」、（二）「厭惡」、（三）「羞惡」、（四）「壞」與「罪惡」等意思，其中第二、三種用法都涉及人的主觀情感，第四種屬於較客觀善惡價值之判斷；依照次序，以下分四點說明：

第一、「語助詞」意義的「惡」，例如：「生則惡可已也？惡可已，則不知足之蹈之、手之舞之」，〔註55〕「惡！是何言也」（〈公孫丑〉）篇出現三次，以上二例「惡」的出現皆屬於輔助表達情感之語言功能。

第二、「厭惡」意義之「惡」，有人之理性判斷於其中，但屬於主觀情感之好惡，不涉道德規範，例如「好惡」的用法：「其日夜之所息，平旦之氣，其好惡與人相近也者幾希，則其旦晝之所爲，有梏亡之矣」（〈告子上〉）。然此主觀好惡有時也涉及道德的價值判斷，如「生亦我所欲，所欲有甚於生者，故不爲苟得也。死亦我所惡，所惡有甚於死者，故患有所不辟也」（同上），「惡似而非者；惡莠，恐其亂苗也」（〈盡心下〉），這些用法則表達了情感所好者爲善，所惡者爲惡。

第三、「羞惡」意義之「惡」，例如：「惻隱之心，仁之端也；羞惡之心，義之端也」（〈公孫丑上〉）、「惻隱之心，仁也；羞惡之心，義也」（〈告子上〉），「羞」本指恥己之不善，「惡」指憎人之不善也，兩者合用，指對人行爲的檢討，既有主觀感受，又滲以客觀價值判斷，其目的在於擴充「義」的善端，所謂「義」一如孟子曰：「人皆有所不忍，達之於其所忍，仁也；人皆有所不爲，達之於其所爲，義也」（〈盡心下〉），可見此「羞惡之心」提出的目的，爲的是指出人性中有一股力量，對人莫不有所不忍與有所不爲者加以擴充，而達致「居仁由義」，並使「大人之事備矣」（〈盡心上〉）。

第四、「壞」與「罪惡」意義之「惡」，例如孟子曰：「伯夷目不視惡色，耳不聽惡聲」（〈萬章下〉），「存乎人者，莫良於眸子，眸子不能掩其惡」（〈離婁上〉），這些「惡」很明顯是規範倫理學所關心的用法，有道德價值判斷於其中，一方面指出人喪失了自我期許，另一方面則指人的行爲違反了人類共通的內在要求，在這種「惡」存在情形下，孟子之性善論其實是有其特殊意義的。

〔註55〕「樂之實，樂斯二者，樂則生矣。生則惡可已也？惡可已，則不知足之蹈之、手之舞之。」（〈離婁上〉）

　　基本上孟子認為人的本質應在人與動物的差異處推求，這種差異是很小的，故云「人之所以異於禽獸者幾希，庶民去之，君子存之」（〈離婁下〉），又〈盡心篇〉云：「盡其心者，知其性也」，孟子言「性」之所以善的理由，其實是指出了一種人本來存在，或生命中最佳的可能性，也就是仁義禮智四種人性的向善力量。雖然禽獸未必等同於惡，其本身亦無善惡價值之判斷，但因人有彰顯人性價值之可能，故而有貴於禽獸者。所以傅佩榮教授亦認為：

> 由此可見人與禽獸差異極微，更麻煩的是，這種差異還可以去或
> 存；我們反省惡人的行徑，同意孟子的觀察，也不因此即認定放
> 僻邪侈之人，即是衣冠禽獸，即認定人性本惡，因為這個判斷本
> 身即隱含了人「應該」優於禽獸的前題，而此「應該」即人之本
> 性。〔註56〕

事實上，孟子所重視者即一種合乎了天道標準之存在狀態，我們可以用「人性向善」〔註57〕來說明人性的這種傾向，或簡單而具體地說，傾向於形上，亦是人性中一種自然的要求，故而孟子才能有「捨生而取義」的理想，才能在戰國之亂世中有「行一不義、殺一不辜而得天下，皆不為也」的偉大情操。

　　《中庸》明確提及「惡」觀念者為〈第六章〉：

> 子曰：「道其不行矣夫。」子曰：「舜其大知也與！舜好問而好察邇
> 言，隱惡而揚善，執其兩端，用其中於民，其斯以為舜乎」

《中庸》並未否定人的行為有惡的事實，但並不因此而以「惡」為人之本性，其對「惡」的「內在」態度是先能「致曲」，要求對任何細微的偏差都必須用心去革除，完全不放鬆，〔註58〕故而「曲能有誠」，其過程整體而言即是「唯天下至誠為能化」，「外在」表現則如舜之隱惡揚善。《中庸》即在此「曲能有誠」、「至誠為能化」的基礎上，建構其「至誠之道」，在此大道之中沒有絕對惡的存在，故能在「至誠如神」（〈廿四章〉）的絕對性基礎上，處理社會中「善」與「不善」之相對性，故《中庸》云：「禍福將至：善，必先知之；不善，必

〔註56〕同註9，頁136。

〔註57〕「人性向善」是傅佩榮教授對儒家的基本主張，參見〈儒家論人的自律性〉，《哲學與文化》第15卷，第6期，1988年6月；以及〈天人合德論〉，本文收錄於台大哲學系主編《中國人性論》，台北：東大，1990年，頁123～125；《儒道天論發微》，台北：學生，1988年，頁198。。

〔註58〕其次致曲。曲能有誠，誠則形，形則著，著則明，明則動，動則變，變則化。唯天下至誠為能化。（〈第二十三章〉）

先知之」(〈廿四章〉)；對於行為的不善、不完美，則以「嘉善而矜不能」、「隱惡而揚善」以及「擇善而固執」的方式去面對。〔註59〕

三、荀　子

（一）人性論的主張

荀子生當「諸侯異政，百家異說」(〈解蔽篇〉)的年代，其對人性之主張不同於《孟子》，孟子從道德自覺與道德實踐之體証入手；而荀子對「性」與「情」之定義則如下述：

> 散名之在人者：生之所以然者謂之性；性之和所生，精合感應，不事而自然謂之性。性之好、惡、喜、怒、哀、樂謂之情。情然而心為之擇謂之慮。心慮而能為之動謂之偽；慮積焉，能習焉，而後成謂之偽。(《荀子‧正名篇》)

「散名」即是以社會通用方式，界定一概念的定義。本段的意思以生而自然如此者為「性」，此性指感官本能，當感官與外界接觸，主觀上即引起反應，不待學習而自然如此，人性感物之後，有好、惡、喜、怒、哀、樂等反應，這叫做「情」；情是性的自然反應，慮是心的理智活動，經過理智的訓練，多次地學習與實行，養成的行為即「偽」。

1. 性偽之辨

《荀子‧性惡篇》論「性」則云：

> 人之性惡，其善者偽也。今人之性，生而有好利焉，順是，故爭奪生而辭讓亡焉；生而有疾惡焉，順是，故殘賊生而忠信亡焉；生而有耳目之欲，有好聲色焉，順是，故淫亂生而禮義文理亡焉。然則從人之性，順人之情，必出於爭奪，合於犯分亂理，而歸於暴。故必將有師法之化，禮義之道，然後出於辭讓，合於文理，而歸於治。用此觀之，然則人之性惡明矣，其善者偽也。

以上說法幾乎將人性本質等同於「惡」，認為人「生而有好利」、「生而有疾惡」、「生而有耳目之欲」等特性，因而反對孟子的性善論，指責孟子未能清楚分辨人之本性與後天作為之不同：

〔註59〕「嘉善」：送往迎來，嘉善而矜不能，所以柔遠人也。(〈第廿章〉)
　　　　「擇善」：誠之者，擇善而固執之者也。(〈第廿章〉)
　　　　「揚善」：隱惡而揚善，執其兩端，用其中於民。(〈第六章〉)

> 孟子曰：「人之學者，其性善。」曰：是不然！是不及知人之性，而
> 不察乎人之性偽之分者也。凡性者，天之就也，不可學，不可事。
> 禮義者，聖人之所生也，人之所學而能，所事而成者也。不可學、
> 不可事而在人者，謂之性；可學而能、可事而成之在人者，謂之偽，
> 是性、偽之分也。(〈性惡篇〉)

〈性惡篇〉認為「人之性惡，其善者偽也」，但另一方面，卻又強調「不可學、不可事，而在人者，謂之性」，此不可學不可事的「性」應屬於存在自體之本質，尚未涉及善惡之判斷。〈禮論篇〉所云：「性者、本始材朴也」，亦明確以自然性的存在自體為人性之基礎，在此基礎上，本不應以「性善」或「性惡」論之，但荀子由於環境因素，而選擇著眼於人之行為結果傾向於「惡」的觀點來論述「性」之內容，並以此批評孟子。

於此，我們可以採取「發生」與「應用」兩個層次來分析《荀子》一書所討論的「性」：就人性發生的觀點而言，以「本始材朴」為內容的性，是為中性之性（如嬰兒一般），不涉道德問題；若以人性理論之應用的觀點而言，荀子對「性」之內容的選擇，則強調了人順「性」發展的結果有「為惡」的傾向，而此行為結果又著重於社會生活之層面而論。

荀子對「性」內容之選擇，我們可以從《荀子》一書中歸納出的理由如下：戰國末期，社會秩序混亂，針對亂世而欲拯救時弊，荀子於是提出偏重「社會功能性」之理論，例如對於「人之欲」的界定，荀子即從社會觀點而立論：

> 人生而有欲，欲而不得，則不能無求。求而無度量分界，則不能不
> 爭；爭則亂，亂則窮。(〈性惡篇〉)

基於社會的需求，他又提倡「禮」的觀念：

> 今人之性，固無禮義，故彊學而求有之也。(〈性惡篇〉)

也就是說，從人性發生的觀點而言，人性中本無禮義觀念，亦未有是非觀念，荀子唯恐人性沈淪為惡，所以提倡「彊學而求有之」。

2. 善之界定

《荀子》對孟子的批判，亦源自於孟、荀兩人對「善」的定義不同：

> 孟子曰：「人之性，善。」曰：是不然。凡古今天下之所謂善者，正
> 理平治也；所謂惡者，偏險悖亂也；是善惡之分也已。

荀子認為所謂「善」是「正理平治」，即是合乎禮義法度，遵守社會秩序與標準，事實上，這與孟子的觀點正好不同，「正理平治」是孟子「性善論」中四

端之心「擴充」後的人性成果，即孟子「性善論」之善是本著一「應然」的立場，而非以「實然」的行爲結果言之，所以我們必須先了解兩人對「善」之界定不同，方知其中爭議所在。

就先秦儒家之整體觀點而言，荀子性惡論之立場，在哲學上是有缺失的，因其過份重視社會功能，將形上的可能予以忽略，此在無形中，也窄化了人性之可能。如果「天地」是一整體宇宙，其中之「地」指因人爲而有之「社會」與「國家」的秩序，「天」則指向人類超越與絕對性的理想，以此觀之，荀子的理論過份重視「地」的部份，而使哲學上求眞知於「天」，以及儒家所重視之「通天地、盡人性」的向上精神受到損害與窄化，究其原因，主要亦在於荀子之時代，混淆了相對與絕對，以形上、形下二元相對中的天而言「知天」，將自然天與形上天兩義混爲一談，誤以社會功能爲絕對理想，此在戰國時期已然成爲普遍現象。

荀子的人性論，因人之行爲結果有所偏害而起，又恐人之欲望「欲求過度」爲害社會，故強調「禮」之功效。禮義之制定，目的在於「養人之欲，給人之求」，如果沒有禮與義來作爲人間秩序的分界，適當節制人之慾望，則必然會造成社會之混亂，故荀子稱之爲惡。所以《荀子》一書性惡論的觀點，乃著重於「防非止惡」的觀點而提出；但人性本身，應從存有的角度視之，不能僅用行爲的結果來化約。在本體（存有）的層次，一切只是善，或更確切地說，乃超越善惡之至善。惡只是因爲欲求過度所造成「情」與「欲」之泛濫，爲發用結果之不合序，只有在發用之層次（或行爲層次）才有合不合序的問題，所以「惡」也僅能就行爲層面或社會秩序來論斷，「性」本身不等同於行爲結果，故亦不能用行爲結果來論性「惡」。

（二）「惡」的意義

「惡」一詞在《荀子》一書中的用法，主要是指向一種相對性之缺失與瑕疵，例如「美」與「惡」、「善」與「敗」之相對：

　　無國而不有美俗，無國而不有惡俗。（〈王霸篇〉）

　　崇其美，揚其善，違其惡，隱其敗。（〈臣道篇〉）

　　無有作好，遵王之道；無有作惡，遵王之路。（〈修身〉、〈天論〉）

這些相對於正面形容詞之「惡」，即是荀子性惡論所欲對治之「惡」，觀其用語，其「惡」之使用，必有一正面的形容詞與之對應，故知其性惡論所立基

者，是在一「可以」改善的基礎上來談論，例如《荀子》一書強調後天的兩種工夫——「積」（積善成德）與「學」（君子之學也，以美其身），即代表著其性惡論之「惡」，並非絕對性或根本性的惡，所以其性惡論才能有「向善」的可能與出路。

荀子雖力倡性惡之論，但其「積」與「學」的主張，即化解了性惡論與天道觀絕對善之衝突，所以「雖有大過，天其不遂乎！」（〈修身篇〉）即指出人的言行雖有大過錯（惡），但上天終將裕之、諒解與包容之。不論如本章第一節所言《荀子》一書中「天道」內容的分歧如何，如果荀子理論中「惡」的意義指向絕對性，則《荀子》一書即不該發展出〈勸學篇〉、〈修身篇〉與〈禮論〉等鼓勵人向善的主張，反之，正因《荀子》仍企圖帶領人類從歧途歸正，故荀子對君子理想人格才有信心，如〈禮論篇〉所云：「君子敬始而慎終，終始如一，是君子之道」，認為君子可以終始如一，在人性之超越與墮落的對立中趨善避惡，並以「終乎讀禮」、「終乎爲聖人」（〈勸學篇〉）自我期許。

從孔子以來，對「天」之善的肯認，使中國哲學始終保有一種「向善」與「向上」超越之願望，其關懷的終極目標仍是透過「道德實踐」，重新尋回「天人一如」的可能，此繫乎人性對「天」的繼承，因此，人性亦成爲道德實踐是否可能的依據；若人性是惡，則所有道德要求與道德理想都成爲空談，所以，人性的善惡才成爲中國哲學中談道德要求所必面臨的重要課題。

以善惡論性始自於孟子，其後的中國哲學家便不出以善惡來論性的範圍了，然而對於以善惡論性，其間的層次仍有所不同的。孟子的論性，以本體層次來說，直接肯認本體意義的性爲善，但荀子論性，卻直接落於經驗事實，以善惡相對的角度論人性，其優點乃特重人文之精神，但對於形上基礎的淡化與忽略，就中國整個道德哲學或人性論來說未嘗不是一種淪降與墮落。所以對形上學與天道論的探討，是解決人性論歧見的必要工作，唯有將層次釐清，才不致陷於混亂，所以，以下我們對古典儒學中「惡」的發生與對治之研究，亦將採取形上學的角度做爲起點。

第三節　論「惡」的發生與對治

經過對天道、人性以及「惡」是什麼的探討，可以肯定：第一、天道是倫理價值的根源，是全善的本體；第二、人性是道德實踐之可能性的依據，充滿

著道德的自覺，其間沒有惡立足之餘地，所以，從形上學來看，惡不可能是一積極的存有，它不能以本體的方式存在，而只能是行爲的結果。於是，在倫理上，惡又可理解爲「不符合善的行爲」。從天道看，惡是違反了天道或天命，即《論語》所言：「獲罪於天，無所禱也」（〈八佾〉）。天的本性是大德，是賦予萬物生命，其意志是愛好德性，教人爲善；不行善或違反了天命便是惡。

　　《論語》言：「苟志於道，無惡也」（〈里仁〉），惡則是不合乎人道的標準，〔註60〕行爲若不以仁、義、禮、智爲規範，就會流於惡，造成社會的混亂，人立足於社會，一方面必須處理現實事物，另一方面在內心中卻自然而有著向「天」與「天道」仰望的追求，眞正的道德，即來自於這種眞正的善、眞正的本然與形上的天道。對於「惡」存在的事實，以下將就古典儒家論「惡」之「發生」與「對治」的觀念進行申論。

一、孔　子

（一）「惡」的發生

　　孔子之天道思想，既是宇宙運行不已的生命力，又是最高的理想，在此形上背景中，「惡」的「發生」主要在是一種「失序」的狀態下：

1. 過　惡

　　《論語》中的「惡」主要指人行爲中的過失與瑕疵，例如：

> 苟志於仁矣，無惡也。（〈里仁〉）

> 子曰：「伯夷、叔齊不念舊惡，怨是用希」（〈公冶長〉）

> 君子成人之美，不成人之惡；小人反是。（〈顏淵〉）

> 攻其惡，無攻人之惡，非修慝與？（〈顏淵〉）

> 尊五美，屛四惡。（〈子路〉）

孔子言「惡」之發生，並非以形上實體之方式表出，反之，他是在正面的基礎上，以「克己復禮」（〈顏淵〉）自我要求的方式，表達某些人發生了一些「非仁」、「非禮」〔註61〕之（惡的）缺失，這些缺陷是相對於人格完善者而有的

〔註60〕《論語》〈泰伯〉：「恭而無禮則勞，愼而無禮則葸，勇而無禮則亂，直而無禮則絞。」
　　　　《孟子》〈盡心下〉：「仁者，以其所愛，及其所不愛；不仁者，以其所不愛，及其所愛。」
〔註61〕「擇其善者而從之，其不善者而改之」（〈述而〉）。「管仲非仁者與」（〈憲問〉）。

不足與遺憾，如子曰：「君子而不仁者有矣夫，未有小人而仁者也」（〈憲問〉），君子之人偶爾會有小過失，以致「不仁」的行爲發生，但在這些個別缺失的事件之中，孔子深入反省其中的普遍現象，以及現象之基礎，企求人能回到自身的完善，歸於「仁」與「禮」的精神中，「躬行君子」（〈述而〉）之道。所以孔子言「惡」之觀念，主要在於指出其相對於善的「不完善」，這點《易傳》言「惡」亦有相同的理念。

《易傳·坤卦·文言》曰：「積善之家，必有餘慶；積不善之家，必有餘殃」，《易傳》常是「善」與「不善」對舉，在絕對的天道基礎上，標舉一相對性的「善惡」觀，以「不善」立論「惡」之發生；又如〈繫辭上〉中子曰：「君子居其室，出其言善，則千里之外應之，況其邇者乎？居其室，出其言不善則千里之外違之，況其邇者乎？」，在這兩段引文中，「善」與「不善」並舉，以「不善」代替「惡」的發生，亦同於上文「非仁」、「非禮」等用語之目的，亦可以同時佐証孔子言「惡」的目標，在於希望使人從各種缺失當中，再度趨向於「善」，在「惡」發生後，全力回歸天道之基礎，展現人性中活活潑潑的生命力，真正能夠使「天道下濟而光明」，並使「君子有終」。〔註62〕

2. 人格缺失

另一種特別的「惡」之發生即是「小惡」，如《周易·繫辭下》：

> 善不積不足以成名，惡不積不足以滅身。小人以小善爲無益而弗爲也，以小惡爲無傷而弗去也。故惡積而不可揜，罪大而不可解。

《論語》中許多對人格缺點的指正，即是這種「小惡」，雖然孔子不以「惡」名之，但卻是孔子認爲必須立即改正的缺失：

> 群居終日，言不及義，好行小慧，難矣哉！（〈衛靈公〉）
>
> 過而不改，是謂過矣！（同上）
>
> 飽食終日，無所用心，難矣哉！（〈陽貨〉）
>
> 子曰：「鄉原，德之賊也！」（〈陽貨〉）
>
> 子曰：「侍於君子有三愆」（〈季氏〉）
>
> 子路使子羔爲費宰。子曰：「賊夫人之子。」（〈先進篇〉）

子曰：「非禮勿視，非禮勿聽，非禮勿言，非禮勿動」（〈顏淵〉）

〔註62〕《周易·謙卦·彖》：「☷☶ 謙亨，君子有終。〈彖〉曰：謙亨，天道下濟而光明，地道卑而上行。」

子曰：「暴虎馮河，死而無悔者，吾不與也。」（〈述而〉）

子曰：「邦無道，穀，恥也」（〈憲問〉）

這裡孔子以「過」、「言不及義」、「無所用心」、「愆」（過失）、「賊」、「恥」等更屬生活化之概念，表達了「（小）惡」之發生，對這些過失與不完善，《易傳》以「惡積而不可揜，罪大而不可解」，警告世人勿以惡小而為之，人若不努力革除自身的缺失，養成了習性後，人的一生將受到巨大的負面影響，故孔子云：「年四十而見惡焉，其終也已」《論語・陽貨》，這對於種最終命運的降臨，我們對「惡」之發生，更應以「戰戰兢兢，如臨深淵，如履薄冰」《詩經・小雅・小旻》的態度正視之。

（二）惡的對治

孔子既承認「惡」的發生為一事實狀態，則人如何能回歸「天道」的基礎更為我們所關心，在《論語》的天道背景下，人內在生生不息的力量，表現出君子之人最特殊的兩種能力──「自省」與「好學」，這兩種特質最為孔子所強調，也因為人能「自省」與「好學」，所以孔子才說「人」的本質傾向於「仁」，《論語》一書對治「惡」的方法，即以此為內容，總名為「修身」與「內聖」之道。

1. 自　知

《大學》說：「自天子以至庶人，壹是皆以修身為本」指出了古典儒家對治「惡」的大方向，「修身」是總原則，但其過程之繁雜細膩，卻遠超出我們的想像力，所以連子孔子都要說：「若聖與仁，則吾豈敢？」，「聖」與「仁」是臻於天道的完美德性，孔子亦不敢自居。《論語》涉及修身的具體範疇，我們歸納出「自知」與「好學」兩個方向，關於自知的「反省」部份，《論語》中記載了下列章句：

曾子曰：「吾日三省吾身」（〈學而〉）

子曰：「見賢思齊焉，見不賢而內自省也。」（〈里仁〉）

司馬牛問君子。子曰：「君子不憂不懼。……內省不疚，夫何憂何懼？」（〈顏淵〉）

「自省」的目的是為了「自知」，子曰：「由，誨女知之乎？知之為知之，不知為不知，是知也」（〈為政〉），能知己之所知，確定己之所不知者，是中外哲學家對自身之第一要求，同時亦是最困難的任務，故子曰：「已矣乎！吾未

見能見其過而內自訟者也」（〈公冶長〉），能自省才能自見己過，使「惡」的發生有所對治與改進的可能。

孔子之「自知」，雖爲修身之方法，但此方法所涉及者實爲形上本體之能力，正如後來孟子所謂「盡心知性以知天」，以及《中庸》思修身則必以知天爲根源之眞義。眞能自知，即能知天；能知天，即知道德價值之根源，而免於各種惡之可能。

2. 好　學

所以對於「惡」的對治，孔子並不停留在個別事件的缺陷之中，反之，他是欲回歸天道形上的層次，給予「惡」之徹底的解消。面對各種「惡」的不完善時，孔子從不抱怨，他說：「不怨天，不尤人；下學而上達。知我者其天乎！」（〈憲問〉），孔子指出這個修養歷程必須透過「學習」，先要能「下學」，而後才能「上達」天道的絕對理想精神所在。關於「好學」的概念，《論語》中言「好學」的具體內涵如下：

> 子曰：「君子食無求飽，居無求安，敏於事而慎於言，就有道而正焉，可謂好學也已。」（〈學而〉）

> 子夏曰：「日知其所亡，月無忘其所能，可謂好學也已矣。」（〈子張〉）

這兩段話指出「君子」之人一方面要能不追求過多的物質生活享受，更要能做事勤快，說話謹愼，並把握親近賢者的機會，對各種知識的學習有主動性，一旦開始了學習，即以「欲罷不能」（〈子罕〉）〔註63〕的態度爲之，才算是眞正的「好學」精神。這是一件困難的工作，故孔子曰：

> 十室之邑，必有忠信如丘者焉，不如丘之好學也。（〈公冶長〉）

可見有忠信品德之人雖多，但如孔子般眞正有「好學」精神者則少之，〈雍也〉篇也指出：

> 有顏回者好學，不遷怒，不貳過。不幸短命死矣！今也則亡，未聞好學者也。（〈雍也〉）

「好學」是一項不易做到的生活態度與精神，但它卻是成德的基本精神與條件，人在追求德行的過程如不能「好學」則將產生許多弊端，如〈陽貨〉篇云：

> 好仁不好學，其蔽也愚；好知不好學，其蔽也蕩；好信不好學，其

〔註63〕顏淵喟然歎曰：「仰之彌高，鑽之彌堅，瞻之在前，忽焉在後！夫子循循然善誘人，博我以文，約我以禮。欲罷不能。既竭吾才，如有所立卓爾。雖欲從之，末由也已！」（《論語·子罕》）

蔽也賊；好直不好學，其蔽也絞；好勇不好學，其蔽也亂；好剛不
好學，其蔽也狂。

「愚」、「蕩」、「賊」、「絞」、「亂」、「狂」等為德性之缺失，即為「惡」之另一
種型態，是故「自知」與「好學」是《論語》中對治「惡」的基本工夫，對孔
子而言，這種生命的自我提升之可能，自自然然深植於人本性中，所以孔
子曰：

仁遠乎哉？我欲仁，斯仁至矣！（〈述而〉）

為仁由己，而由人乎哉？（〈顏淵〉）

有能一日用其力於仁矣乎！我未見力不足者。（〈里仁〉）

這些內容都指出人的本質傾向於「仁」，同時亦顯示出孔子對改善自身行為，
由內而外所發出的一種自我要求，孔子深信為善去惡是人性本具的能力，這
些條件不假外求而存乎一心，其方法即透過「立志」，立志反省與好學，「苟
志於道，無惡也」（〈里仁〉），人如能有「志」於此即符合於「人道」，即能實
踐仁義〔註64〕、遏惡揚善《周易》，〔註65〕即向於天道之回歸，並消除「惡」
發生之機會。

二、孟　子

孟子對人性的看法是人應努力於「大體之性」——仁、義、禮、智等德
性的開發，而這些大體之性其來源「非由外鑠」我也，而是「天」賜給每個
人的，孟子之學即以此說其「性善」，認為「人人有貴於己者」，實現了它就
是有了「天爵」，《孟子》云：

有天爵者，有人爵者。仁義忠信，樂善不倦，此天爵也。公卿大夫，
此人爵也。古之人，修其天爵而人爵從之。今之人，修其天爵以要
人爵。既得人爵而棄其天爵，則惑之甚者也，終亦必亡而已矣。（〈告
子章句上〉）

人的行為若能朝仁義忠信，樂善不倦，即是「天爵」，這是孟子主張「先立
乎其大者」的意義，其「盡心」的系統即提供我們如何開發人性之善的程序：

盡其心者，知其性也。知其性，則知天矣。存其心，養其性，所以
事天也。殀壽不貳，修身以俟之，所以立命也。（〈盡心章句上〉）

〔註64〕〈說卦傳〉中云：「立人之道，曰仁與義」。

〔註65〕《周易・大有・象》云：「大有；君子以遏惡揚善，順天休命」。

人性善的實踐過程，無非是盡心、知性、知天的歷程，其中以「盡心」為起點與關鍵，孟子對人性之觀點是「一個道德行為的發生，即是心對性採取判斷，抉擇以後的行為」，〔註66〕故「心」是一自覺主體，本於「思」的功效，故能存之、養之，而後能「盡其心」，進而能收「知其性」之效果；以下將以「心性哲學」的立場，申述其體系中「惡」的發生與對治方法。

（一）惡的發生

《中庸》上說：「天命之謂性，率性之謂道」，天命之謂性的「性」自然是善的，所以可以直承上句說「率性之謂道」，這兩句話是人性論發展的里程碑，但「性善」兩字，直到孟子才正式明白說出，〔註67〕在孟子天道論本體結構中，其所言之性善即心善，所以又強調「聖人與我同類」（〈告子上〉），其體系中本無「惡」存在的形上基礎，但是對「惡」行的發生與存在事實，孟子從「耳目之官不思而蔽於物」（同上）的角度詮釋之，他認為人如果迷惑於現實之利，只知追求身體之安佚為自然之傾向，卻忽略人性中的「誠」〔註68〕亦屬自然本性；如此則是「以小害大」，〔註69〕甚為可惜。

《孟子》一書對「惡」的發生多以條件限制之，以孟子觀點言即「人禽之辨」的問題，孟子曰：「人之所以異於禽獸者幾希，庶民去之，君子存之。舜明於庶物，察於人倫；由仁義行，非行仁義也」（〈離婁下〉），人在生理上與動物相似，但有一點點不同，此不同即「由仁義行」之「性」，這是由人性的「幾希」處推廣出來的，而非在外頭找一個來實行，其本身有無限擴充的可能性，在未擴充前稱為「善端」。〔註70〕在這種人性觀點下，孟子不以「惡」為絕對，認為「惡」的發生只是由於人具「惡」之潛能，又因「不思而蔽於物」，使人不從其大體而成為小人，最後才有惡之實現。〔註71〕

從「惡」之潛能到其實現與發生，其關鍵在於是能否正確發揮「心」的

〔註66〕 參見項退結著：〈孟荀人性論之形上學背景〉，同註33，頁64。
〔註67〕 同註36，頁163。
〔註68〕 「誠者，天之道」（〈離婁上〉）
〔註69〕 「體有貴賤，有小大。無以小害大，無以賤害貴。養其小者為小人，養其大者為大人。」（〈告子上〉）
〔註70〕 同註36，頁165。
〔註71〕 此潛能即指孟子曰：「口之於味也，目之於色也，耳之於聲也，鼻之於臭也，四肢之於安佚也」（〈盡心下〉）。參閱項退結著：《中國哲學之路》，台北：東大，1991年，頁239。

「理性」功能，如果不能善「思」，則導致「耳目之官不思，而蔽於物，物交物，則引之而已矣」（〈告子上〉），其「心」為物所蔽的內容，具體言之，即是人心「陷溺、梏亡、放失」〔註72〕等情形，例如：

> 孟子曰：「富歲，子弟多賴；凶歲，子弟多暴。非天之降才爾殊也，其所以陷溺其心者然也。（〈告子上〉）

> 雖存乎人者，豈無仁義之心哉？其所以放其良心者，亦猶斧斤之於木也。旦旦而伐之，可以為美乎？其日夜之所息，平旦之氣，其好惡與人相近也者幾希，則其旦晝之所為，有梏亡之矣。（同上）

> 孟子曰：「仁，人心也。義，人路也。舍其路而弗由，放其心而不知求，哀哉！」（同上）

「心」之陷溺是由於大環境對人的影響而長期造成；「心」之梏亡則由於人不能自覺日夜所息不同，無法珍惜夜氣與平旦之氣；「心」之放失則由於不知求仁義之道，所以難以從環境中向上提升；簡言之，孟子認為「惡」的發生主要有兩種情形：

第一、首先是產生於「感官耳目之欲求」，其次，如「心」又對此欲求不知善處，陷溺其中，則如斧斤之於木，旦旦而伐之，林木是永遠也無法茂盛起來的。

第二、孟子認為「惡」亦來自不良環境的影響，所以〈告子上〉才說「地有肥磽，雨露之養、人事之不齊也」，說明相同的人性，如果不能存其心，養其心，將受境的影響而有不同表現，一如〈盡心〉篇中對齊王子氣度的改變，亦歸其因於「其居使之然也」，〔註73〕可見孟子非常重視「環境」對人心的影響。

以上是從負面的觀點論失去「心」的結果與「惡」之發生，「心」之正面作用在孟子理論中實屬最重要的精神，「心之官則思，思則得之，不思則不得也。此天之所與我者，先立乎其大者，則其小者不能奪也：此為大人而已矣」（〈告子上〉）」，所以《孟子》以心性論為其核心，強調行為中如未能盡心，「惡」

〔註72〕參閱蔡仁厚著：《孔孟荀哲學》，台北：學生，1994 年，頁 196。

〔註73〕孟子自范之齊，望見齊王之子，喟然嘆曰：「居移氣，養移體，大哉居乎！夫非盡人之子與？」孟子曰：「王子宮室、車馬、衣服多與人同，而王子若彼者，其居使之然也。況居天下之廣居者乎？魯君之宋，呼於垤澤之門。守者曰：『此非吾君也，何其聲之似我君也？』此無他，居相似也。」（〈盡心上〉）

即容易發生，孟子曾說：「食而弗愛，豕交之也。愛而不敬，獸畜之也」（〈盡心上〉），此處孟子明確的以人性高貴之精神內涵（愛與敬的標準），評價我們對人之行為是否誠心誠意，是否能「以仁存心」，所以孟子說：「君子所以異於人者，以其存心也。君子以仁存心，以禮存心」（〈離婁下〉），以「仁」、以「禮」存心即是孟子對治「惡」的主要觀念。

（二）惡的對治

孟子對治「惡」的基本觀點有二：

第一，「立即改善」原則，例如〈公孫丑下〉指出：「古之君子，過則改之；今之君子，過則順之」，如果我們順從過錯，便使「惡」的發生無從改善，如果即刻改之，則人性光輝將再次顯現；

第二，「君子強為善而已」，《孟子》云：「君子創業垂統，為可繼也；若夫成功，則天也。君如彼何哉？強為善而已矣」（〈梁惠王下〉），這是一種君子的浩然氣勢，孟子從正面的方式鼓勵人心向善，但他亦明白指出人容易受環境影響；所以，現實世界中仍有君子小人（或賢不肖）之別。

君子小人之別，究其原因，孟子認為是沒有經過「心」的思考，有所「放失」為「惡」，所以關於「惡」的對治他主張存心、養心與求其放心，例如〈告子上〉云：「苟得其養，無物不長；苟失其養，無物不消」，「養是把見端甚微的善培養起來，使能發榮滋長」，〔註74〕人的行為選擇與結果是「養其小者為小人，養其大者為大人」（同上），培養四端之心即培養人的大體，修其天爵，能存養其心，最終即能「存其心，養其性，所以事天也」（〈盡心上〉）；既然「惡」的來源是由於人內心的抉擇，則其對治也應從內在之「心」下手，孟子所提出的方法有「擴充四端之心」以及「養心」兩種：

1. 擴充四端之心

惻隱之心，人皆有之；羞惡之心，人皆有之；恭敬之心，人皆有之；是非之心，人皆有之。惻隱之心，仁也；羞惡之心，義也；恭敬之心，禮也；是非之心，智也。仁義禮智，非由外鑠我也，我固有之也，弗思耳矣。（〈告子上〉）

凡有四端於我者，知皆擴而充之矣。若火之始然，泉之始達。苟能

〔註74〕同註36，頁178

充之，足以保四海；苟不充之不足以事父母。」（〈公孫丑〉）

「心」本身已具備道德的條件，其價值的成就仍須靠人從實際行為來完成，只要把善的端倪「擴充」出去，真正的道德便足以實現，「惡」即無從發生。而要善端能發展成實際的道德行為，此「心」的「長養」是重要的，若是感官欲望太強，心就容易放失，造成抉擇的錯誤、惡的發生。

2. 養 心

「惡」的對治首在養心，具體而言，孟子之「養心」，在工夫論中必須透過「不動心」與「寡欲」，在知識範疇中則以「明辨義利」言之。關於「不動心」的方法，孟子學生公孫丑曾問：「不動心有道乎？」，孟子回答他說「夫志，氣之帥也；氣，體之充也。夫志至焉，氣次焉。故曰：持其志，無暴其氣」（〈公孫丑上〉），可見在「不動心」的過程中，「持志」與「養氣」同樣成為對治惡的過程中必須的修養部驟，孟子在此以「氣」言「志」，再以「持志」立「不動心」的基礎，其道德內涵對個人而言是「至大至剛」，對人與社會則表現為「配義與道」，在「不動心」之合內外修養的基礎上，自然能表現出「寡欲」的成果，「寡欲」亦因此成為「養心」最好的寫照或最根本的方法。

孟子曰：「養心莫善於寡欲。其為人也寡欲，雖有不存焉者，寡矣。

其為人也多欲，雖有存焉者，寡矣。」（〈盡心下〉）

人多欲，則耳目之官能可以壓倒心的作用，寡欲，則心所受的牽累少而容易將其本體呈露，心之善只是「端」也，必須能「養」，能「存」，使其無限伸展，以使其成為一道德人格。〔註75〕透過對人性正面的強調，才能在四端之心的擴充上，一方面對治惡的發生，另一方面見性之本善，以上是就其工夫論說之，另外，知識中的義利之辨，在「惡」的對治中，亦為《孟子》所強調。

3. 義利之辨

「辨義利」雖是知識問題，但「義利」更是一倫理概念，其中的倫理價值亦同時指導著《孟子》一書中相關的政治、經濟與道德生活。就經濟生活而言，孟子認為有恆產者然後有恆心，「民則無恆產，因無恆心」（〈梁惠王上〉），他認為：

今也制民之產，仰不足以事父母，俯不足以畜妻子；樂歲終身苦，

凶年不免於死亡；此惟救死而恐不贍，奚暇治禮義哉？（〈梁惠王上〉）

〔註75〕同上，頁179。

如果百姓救死而恐不贍，奚暇治禮義哉？故民之產，必使足以事奉父母與養育妻兒，以免經濟缺乏，使人心被迫苟且偷生，行道德之偏峰，遊走法律之邊緣，終至使人心陷溺，朝向負面發展；此外，孟子「利義之辨」的是終目標並不止於身體的安頓，他更希望透過義利之辨明，使人能辨明人生真正的大利與是非觀念。

> 孟子見梁惠王，王曰：「叟！不遠千里而來，亦將有以利吾國乎？」
> 孟子對曰：「王何必曰利？亦有仁義而已矣。……上下交征利，而國危矣。……後義而先利，不奪不饜。未有仁而遺其親者也；未有義而後其君者也。（〈梁惠王上〉）
> 君臣、父子、兄弟終去仁義，懷利以相接；然而不亡者，未之有也。……君臣、父子、兄弟去利，懷仁義以相接也；然而不王者，未之有也。
> 何必曰利？（〈告子下〉）

能明利、義對人心的影響，國君即可避免「上下交征利，而國危矣」之「惡」，又如果君臣、父子、兄弟能去利害，懷仁義，真心相待，政治與倫理生活必能各安其位，各行其事，順暢萬分；孟子在現實生活中，一再以優、缺點的比較說服眾人「後義而先利」的好處，如此，即可以免除許多「惡」的發生，也是對治「惡」的可行方法。

綜而言之，孟子認為耳、目等感官本身沒有思辨的能力，所以在與外物接觸時，會迷失本性而不能致力於道德的實踐，但人只要用心去思辨，沒有不能實踐道德而成為君子的，若是一個人只順從耳、目感官的欲望，以至於成為小人，這是沒有善盡天生才能的緣故，孟子說：「求則得之，舍則失之」，〔註76〕人所應為者為長養這顆純良的本心，只要人向自己的本性中求，「行有不得者，皆反求諸己」（〈離婁上〉），便可以明白道德是內在具足的，只要時時保任、長養本心、不放失本心，當下就可以為君子，為聖王，人之不善，皆是由於人對自己的本心棄而不顧使然；放失良心，就如同伐木一樣，把人性中道德的要素砍伐淨盡，那麼作為一個人便不再有價值可言了！所以，「惡」之根源，是因為沒有把握道德自覺與良知，其放失並非由於能力不及，而全在於對此良知本心的「求」與「舍」、「存」與「去」──亦即是繫乎個人的意願罷了。

〔註76〕乃若其情，則可以為善矣，乃所謂善也。若夫為不善，非才之罪也。……故曰求則得之，舍則失之，或相倍蓰而無算者，不能盡其才者也。（〈告子上〉）

三、荀　子

荀子重「禮」，亦源於儒家「禮以順天，天之道也」《左傳·文公十五年》的理想，故云：「人之命在天，國之命在禮」（〈彊國〉），人與國家之道德運作，事實上都建立在以「天」為基礎的過程中，故其「惡」之「發生」與「對治」，亦應由此基礎為思考起點。

（一）惡的發生

關於荀子「惡」的觀念，我們必須回到其「性」的定義中討論，「性」所指的是未經人為修飾的「本始材朴」，然而荀子對「性惡」所下的評判，並不是就「生之所以然」的內容論斷，而是就後天經驗事實的結果來說。

1. 行為未經規範之結果

〈性惡篇〉云：

> 今人之性，生而有好利焉，順是，故爭奪生而辭讓亡焉；生而有疾惡焉，順是，故殘賊生而忠信亡焉……然則從人之性，順人之情，必出於爭奪，合於犯分亂禮而歸於暴。……用此觀之，然則人之性惡明矣。（〈性惡〉）

荀子謂的「惡」的發生，主要是指行為不加規範的結果，其所判斷的對象，顯然不是天生之性，更不會是指人之所以為人的本質。對「惡」的看法，荀子是先有一理想性「聖可積而致」（〈性惡〉）的主張為前提，再言「性惡論」的：

> 今之人，化師法，積文學，道禮義者為君子，縱性情，安恣睢而違禮者為小人。（〈性惡〉）

2. 自由抉擇

荀子亦認為「惡」的發生乃由於人的自由抉擇，所以君子與小人之別，在於行為是否依禮義而行，是否合乎道德標準而定：

> 曰：「聖可積而致，然而皆不可積，何也？」曰：可以而不可使也。故小人可以為君子，而不肯為君子；君子可以為小人，而不肯為小人。（〈性惡〉）

人皆有能知仁義法正之質，皆有能行仁義法正之具，道德實踐對每個人而言皆是可能的，「惡」之發生、人之不善，僅是因為人之「不肯」而已。從上所論，可以肯定，對於道德實踐與否，人是有自由的；儘管天命要求人為善，人性有行善的道德自覺，但是人依然是可以違背天理良心而做惡的，即「惡」

的來源不是別的，而正是「自由」。因為自由，所以道德行為才成其為道德，如果人性的善中沒有自由的可能，那麼道德行為僅是出於「不得不然」的機械式運作，道德便不再是價值，惡也不再是罪過，人性也失去了存在的意義，這是了解荀子「惡」的發生必須先具備的觀念；同時，為了對治「惡」的發生並改善天下秩序，故荀子進一步提出重「禮」的觀念。

（二）惡的對治

荀子人性論的目的，一方面是發展一能承繼孔子的禮樂文化，另一方面是企圖以「禮」的功能，對治「惡」的發生。

1. 禮

對於「禮」之起源〈禮論篇〉云：

> 禮起於何也？曰：人生而有欲，欲而不得，則不能無求；求而無度量分界，則不能不爭；爭則亂，亂則窮。先王惡其亂也，故制禮義以分之，以養人之欲，給人之求，使欲必不窮於物，物必不屈於欲。
>
> 兩者相持而長，是禮之所起也。（〈禮論〉）

禮的起源是為了「養人之欲」、「給人之求」，荀子認為只要人的欲望能夠以禮義節制得當，就不會造成惡的後果，所以，對荀子而言，「欲望」本身並不是惡，所以與欲望相關聯的「性」與「情」自然也不應是惡的了，同時，性與惡彼此之間也不能劃上等號；於此，我們知道，荀子對「惡」的規定是有其特殊範疇的。

2. 心之功用

荀子重「禮」，強調道德實踐，那麼，道德實踐中人心向善基礎又是什麼呢？他說：

> 人之性惡，其善者偽也。（〈性惡〉）
>
> 情然而心為之擇謂之慮，心慮而能為之動謂之偽，慮積焉能習焉而後成謂之偽。（〈正名〉）

荀子認為「善」是出於人為的因素，而能夠靠人為因素達到善者，則是「心」的功用：

> 心知道，然後可道，可道，然後能守道以禁非道，……故治之要在於知道，人何以知道？曰心：心何以知？曰虛一而靜。（〈解蔽〉）

「心」有知「道」的能力，並且能因知道而可道，它是人之主宰，人之所以

能夠行善，完全是因爲有心的作用：

> 心也者，道之工宰也，道也者，治之經理也。（〈正名〉）

> 心者，形之君也，而神明之主也，出令而無所受令。（〈解蔽〉）

「心」也是生而即有的能力，能夠出令而無所受令，能認識道，並且能夠抉擇，其內涵相當於理智及意志，也就是道德行爲的人性依據。所以荀子也認爲每個人都可以成就道德行爲，並沒有因爲主張「性惡」而阻斷道德實踐的可能：

> 凡禹之所以爲禹者，以其爲仁義法正也。然則仁義法正有可知可能
> 之理，然而塗之人也，皆有可以知仁義法正之質，皆有可能仁義法
> 正之具；然則其可以爲禹明矣。（〈性惡〉）

荀子所謂的「善」即是「僞」，即是仁義法正的道德行爲，表現在社會現象（人道層面上），即是和諧有序，即「善者，正理平治」（〈性惡〉），此人道的善，又是根據「天」作爲取法之對象，所以荀子才說：「君子小人之反也，君子大心則天而道」（〈不苟〉）。

　　綜上所論，荀子對治「惡」的主張正是要透過「心慮」的功能，依心的思慮與抉擇，造成「僞」的習慣（慮積焉，能習焉），而後使學習成爲可能，並由此進一步強調後天學習的重要。

　　在荀子對「惡」的對治中，「性」與「僞」同樣重要，如〈禮論篇〉所說：「無性則僞之無所加，無僞則性不能自美」，可見荀子認爲只有「性」與「僞」兩者並重，才是正確的觀念，故言「性僞合而天下治」（〈禮論〉）。

　　3.　致　誠

　　「僞」是後天的學習工夫，但其入手處則同於孟子以「養心」做爲矯正「惡」行爲之起點，而其養心的方法則是「誠」：

> 君子養心莫善於誠，致誠則無它事矣，唯仁之爲守，唯義之爲行，
> 誠心守仁則形，形則神，神則能化矣。誠心行義則理，理則明，明
> 則能變矣。變化代興，謂之天德，天不言而人推高焉，地不言而人
> 推厚焉，四時不言而百姓期焉，夫此有常以至其誠者也。君子至
> 德……夫此順命以愼其獨者。（〈不苟〉）

「致誠」的內容，是效法天地四時之「有常」、眞實無欺，時時刻刻守仁行義，這便是道德價值之實現，就是所謂的「天德」、「至德」的理想。而此對仁義「行之有常」、「不息不已」的行爲，荀子又稱之爲「積善」：

> 今使塗之人伏術爲學，專心一志，思索孰察，加日懸久，積善而不息，
> 則通於神明，參於天地矣。故聖人者，人之所積而致也。（〈性惡〉）

積善是成爲聖人──能完滿實踐道德的人──之方法，也是使惡杜絕的途徑，若人不能時時約束自己，〔註 77〕時時誠心守仁與行義，而導致惡的行爲結果，那麼「惡」的對治就必須由外在的禮義師法來矯治了：

> 故枸木必待矯然後直；鈍金必將待礱屬然後利；今人之性惡，必將待師法然後正，得禮義然後治。今人無師法，則偏險而不正；無禮義，則悖亂而不治。古者聖王以人之性惡，以爲偏險而不正，悖亂而不治，是以爲之起禮義，制法度，以矯飾人之情性而正之，以擾化人之情性而導之。（〈性惡〉）

於此，荀子將孔子之「禮」更加形式化，以制法度來矯正人之情性，強調「學至乎禮而止矣」（〈勸學〉），並通過「心知」與「心慮」的功能，使人由「知善」而「化性起僞」，透過積善成德使「神明自得，聖心備焉」（〈勸學〉），以導人由惡行重回天道之善的律動中，使小人成爲君子，使君子入於聖人之道。

在傳統中國儒學中，「天道」除了是至善的本體以外，也是人性的根源，因爲天道至善，故受之於天的「人性」亦善，天與人之間有著極爲直接而密切的關係，「人」透過自我惕屬，遵行道德於天地之間，以作爲接受天命者的必然要求，所以人的行爲必以符合道德爲原則。人性之本質，亦以道德自覺爲內涵，事實上並無生來即「惡」的本性，所以，無論是在「天道觀」或「人性論」上，都不可能從中找到「惡」所據以存在的形上基礎的。

士林哲學認爲行爲是基於「理性的認識」與「意志的抉擇」構成的；在孟荀「心」則爲身之主宰（能抉擇與命令），有明辨是非的功能（「思」與「知道」），似乎兼具了理智及意志兩種功能，所以無論是孟子的性善說或是荀子的性惡說，作爲人之所以爲人的本質皆在於「心」，其來源是至誠至善的天道，其本質爲絕對之善，更無「惡」可與之相對。所以從形上角度來看，無論是天道或人性中皆無「惡」存在的基礎，它無法獨立存在，其發生僅是形下世界中個別事件的判斷結果，正因爲惡的相對性與非必然性，故其存在是可以被取消的，所以當惡發生之後，回首向善才成爲可能，不致於因人一時的錯

〔註 77〕《荀子》〈正名〉：「故欲過之而動不及，心止之也。心之所可中理，則欲雖多，奚傷於治？欲不及而動過之，心使之也。心之所可失理，則欲雖寡，奚止於亂？故治亂在於心之所可，亡於情之所欲。」

誤而斲傷道德的價值。也因此，雖然惡障蔽了善，但卻永遠不能取消善，是以「行善避惡」的道德律令才能在宇宙、人心之中至誠無息。

第四章　道德實踐與先秦儒家倫理

　　傳統文化對「人」的了解，主要在於人性論，人性論的主要價值，在於找到了人之道德實踐的基礎，所以談道德實踐，中國哲學家們無不強調人性中所包含的「善的可能」，尤其自孟荀而後，各家皆已脫不開以善惡論性的窠臼。雖然在中國哲學中，道德實踐乃由天道與人性的內容發展而來，但是只以善惡論人性畢竟太過於平面，人性的事實亦不應化約為行為的結果來處理。

　　在孟荀之前，孔子對於人性甚少提及，亦未曾直接以善惡判斷之形式來處理，然而其對於道德之強調，確突顯出「下學而上達」的形上可能（或形上的意圖與存心）是一種人性的自然，亦為彰顯人性價值之所必然。基於人性的事實，必然有道德實踐的要求；而道德的實踐，亦以人性的滿全為最後的價值與目的。所以，在「人性」與「道德實踐」之間仍有相當的區別，「人之所以為人」的「人性」，更不能等同於紛雜的行為模態。換句話說，在範疇的歸屬上，「性」應屬本體層次，行為的善惡乃屬於道德層次，雖然在實際的執行上，二者經常相互滲透與涵屬，但對於二者之處理，應該「本體歸本體，道德歸道德」，才不至於混淆二者之分際。

　　所以在論述孔孟荀之天道與人性、以及對惡的處理之後，本章將繼續針對道德實踐之層面，對於儒家之道德條目及倫理標準作進一步之探討，除了呈現「道德實踐」對人性之滿全的實際方法之外，並期以形上的終極關懷來突顯「人自身」在善惡二元的人間世界所欲完成的價值，以及惡在此世存在的根本意義。

第一節　孔孟荀哲學中之道德條目

一、我欲仁，斯仁至矣──孔子的道德哲學

　　在中國哲學史上，孔子被視爲哲學之開始，欲探討中國哲學，必定自孔子開始。然而我們知道，一個哲學的誕生，並不是平白無故地出現，而是與歷史演進的時代背景相關聯，是以孔子的思想也必然傳承了周代之前的重要文化觀念。方東美先生曾說，生活在一個時代，這一個時代不是孤零零地與古代的思想分割掉，一定要承受以前文化的遺傳，那是思想的傳承。在《論語》中，孔子說：「周監於二代，郁郁乎文哉！吾從周。」（〈八佾〉）以及「述而不作，信而好古」（〈述而〉）。《淮南子》中亦提到：「……孔子修成康之道，述周公之訓。」〔註1〕此正所以說明孔子哲學之來源與特色。

　　《論語·述而》篇中有言，子曰：「甚矣，吾衰也！久矣，吾不復夢見周公。」可看出孔子的理想主要在重振周文，他認爲周文之所以潰解，是因人生命喪失眞幾。生命喪失眞幾，而淪爲機括，因此不能接受禮樂的薰陶。問題不在禮樂，而在人自身。所以解救文化危機的重點，在孔子看來，就是如何恢復人生命的眞幾。孔子把「仁」拿來代表生命的眞幾，它是人生一切價值的來源。又因它是重振周文的樞紐，所以又是理想之根。〔註2〕「仁」之一字，可說是孔子思想的重心，雖然孔子對於性與天道甚少提及，〔註3〕但是對於作爲人性本質的「仁」，卻是孔子反覆教導學生的重要課題。

　　依據文獻看來，「仁者人也」，當是先秦時代一個對仁的共同見解。它的意思是說：「仁」就是人之所以爲人的根據。〔註4〕在《尙書》中，「德」亦是「人之所以爲人」之本質，而此本質只是「一」（或稱「中」），〔註5〕故又稱之爲「一德」，若就孔子對周代思想的承繼而言，孔子之「仁」實即是「一德」（中）在於人身上的具體內涵。或更進一步說，「仁」是「德」的實質化，「仁」與「德」二者皆同時包含「本體的人性」與「道德本質」的雙重意義，只是在孔子哲學中，「人性」與「道德」漸次分化，「人性論」與「道德哲學」的

〔註1〕　參見方東美：《方東美演講集》，台北：黎明，1988年，頁162。
〔註2〕　參見韋政通：《中國哲學思想批判》，台北：水牛，1976年，頁93。
〔註3〕　子貢曰：「夫子之文章，可得而聞也；夫子之言性與天道，不可得而聞也。」
　　　　《論語·公冶長》
〔註4〕　同註2，頁95。
〔註5〕　關於此處所論述「德」之意義，請參見本文第二章第三節。

雛形初步形成，直到戰國時代，理論文字高度發展之後，在諸子百家哲學中，「人性本質」與「道德實踐」已然成爲兩大學問系統。

（一）仁之意義

《論語》中談到仁的有 58 章，仁字出現 109 次，〔註6〕然而孔子對於「仁」並未有一個固定而明確的定義。我們從《論語》中，孔子對於學生問「仁」之意義所作的回答，可以一窺「仁」之基本意義。而其相關的章句有以下七則：

(1) 樊遲……問仁。曰：「仁者先難而後獲，可謂仁矣。」（〈雍也〉）

(2) 顏淵問仁。子曰：「克己復禮爲仁。一日克己復禮，天下歸仁焉。爲仁由己，而由人乎哉？」顏淵曰：「請問其目。」子曰：「非禮勿視，非禮勿聽，非禮勿言，非禮勿動。」顏淵曰：「回雖不敏，請事斯語矣！」（〈顏淵〉）

(3) 仲弓問仁。子曰：「出門如見大賓，使民如承大祭。己所不欲，勿施於人。在邦無怨，在家無怨。」仲弓曰：「雍雖不敏，請事斯語矣！」（〈顏淵〉）

(4) 司馬牛問仁。子曰：「仁者，其言也訒。」曰：「其言也訒，斯謂之仁已乎？」子曰：「爲之難，言之得無訒乎？」（〈顏淵〉）

(5) 樊遲問仁。子曰：「愛人。」（〈顏淵〉）

(6) 樊遲問仁。子曰：「居處恭，執事敬，與人忠；雖之夷狄，不可棄也。」（〈子路〉）

(7) 子張問仁於孔子。孔子曰：「能行五者於天下，爲仁矣。」請問之。曰：「恭、寬、信、敏、惠。恭則不侮，寬則得眾，信則人任焉，敏則有功，惠則足以使人。」（〈陽貨〉）

由上述章句來看，樊遲三次問仁（以上引文之（1）、（5）、（6）），但是三次孔子的回答皆不相同，甚至對於其他學生之回答，亦未曾有完全相同的答案，可見對孔子而言，「仁」並非一種固定的規則，其應用是因人、因事、因時而不同的。若仔細考察孔子所回答的內容，我們可以歸納出「仁」的意義至少包含了「盡己」和「人際」兩個層面：（1）、（2）、（4）所涉及的內容主要是針對人自身，我們可視之爲「盡己」的方面；（3）、（5）、（7）較著重於與人對待的人際互動，在此暫以「人際」稱之；（6）則兼及兩者。

〔註6〕 參見樊浩：《中國倫理精神的歷史建構》，台北：文史哲，1994 年，頁85。

在《論語》中，尚有許多論及「仁」之內容的章句，在此我們可以與上述兩方面合併來看：

1. 從「盡己」的層面看

（1）孔子對於「仁」之首要的要求是回歸每個人自己，因爲仁是存在每個人身上，使人之所以爲人的本質，所以能不能完成這屬於人本質的德性，完全要靠自己，所以孔子強調「克己復禮」，強調「爲仁由己」。而克己的主要項目，則是要使自己所有的行爲都合乎於「禮」——非禮勿視、非禮勿聽、非禮勿言、非禮勿動。

孔子曾說：「民之所由生，禮爲大。非禮無以節事天地之神也，非禮無以辨君臣上下長幼之位也，非禮無以別男女父子兄弟之親、昏姻疏數之交也；君子以此之爲尊敬然。」《禮記・哀公問》由此可見孔子對於禮之重視。所謂「禮」，在孔子而言，是一種由內而外發的行爲準則，或即「仁」在具體環境的外在呈現。雖然它是一種外在形式的規範，但是其精神內涵卻遠比外在形式重要。人一旦失去此實質的精神內涵之後，即使空有外在的行爲規範也是沒有用的，所以孔子說：

人而不仁，如禮何？人而不仁，如樂何？（〈八佾〉）

所謂的「禮」，絕對不是外在所呈現的形式而已，所以孔子又說：

禮云禮云！玉帛云乎哉？樂云樂云！鐘鼓云乎哉？（〈陽貨〉）

祭如在，祭神如神在。子曰：「吾不與祭，如不祭。」（〈八佾〉）

《論語》談到「禮」的有 43 章，「禮」字出現 75 次。〔註7〕除了作爲行爲所依循的外在準則外，主要還是在於其行爲所由生的內在實質。而作爲此內在實質者，亦正是「人之所以爲人」之「仁」。所以，孔子的「禮」就是「仁」之外顯；「仁」就是「禮」之眞正的實質。因爲「禮」來自於人心，所以「禮」才成其爲最高的行爲準則；也正因爲「禮」之爲最高的行爲準則，所以回復人之本具的「仁」亦成爲最高的價值。

（2）孔子所置身的春秋時代，已是周文疲弊、禮壞樂崩，其根本原因就在於人喪失了眞實的生命精神，致使禮樂空有形式而無實質內涵，想重振周文，就須先恢復人之生命精神，也就是喚起人人本具的「仁」之精神。只要人有此生命自覺，「仁」之價值完成與否，即全繫乎個人的意願，所以孔子說：

〔註7〕 同上，頁 76～77。

「仁遠乎哉？我欲仁，斯仁至矣！」（〈述而〉）爲了滿全「仁」之本質與價值的實現，即使因此而犧牲生命，也是毫無怨尤的，所以「求仁而得仁，又何怨！」（〈述而〉）

（3）能踐仁，即是滿全了人性，實即是做一個眞正的「人」——也就是上達天德的人。對於個人而言，就是道德完滿的人、能知天命的人、具有形上人格的人。而達至形上人格的方法，從最淺近處說，仍是從「克己」、「修己」做起。所以孔子所提及的「仁者先難而後獲」、「修己以敬」、「其言也訒」、「居處恭、執事敬、與人忠」等事，無非也是提供了個人克己、修己的方法。

人應該著重自身的努力，經過辛苦耕耘，然後才收穫成果，沒有僥倖的心理；對於自己的言行，都保持高度的謹慎與莊重；所作的事認眞負責；並且用眞誠的心與人交往。仁人君子應該都是如此要求自己，並且無論何時何地都是如此實實在在、沒有例外。所以孔子說：

> 君子欲訥於言，而敏於行。（〈里仁〉）

> 剛毅木訥，近仁。（〈子路〉）

> 巧言令色，鮮矣仁。（〈學而〉〈陽貨〉）

修養自己，必先從最基本的「言」「行」做起，能夠確實修養好自己之後，才能夠更進一步「推己及人」，也就是從「人」擴充而爲「人人」。

1. 從「人際」的層面來看

孔子對「仁」之意義，除了提示個人面對自己的內在層面以外，亦著重於人際之間的交往與對待，他對於「仁」之人際層面的提示，最基本的說明即是「仁者愛人」。

（1）「仁者愛人」的涵義包括消極與積極兩個層面。所謂積極方面，指的是「己欲立而立人，己欲達而達人」；消極方面，指的是「己所不欲，勿施於人」。

孔子說「吾道一以貫之」，許多弟子不了解，曾子則以「忠恕」兩字詮釋孔子的「一貫之道」，[註8] 但是《論語》對於何謂忠恕並沒有解釋，《大戴禮記》〈小辨篇〉哀公問小辨的道理才說出：「知忠必知中，知中必知恕，知恕必知外，知外必知德。」「內思畢心曰知中，中以應實曰知恕，內恕外度曰知

〔註8〕　子曰：「參乎！吾道一以貫之。」曾子曰：「唯。」子出。門人問曰：「何謂也？」
　　　　曾子曰：「夫子之道，忠恕而已矣！」（〈里仁〉）

－139－

外，外內參意曰知德。」〔註9〕而朱熹對「忠恕」二字的註解是：「盡己之謂忠，推己之謂恕」，盡己之義已如上述，而在「推己」的部分，孔子以「己所不欲，勿施於人」作爲「恕」之意義：

> 子貢問曰：有一言而可以終身行之者乎？子曰：其恕乎！己所不欲，勿施於人。（〈衛靈公〉）

此即是設身處地爲人著想，也是與人對待之基本原則，「仁者愛人」除了消極地做到「己所不欲，勿施於人」之外，其更積極的意義則是更進一步利益他人——「己欲立而立人，己欲達而達人」，而此立人達人的推展，就是做到「修己以安人」，如果能將此愛人之心推展到極致，則可以「修己以安百姓」，甚至於「博施濟眾」的聖者境界。

> 子路問君子，子曰：修己以敬。曰：如斯而已乎？曰：修己以安人。
>
> 曰：如斯而已乎？曰：修己以安百姓。修己以安百姓，堯舜其猶病諸！（〈憲問〉）

「子貢曰：如有博施於民，而能濟眾，何如？可謂仁乎？子曰：何事於仁，必也聖乎！堯舜其猶病諸！夫仁者，己欲立而立人，己欲達而達人。能近取譬，可謂仁之方也已。」（〈雍也〉）

孔子對於「人之所以爲人」的「仁」之認定是普遍的，所以不但要求個人對於己身的人性達致完滿，更期望每個人在成全自我的人格之後，能夠向外推展，以愛人之心去造福他人，以人民百姓的幸福爲度。所以，雖然孔子向來不輕以仁許人，但管仲以功業而造福百姓，儘管孔子雖曾批評管仲器量狹小且不知禮，〔註10〕卻仍三度以「仁者」稱許他：

> 或問子產。子曰：「惠人也。」問子西。曰：「彼哉！彼哉！」
>
> 問管仲。曰：「人也。奪伯氏駢邑三百，飯疏食，沒齒無怨言。」（〈憲問〉）
>
> 子路曰：「桓公殺公子糾，召忽死之，管仲不死。曰：未仁乎？」
>
> 子曰：「桓公九合諸侯，不以兵車，管仲之力也。如其仁！如其仁！」（〈憲問〉）

〔註9〕 同註1，頁166。

〔註10〕 子曰：「管仲之器小哉！」或曰：「管仲儉乎？」曰：「管氏有三歸，官事不攝，焉得儉？」「然則管仲知禮乎？」曰：「邦君樹塞門，管氏亦樹塞門；邦君爲兩君之好，有反坫，管氏亦有反坫。管氏而知禮，孰不知禮？」（《論語・八佾》）

> 子貢曰：「管仲非仁者與？桓公殺公子糾，不能死，又相之。」
>
> 子曰：「管仲相桓公，霸諸侯，一匡天下，民到於今受其賜。微管仲，吾其被髮左衽矣！豈若匹夫匹婦之爲諒也，自經於溝瀆而莫之知也。」（〈憲問〉）

由此可見得孔子的「仁」不僅是個人內在修養的目標，也可以成爲客觀化的事功，而在「個人修養」與「百姓福祉」的兩極限之間，就是行於人倫日用的各種德行，一方面作爲內在仁心的顯現，另一方面也是待人接物的重要準則。換句話說，在「仁」的基本原則之下，可以條理出更具體的諸多德目，也就是行仁的方法。

（2）「爲仁之方」實際上所包含的德目有許多，例如：

「恭、寬、信、敏、惠」：

> 子張問仁於孔子。孔子曰：「能行五者於天下，爲仁矣。」請問之。
>
> 曰：「恭、寬、信、敏、惠。恭則不侮，寬則得眾，信則人任焉，敏則有功，惠則足以使人。」（〈陽貨〉）

「孝悌忠信」：

> 子曰：「弟子入則孝，出則悌，謹而信，汎愛眾，而親仁，行有餘力，則以學文。」（〈學而〉）
>
> 主忠信。（〈學而〉）
>
> 人而無信，不知其可也。（〈爲政〉）
>
> 君使臣以禮，臣事君以忠。（〈八佾〉）

我們從以上章句的內容加以考察，可以看出：仁是孔子所認爲最高的道德理想，而忠、恕、孝、悌、恭、寬、信、敏、惠諸德，都是爲實踐仁而設計的，它們都指導了人際之適當的關係，可視之爲從屬於最高理想的道德條目。「仁」與此諸德，以當代倫理學而言，即所謂「道德原則」與「道德規範」之關係，在中國古典哲學中，則是所謂的「綱領」與「條目」。綱領指的是較高的指導原則，其涵蓋性普遍，對於行爲的規定較爲籠統；條目則針對具體或個別的行爲加以規範，其規定較爲明確。能在行爲上確實依循道德規範的指示，即是符合了道德原則之要求了。

（二）「仁」的基本涵義

孔子的「仁」一方面是「人之所以爲人」，從《論語‧堯曰》第一章之章句

〔註11〕推斷，也就是《尚書》所言「允執厥中」之「中」。另一方面，「仁」又是「二人」──即人人，或人與人之「人際關係」，所以「仁」必先成就自己之「人之所以為人」的本質，而後成就「人與人之間的適當關係」，此即所謂的忠（盡己）恕（推己及人）之道。綜上所論，可歸納出「仁」的幾種基本涵義：

1. 仁是人的本性，也是所謂的真實生命，若就「天生德於予」〔註12〕之事實來看，「仁」又是一種發自內心之自然的「道德意識」與「道德情感」，此道德意識與道德情感的具體發展就是愛人。

2. 仁統攝諸德，是全德之名，也是道德之根、價值之源，能實踐仁，即是自我人格之完滿實現，便成其為「君子」或「仁人」，至於其發展的最高境界，則稱之為「聖」。

3. 踐仁，不只是表現主觀精神（成德性、成仁者、成聖人），而且表現客觀精神（己立立人、己達達人、修己以安百姓），同時，並透顯絕對精神（下學而上達、踐仁以知天，以臻於天人合德、與物無對之境界）。〔註13〕

所以，「仁」除了具備「人性本質」之本體意義之外，它同時也具備「道德理想」或「道德原則」之道德意義，而更重要的是，人能夠實踐道德（下學）而滿全天所賦予的人性（上達），實際上亦正是所謂「形上人格」的實現。能夠實現形上人格，能夠知天配天，人生境界莫甚於此，所以孔子說：「不怨天，不尤人；下學而上達。知我者其天乎！」（〈憲問〉）又說：「求仁而得仁，又何怨！」（〈述而〉）

二、居仁由義──孟子的道德哲學

孔子將仁當作人性最直接的顯示，也是人性的一種光輝，仁之存去實即是君子與小人之分別，所以〈里仁〉篇說：「君子去仁，惡乎成名？君子無終

〔註11〕堯曰：「咨！爾舜！天之曆數在爾躬。允執其中。四海困窮，天祿永終。」舜亦以命禹。曰：「予小子履，敢用玄牡，敢昭告于皇皇后帝：有罪不敢赦。帝臣不蔽，簡在帝心。朕躬有罪，無以萬方；萬方有罪，罪在朕躬。」周有大賚，善人是富。「雖有周親，不如仁人。百姓有過，在予一人。」謹權量，審法度，修廢官，四方之政行焉。興滅國，繼絕世，舉逸民，天下之民歸心焉。所重：民、食、喪、祭。寬則得眾，信則民任焉，敏則有功，公則說。（〈堯曰〉）
〔註12〕子曰：「天生德於予，桓魋其如予何？」（《論語・述而》）
〔註13〕參見蔡仁厚：《孔孟荀哲學》，台北：學生，1994 年，頁 74～75。

食之間違仁，造次必於是，顛沛必於是」；〈憲問〉又說：「君子而不仁者有矣夫，未有小人而仁者也」。

孟子則承繼孔子對於仁之主張，一方面認為仁是人的本心，由此本心之實質，更發展出其以心言性之「性善說」；另一方面更以仁義並舉，除了以仁義為內在於人的本性之外，更賦予仁義二者在道德條目上的意義。

（一）孟子的「仁」

孟子所謂「仁」，有以下幾種涵義：

1. 「仁」為「人之所以為人」的本質，就其實質而言，亦是人所本具的善心：

> 仁也者，人也；合而言之，道也。(〈盡心下〉)

> 仁，人心也。義，人路也。舍其路而弗由，放其心而不知求，哀哉！
> (〈告子上〉)

> 孟子曰：「人皆有所不忍，達之於其所忍，仁也；人皆有所不為，達之於其所為，義也。人能充『無欲害人』之心，而仁不可勝用也。人能充『無穿窬』之心，而義不可勝用也。」(〈盡心下〉)

2. 仁是人本具的善心，不但是人性尊嚴之所在，也是天下之君子所共同具備的德性：

> 仁則榮，不仁則辱。今惡辱而居不仁，是猶惡溼而居下也。(〈公孫丑上〉)

> 孟子曰：「居下位，不以賢事不肖者，伯夷也。五就湯、五就桀者，伊尹也。不惡汙君，不辭小官者，柳下惠也。三子者不同道，其趨一也。一者何也？曰仁也。君子亦仁而已矣，何必同？」(〈告子下〉)

3. 「仁」是國君施政的基本要求：

> 孟子曰：「三代之得天下也以仁，其失天下也以不仁。國之所以廢興存亡者亦然。天子不仁，不保四海；諸侯不仁，不保社稷；卿大夫不仁，不保宗廟；士庶人不仁，不保四體。今惡死亡而樂不仁，是猶惡醉而強酒。」(《孟子·離婁上》)

> 未有「仁」而遺其親者也；未有「義」而後其君者也。王亦曰「仁義」而已矣，何必曰「利」？(〈梁惠王上〉)

以「仁」為政是孟子的政治理想，其仁政學說的基本原理：〔註 14〕「以不忍人之心行不忍人之政」；〔註 15〕德治；〔註 16〕以及正君心〔註 17〕三者，與孔子「修己以安百姓」以及「博施濟眾」的理想是相同的。所謂「仁」，實即是盡己而後推己及人，而推己之極致，則是「風行草偃」的德治與仁政，所以孟子又說：「強恕而行，求仁莫近焉。」（〈盡心上〉）義即在此。

（二）孟子的「義」

孟子之「義」亦承孔子而來，孔子講「義」，主要的意義在指人所當行之事，為人之行為正當與否之衡量，其或有道德行為之涵義，然而並未明確形成一確定的道德條目。如：「見義不為，無勇也」《論語・為政》；「君子之於天下也，無適也，無莫也，義之與比」（〈里仁〉）；「君子義以為上。君子有勇而無義為亂，小人有勇而無義為盜」（〈陽貨〉）。此外，也指那些不以個人之小我幸福為考量的正當行為，如：「君子喻於義，小人喻於利」（〈里仁〉）；「不義而富且貴，於我如浮雲」（〈述而〉）。

孟子除繼續發揮孔子「義」之準則義外，更進而將「義」之行為意義明確化，「義」與「仁」在孟子哲學中並列為道德的重要原則。其所謂「義」一方面與「仁」同為人格之本源；另一方面，「義」則為「仁」之行為化，此「義」是行為所當遵循之法則，亦為道德價值之所在。孟子之「義」涵義約略如下：

1. 「義」為「人之正路」，正當的言行必以之為依據：

夫義，路也；禮，門也。惟君子能由是路，出入是門也。（〈萬章下〉）

孟子曰：「大人者，言不必信，行不必果，惟義所在。」（〈離婁下〉）

行一不義、殺一不辜而得天下，皆不為也。（〈公孫丑上〉）

2. 「義」為道德價值之所在：

〔註 14〕同註 6，頁 113。

〔註 15〕孟子曰：「人皆有不忍人之心。先王有不忍人之心，斯有不忍人之政矣。以不忍人之心，行不忍人之政，治天下可運之掌上。」（《孟子・公孫丑上》）

〔註 16〕孟子曰：「以力假仁者霸，霸必有大國；以德行仁者王，王不待大，湯以七十里，文王以百里。以力服人者，非心服也，力不贍也；以德服人者，中心悅而誠服也，如七十子之服孔子也。《詩》云：『自西自東，自南自北，無思不服』，此之謂也。」（《孟子・公孫丑上》）

〔註 17〕孟子曰：「人不足與適也，政不足與間也，惟大人為能格君心之非。君仁莫不仁，君義莫不義，君正莫不正，一正君而國定矣。」（《孟子・離婁上》）
孟子曰：「君仁莫不仁，君義莫不義。」（《孟子・離婁下》）

孟子曰：「生，亦我所欲也；義，亦我所欲也。二者不可得兼，舍生而取義者也。」（〈告子上〉）

尊德樂義，則可以囂囂矣。故士窮不失義，達不離道。窮不失義，故士得己焉。達不離道，故民不失望焉。古之人，得志，澤加於民；不得志，修身見於世。窮則獨善其身；達則兼善天下。（〈盡心上〉）

孟子以義爲德，在其他古籍上亦有相同之記載，如《易經‧坤卦‧文言傳》云：「直其正也，方其義也！君子敬以直內，義以方外，敬義立而德不孤」；《尚書‧畢命》云：「唯德唯義，時乃大訓，不由古訓，于何其訓？」；由此可見「義」之本質爲道德，它不但是人性之價值，也是高於生命的道德價值。

3. 「義」爲「時宜」或「權宜」，乃針對不同道德情境所採取之合宜的道德行爲：

孟季子問公都子曰：「何以謂義內也？」曰：「行吾敬，故謂之內也。」「鄉人長於伯兄一歲，則誰敬？」曰：「敬兄。」「酌則誰先？」曰：「先酌鄉人。」「所敬在此，所長在彼，果在外，非由內也。」公都子不能答，以告孟子。孟子曰：「敬叔父乎？敬弟乎？彼將曰：『敬叔父。』曰：『弟爲尸，則誰敬？』彼將曰：『敬弟。』子曰：『惡在其敬叔父也？』彼將曰：『在位故也。』子亦曰：『在位故也。』庸敬在兄，斯須之敬在鄉人。」季子聞之曰：「敬叔父則敬，敬弟則敬，果在外，非由內也。」公都子曰：「冬日則飲湯，夏日則飲水，然則飲食亦在外也？」（〈告子上〉）

在孟季子與公都子這段「義內」與「義外」之辯駁中，孟子爲公都子釐清「庸敬」（常時之敬）與「斯須之敬」（暫時之敬）之差別，澄清「義」乃是發自於內心之道德情感，雖然因爲對象之不同而在行爲上有所區別，但此區別並非內心情感的改變，而是所面臨的道德情境之不同。所以「義」之意義在此，即突顯出《中庸》所言：「義者，宜也。」之特質，也就是「時宜」或「權宜」之問題。朱熹對《中庸》這句話的註解是：「義者，心之制，事之宜」。王陽明答歐陽崇一書云：「心得其宜之謂義」。總括地說，合乎心（理）與行（事）之當然者，便是「宜」。〔註18〕所以，「義」的意義並不在事物上，而在於人對事物處置之合宜上。〔註19〕對於事物採取適當處置的道德行爲，其權衡之

〔註18〕參見蔡仁厚：《儒家哲學與文化眞理》，香港：人生，1971年，頁56。
〔註19〕同註13，頁215。

機制乃內在於人心，能依不同的道德情境選擇恰當的處置方法就是義。

（三）孟子之「仁義」

將仁義並稱，爲孟子道德哲學的一大特色。上面已分述「仁」與「義」兩觀念在孟子學說中的意義，於此，我們將針對孟子以仁義並舉的章句做分析，以進一步對照出仁義二者同源而異質之處。

1. 仁義禮智根於心：

> 惻隱之心，人皆有之；羞惡之心，人皆有之；恭敬之心，人皆有之；是非之心，人皆有之。惻隱之心，仁也；羞惡之心，義也；恭敬之心，禮也；是非之心，智也。仁義禮智，非由外鑠我也，我固有之也，弗思耳矣（〈告子上〉）

此段章句爲孟子性善論之重要根據，仁義禮智四者不但爲人心所本具之善端與善質，也是平行並列的四種道德條目。由此可看出原在孔子思想中初步的道德意識，到了孟子學說中，已更明確化爲具體的道德條目。

2. 仁義內在：

> 孟子曰：「人之所以異於禽獸者幾希，庶民去之，君子存之。舜明於庶物，察於人倫；由仁義行，非行仁義也。」（《孟子·離婁下》）

仁義是人之所以義於禽獸的人性本質，人的行爲若符合了道德標準，並不是因爲有了外在的標準後，人再根據此標準來行事，而是此標準原來就是根植於人心的，換句話說，人的道德行爲是依據人性本質而表現，道德標準的來源就是人性，所以道德本身亦是自律道德，而非他律。此自律道德在孟子哲學中，由他與告子「義內」與「義外」之辯可再度獲得佐證：

> 告子曰：「食色，性也。仁，內也，非外也。義，外也，非內也。」孟子曰：「何以謂仁內義外也？」曰：「彼長而我長之，非有長於我也。猶彼白而我白之，從其白於外也，故謂之外也。」曰：「異於白馬之白也，無以異於白人之白也！不識長馬之長也，無以異於長人之長歟？且謂長者義乎？長之者義乎？」曰：「吾弟則愛之，秦人之弟則不愛也，是以我爲悅者也，故謂之內。長楚人之長，亦長吾之長，是以長爲悅者也，故謂之外也。」曰：「嗜秦人之炙，無以異於嗜吾炙。夫物則亦有然者也。然則嗜炙亦有外歟？」（〈告子上〉）

此段論辯與前所提及之公都子與孟季子之辯有異曲同工之妙。「仁」爲內在本

性殆無疑義，而「義」因為具備了「行為之宜」的道德標準之特質，而時有內外之爭議。孟子除了於辯論中極力澄清「仁義在內」之說外，於書中其他章句，亦反覆強調此要旨。

3. 仁義為人之良知良能：

孟子曰：「人之所不學而能者，其良能也。所不慮而知者，其良知也。孩提之童，無不知愛其親者，及其長也，無不知敬其兄也。親親，仁也。敬長，義也。無他，達之天下也。」（〈盡心上〉）

王子墊問曰：「士何事？」孟子曰：「尚志。」曰：「何謂尚志？」曰：「仁義而已矣。殺一無罪，非仁也；非其有而取之，非義也。居惡在？仁是也。路惡在？義是也。居仁由義，大人之事備矣。」（〈盡心上〉）

孟子曰：「自暴者，不可與有言也；自棄者，不可與有為也。言非禮義，謂之自暴也；吾身不能居仁由義，謂之自棄也。」「仁，人之安宅也；義，人之正路也。曠安宅而弗居，舍正路而不由，哀哉！」（〈離婁上〉）

仁義同為人心本具之質，發揮人性中仁義的道德本質亦是人之天職，不依本分來實踐道德的人，孟子稱之為自暴自棄的人。在上列章句中，「親親，仁也；敬長，義也」以及「仁，人之安宅也；義，人之正路也」兩句話，可看出在孟子思想中，雖然仁義二者皆是人性，但其意義已然有所區分。義不但具備濃厚的、內在於人心的「人性本質」與「道德意識」之特質，而且也同時具備了「行為準則」之意義。

從孟子仁義並舉之後，義的概念持續獨立發展而逐漸和仁分開，《禮記・喪服四制》：「貴之尊之，義之大者也。」已特重行為方面的意義，若將之與《論語》的仁對照來看，則仁是主觀原則，義是客觀原則。仁使自己成人，義則把人當人。運用在倫理關係中，則表現為「事親以仁，事君以義」。〔註20〕除了主觀的內在德性與道德操守之外，義在倫理脈絡中的意義也漸次突顯出來。

三、隆禮義而殺詩書——荀子的禮義思想

孟子「仁義」思想之客觀化與德目化之後，荀子更進一步強調外在客觀的原則而推尊「禮義」。「禮」或「禮義」可說是荀子思想的核心。

〔註20〕同註2，頁96。

　　「禮」來源於祭祀，「禮」從「示」從「豐」，表示感謝上帝賜予的豐收。殷人執禮器事鬼神，表明了人的身份與等級，因而具有等級制的內容。在商代，祭祀就是政治，禮是以祭祀體現的對社會秩序的規定，因而禮等同於政治。殷禮主要靠迷信維持，到了周代，禮抽象化、普遍化了，周人開始把禮轉變為區別善惡是非的準則，於是宗教的、政治的禮，便成了道德的規範，也成了一種價值判斷的標準。〔註21〕由意指「行禮之器」的「豐」（後簡化為豊）字，發展到意指「祭祀者之行為儀節」的「禮」字，再拓展到包括「法制、規範」的意義，乃是經過西周三百餘年的演變而漸次形成的。到了春秋時代，在說明「禮」的內容意指時，便已脫離了原始宗教的意味，而成為一個涵蓋全幅人文世界的共同理念了。〔註22〕

　　「禮」在《論語》中的意義，除了泛指西周以來的社會制度，〔註23〕以及各種禮節儀式〔註24〕之外，它最重要而根本的意義乃在於「仁」心的外顯或客觀化，其所強調的，仍在於內在精神的掌握。到了荀子，禮的形式意義被特別強調，其價值提昇了，但較之於孔子的禮，其本質也異化了，它不再僅僅是節文人的行為規範，而且是強制性的不可逾越的法律。孔子文質彬彬的禮已經異化為一種制約人的行為的名教或禮教。〔註25〕這可從荀子推尊「法後王」，以及「隆禮義而殺詩書」的主張得到說明：

> 學莫便乎近其人。禮樂法而不說，詩書故而不切，春秋約而不速。……上不能好其人，下不能隆禮，安特將學雜識志，順詩書而已耳。則末世窮年，不免為陋儒而已。……不道禮憲，以詩書為之，譬之猶以指測河也，以戈舂黍也，以錐餐壺也，不可以得之矣。（《荀子·勸學》）
>
> 不知法後王而一制度，不知隆禮義而殺詩書；其衣冠行偽已同於世俗矣。……法後王，一制度，隆禮義而殺詩書；其言行已有大法矣。

〔註21〕同註6，頁71〜72。

〔註22〕同註13，頁50。

〔註23〕子張問：「十世可知也？」子曰：「殷因於夏禮，所損益可知也；周因於殷禮，所損益可知也；其或繼周者，雖百世可知也。」（《論語·為政》）
禮，經國家，定社稷，序民人，利後嗣者也。許無刑而伐之，服而舍之，度德而處之，量力而行之，相時而動，無累後人，可謂知禮矣。（《左傳·隱公》）

〔註24〕孟懿子問孝。子曰：「無違。」樊遲御，子告之曰：「孟孫問孝於我，我對曰：『無違』。」樊遲曰：「何謂也？」子曰：「生，事之以禮；死，葬之以禮，祭之以禮。」（《論語·為政》）

〔註25〕同註6，頁127。

（《荀子·儒效》）

　　欲觀聖王之跡，則於其粲然者矣，後王是也。彼後王者，天下之君
　　也；舍後王而道上古，譬之是猶舍己之君，而事人之君也。（《荀子·
　　非相》）

《詩》可以興，《書》可以鑑，然而荀子現實性強，講求實效，因而重禮義而
輕《詩》《書》，以現實組織之秩序爲最高價值，所以展現爲「今是而昨非」
之價值偏好，牟宗三先生稱其爲誠樸篤實之人，用智而重理，喜秩序，愛穩
定，厚重少文，剛強而義，但於悱惻之感與超脫之悟則嫌不足。〔註 26〕其所
謂「道」，也就不離條理秩序之「禮義之統」了。

（一）禮之意義與起源

　　荀子之道，如〈儒效篇〉所言：「道者非天之道，非地之道，人之所以道
也」，此道即是「人文化成」之「統類之道」。故荀子之「禮」，表現於其重現
實之組織，重禮義之統，重分重義之上，所以「禮」是社會之規範、倫理之
秩序，也因此而具備了形式的外在性、強制性、與等級性，是以荀子之「禮」
實際上已然具備了「法」之特質。

　　荀子所謂「禮」，常與「法」並舉，如：「禮法之樞要」、「禮法之大分」、
「禮者，法之大分、類之綱紀也」……等。「法」所指的是行爲的標準或規範，
而「禮」則是此規範的總綱或前提。「禮」在荀子思想中所涵蓋的範圍極廣，
從政治制度到日常儀文，從人文世界到宇宙天人，無不涵蓋在禮的最高法則
之下。〔註 27〕而此最高法則則體現在聖王身上，所以〈非相〉篇云：「禮莫大
於聖王」，聖和王之具體表現即在禮制之上，故提出禮制作爲依據。若就《荀
子》之章句來看，其「禮」的主要意義有：

1. 德目之總綱

　　禮者、法之大分，類之綱紀也。故學至乎禮而止矣。夫是之謂道德
　　之極。（〈勸學〉）

〔註 26〕參見牟宗三：《名家與荀子》，台北：學生，1990 年，頁 199。
〔註 27〕凡禮，始乎梲，成乎文，終乎悅校。故至備，情文俱盡；其次，情文代勝；
其下復情以歸大一也。天地以合，日月以明，四時以序，星辰以行，江河以
流，萬物以昌，好惡以節，喜怒以當，以爲下則順，以爲上則明，萬變不亂，
貳之則喪也。禮豈不至矣哉！立隆以爲極，而天下莫之能損益也。本末相順，
終始相應，至文以有別，至察以有說，天下從之者治，不從者亂，從之者安，
不從者危，從之者存，不從者亡，小人不能測也。（《荀子·禮論》）

> 禮者，人道之極也。（〈禮論〉）

2. 修身之道

> 凡治氣養心之術，莫經由禮。（〈修身〉）
>
> 凡用血氣志意知慮，由禮則治通，不由禮則勃亂提僈。（〈修身〉）

3. 經國治民之法：

> 隆禮貴義者其國治，簡禮賤義者其國亂。（〈議兵〉）
>
> 禮者、治辨之極也，強固之本也，威行之道也，功名之總也，王公由之所以得天下也，不由所以隕社稷也。（〈議兵〉）
>
> 上不隆禮則兵弱。（〈富國〉）
>
> 取人之道，參之以禮。（〈君道〉）

禮為荀子德目之總綱、為學修身論政之大本，所以其政治思想與教育思想皆以「禮」為依歸，並建基於性惡之論，主張化性而起偽，其禮義之起源即根據性惡之說而來：

> 禮起於何也？曰：人生而有欲，欲而不得，則不能無求。求而無度量分界，則不能不爭；爭則亂，亂則窮。先王惡其亂也，故制禮義以分之，以養人之欲，給人之求。使欲必不窮乎物，物必不屈於欲。兩者相持而長，是禮之所起也。（〈禮論〉）

禮之來源即由此欲、求、爭、亂、窮五層理由而立論，其目的在養人之欲、給人之求，並以度量分界而達到撥亂反治之效果，此即是「禮」在「養」方面的功用。此外，禮的另一方面則強調「分」與「別」之作用：

> 君子既得其養，又好其別。曷謂別？曰：貴賤有等，長幼有差，貧富輕重皆有稱者也。（〈禮論〉）
>
> 故先王案為之制禮義以分之，使有貴賤之等，長幼之差，知愚能不能之分，皆使人載其事，而各得其宜。然後使穀祿多少厚薄之稱，是夫群居和一之道也。（〈榮辱〉）

此為荀子所欲以禮來達到的社會秩序——「群居和一」——之要求。荀子提出「群居和一」，突顯了人的社會（群）性問題，並把倫理道德（禮）訴諸於人類社會生活的需要，〔註28〕道出了倫理規範乃為實用而設計之事實，對於

〔註28〕荀子用「群居和一」解釋禮的起源，體現了中國文化的原理與特點，在倫理史上具有重要的意義。它明確提出了人的社會性問題，並企圖以此解釋倫理

中國「道德」觀念之演變而言，可說是哲學之倫理學發展的先驅。此亦說明了戰國時代，人口聚集、國家興起，簡單而普遍的道德原則如《尚書》之「德」、孔子之「仁」已無法有效掌握人類日趨複雜的行為，所以必欲有更精確的道德規範之設計、更高度之理論文字之要求，方能滿足時代背景之所需。荀子之「禮」即在此情況下，漸次脫離孔子「求仁得仁」之主觀歷程，而走向客觀化之社會功能。對於此社會功能，荀子認為其有三個根本：

> 禮有三本：天地者，生之本也；先祖者，類之本也；君師者，治之本也。無天地，惡生？無先祖，惡出？無君師，惡治？三者偏亡，焉無安人。故禮、上事天，下事地，尊先祖，而隆君師。是禮之三本也。（〈禮論〉）

天地長養萬物，先祖孕育族類，君師治理教化，三者中若偏缺其一，必無法安定百姓，所以禮必須有此三個根本，才能成其在政治教化各方面之功用。

（二）禮之功用

荀子所說的禮，乃是一切規範的總稱，上自人君治國之道，下至個人立身處事之則，乃至飲食起居的細節，莫不為禮所涵攝。禮不但是行為的準繩，而且亦是思想言論的標準。其功用，則包括了教育、政治及人事三個方面：

1. 教育方面

荀子之書大旨在於勸學，主要在其性惡論之基礎上，主張用禮義來達到化性起偽之功效，故汲汲於勸人學禮，而其學亦主於修禮，目的在於節制人性，以導人人去惡為善而達致和諧：

> 古者聖王以人之性惡，以為偏險而不正，悖亂而不治，是以為之起禮義、制法度，以矯飾人之情性而正之，以擾化人之情性而導之也。始皆出於治、合於道者也。（〈性惡〉）

> 凡禮義者，是生於聖人之偽，非故生於人之性也。……聖人積思慮，習偽故，以生禮義，而起法度。（〈性惡〉）

> 然則從人之性，順人之情，必出於爭奪，合於犯分亂理，而歸於暴。故必將有師法之化，禮義之道，然後出於辭讓，合於文理，而歸於治。（〈性惡〉）

實體的設計與道德規範的起源，並把倫理道德訴諸於人類社會生活的需要，這是倫理思想的重大突破。同註6，頁128。

荀子之設教，在化性起偽，而本之於禮義，禮義即爲導化人性之規範。

2. 政治方面

就禮與政治而言，禮爲治國之大經大法，無論用人、刑罰或議兵，皆須參之以禮，以禮爲度，如此國家才能長治久安，進而王天下。

> 禮者，治之始也。（〈王制〉）

> 禮者，政之輓也。爲政不以禮，政不行矣。（〈大略〉）

> 故人之命在天，國之命在禮。人君者，隆禮尊賢而王，重法愛民而霸，好利多詐而危，權謀傾覆幽險而亡。（〈彊國〉）

政治上的制度，荀子一律以禮稱之，乃至「節用」、「治兵」之道亦是禮：

> 足國之道，節用裕民……節用以禮，裕民以政。（〈富國〉）

> 上不隆禮則兵弱。（〈富國〉）

由於各種治國的規範都屬於禮，故禮是正國之具：

> 國無禮則不正，禮，所以正國也。（〈王霸〉）

> 禮義之謂治，非禮義之謂亂。（〈不苟〉）

> 隆禮貴義者，其國治；簡禮賤義者，其國亂。（〈議兵〉）

荀子生當戰國之際，目睹時勢割裂，綱紀廢弛，故欲規範人心、圍杜治亂、齊一世俗，必以禮爲尙而後可。

3. 人事方面

禮不但是正國之具，亦是正身之具。舉凡飲食衣服、居處動靜、容貌行止，乃至於治氣養心，都要由禮：

> 禮者，所以正身也。（〈修身〉）

> 飲食、衣服、居處、動靜，由禮則和節，不由禮則觸陷生疾。容貌、態度、進退、趨行，由禮則雅，不由禮則夷固僻違，庸眾而野。（〈修身〉）

> 凡治氣養心之術，莫經乎禮。（〈修身〉）

> 凡用血氣志意知慮，由禮則治通，不由禮則勃亂提僈。（〈修身〉）

禮亦爲任人之標準，君子與小人之別，亦以其行爲是否合禮作爲辨別的標準。

> 禮者，人主之所以爲群臣寸尺尋丈檢式也。人倫盡矣。（〈儒效〉）

> 今之人，化師法，積文學，道禮義者爲君子；縱情性，安恣睢，而

違禮者爲小人。(〈性惡〉)

故古之人爲之不然：其取人有道，其用人有法。取人之道，參之以禮。用人之法，禁之以等。行義動靜，度之以禮；知慮取舍，稽之以成；日月積久，校之以功。(〈君道〉)

荀子以禮爲治世之樞機、論人之標準，故不拘於應事接物，進道入德，莫不以禮爲之標的，而其踐禮之道，主要有「分」、「養」、「節」三者：有「分」才有界限，才知應盡之責，才知人與禽之不同；〔註29〕「養」則在於對欲之疏導與滿足；〔註30〕「立中制節」則又以禮爲依據。〔註31〕荀子有時單言「禮」，有時「禮義」連言，在旨意上並無大的殊別。〈大略篇〉言：「義，禮也，故行。」所以荀子之「禮」，實已蓋括一切規範。因此，個人的生存，事業的成就，國家之安寧，都不能脫離禮之存在。

荀子「禮」之功用周遍天地、彌貫群倫，然則，若就傳統儒家之觀點來看荀子之禮，其立論基礎是有所偏失的。鄔昆如教授認爲，荀子化性起僞在理論上說明了禮義非起於人性，而是起於人之行爲（「僞」），性與行爲之間則以制度來調節，但荀子所提倡的制度並不是道德取向的，而是政治取向的「法」之觀念，其理論目的基本上是在於現實功效的「撥亂反治」，而不在於「完成人性」的道德關懷，〔註32〕所以，荀子之「禮」實際上已失卻了儒家傳統的形上精神。

此外，荀子把人性分類到惡的範疇中去，將「天」定位爲自然物理的天，傳統「主宰義」或「意志義」之天不再舉足輕重，天命的問題也從此一筆勾

〔註29〕人之所以爲人者，何已也？曰：以其有辨也……辨莫大於分，分莫大於禮。(〈非相〉)

人之生不能無群，群而無分則爭，爭則亂，亂則窮矣！故無分者，人之大患也。(〈富國〉)

然後皆內自省以謹於分，是王之所以同也，而禮法之樞要也。(〈王霸〉)

〔註30〕故禮者養也。芻豢稻粱，五味調香，所以養口也；椒蘭芬苾，所以養鼻也；雕琢刻鏤，黼黻文章，所以養目也；鐘鼓管磬，琴瑟竽笙，所以養耳也；疏房檖貌，越席床笫几筵，所以養體也。故禮者養也。(〈禮論〉)

先王惡其亂也，故制禮義以分之，使有貧富貴賤之等，足以相兼臨者，是養天下之本也。(〈王制〉)

〔註31〕禮者，節之準也。(〈致士〉)

夫義者，內節於人而外節於萬物者也。……內外上下節者，義之情也。(〈彊國〉)

〔註32〕參見鄔昆如：《倫理學》，台北：五南，1993年，頁153。

消。因而，所謂的「修身」、「化性起僞」或「禮義」，都不是爲了順天命，亦不是爲了完滿人性，而是爲了社會政治的現實利益。政治社會的各種措施沒有天命和人性作爲形上基礎，便只能流於組織和群體的現實技術，這就是韓非和李斯在荀子門下，卻不能繼承儒家而成爲法家的緣故。〔註33〕

　　中國哲學、社會或文明之發展，從荀子而後，走上了此種「失形上」、「反形上」、而只注重現實性「社會功能」的路途。雖然中國哲學世稱孔、孟、荀爲儒家一脈相承之系統，但孔孟的形上哲學所關心的重點乃在於「人」與「天」之間的實質關係，其所強調的，是人性「下學而上達」的可能，而非如荀子僅著眼於現實利益與社會功能。荀子所有立論的用心多半在現實之內，但其言論，卻經常以形上概念爲基礎，對於「天」之概念層次又多所混淆，〔註34〕其雖有形上之名目，卻沒有形上之關懷；雖有〈天論〉，而沒有形上之實質，尤其隆禮義而殺詩書，使「禮」完全流於社會功能之取向，其將傳統儒家以「天」爲形上第一原理的設定，更換爲以形下的現實世界爲第一考量，此爲傳統儒學精神之失落是可以確定的了。

第二節　《易傳》《中庸》之道德人文精神

　　先秦儒家思想以孔子爲根源，然《論語》之書對於孔子言論之記載，卻多及人生而少及天道思想，欲對儒家形上思想有所了解，首推《易傳》與《中庸》二書，雖二書之作者與年代問題，在中國哲學史上多所爭論，但其於了解孔門之形上思想，仍不失爲重要之典籍與資料。茲分就二書之道德哲學思想論述於下。

一、《易傳》之人道思想

　　《周易》一書分爲「經」與「傳」兩部分，「經」的部分包括六十四卦的卦象，以及「卦辭」和「爻辭」，此部份主要是用來占卜的文字；「傳」的內容則是輔助易學的「十翼」。「十翼」之說由漢儒鄭玄所提出，其內容包括：〈彖上〉、〈彖下〉、〈象上〉、〈象下〉、〈繫辭上〉、〈繫辭下〉、〈文言〉、〈序卦〉、〈說卦〉、〈雜卦〉，它是以卦辭作引子，發揮了一套高度的哲學理論，因爲《易傳》

〔註33〕同上，頁154。
〔註34〕參見本文第三章第一節，論「《荀子》一書『天道』之內涵」部分。

之哲學思想，使《易經》從占卜之書成爲哲學著作，而列爲五經之一，班固《漢書・藝文志》更視《易》爲群經之源，其地位凌駕群經之上。

　　《易傳》相傳爲孔子所作，然宋朝歐陽修之後，學者頗有疑義。因爲各傳之間，無論思想內容或寫作體例都有很大不同，所以學者推斷各傳並非出於一人之手，其成書時代亦非同一時期，尤其〈繫辭〉本身不是系統之作，乃由雜纂而成，其中「陰陽」之思想亦非儒家之傳統，更有學者認之爲漢武以後之作。〔註35〕《易傳》之作者與時代至今仍無可定論，大致說來，《易傳》大約在戰國末年至西漢中葉這段時間之內陸續出現，〔註36〕其中提及「子曰」者，應是孔門弟子所傳，並屬於儒家傳統，其基本精神仍屬於儒家，〔註37〕若略去傳中屬陰陽、雜家之論，當更可了解《周易》哲學之正統，尤其對於〈繫辭〉之爲孔門易學之總結而言。

（一）「易」之意義與來源

1. 八卦與六十四卦：

由〈繫辭〉中之記載：

> 古者包犧氏之王天下也，仰則觀象於天，俯則觀法於地，觀鳥獸之
> 文，與地之宜。近取諸身，遠取諸物。於是始作八卦，以通神明之
> 德，以類萬物之情。作結繩而爲罔罟，以佃以漁，蓋取諸離。（〈繫
> 辭下〉）

> 《易》之興也，其於中古乎？作《易》者，其有憂患乎？（〈繫辭下〉）

> 《易》之興也，其當殷之末世，周之盛德邪？當文王與紂之事邪？
> 是故其辭危。危者使平，易者使傾，其道甚大。百物不廢，懼以終
> 始，其要無咎。此之謂《易》之道也。（〈繫辭下〉）

可得知伏羲作八卦，文王重之爲六十四卦，此說法一般可爲學者接受。《周易》原爲卜筮之書，其卦辭爻辭，徐復觀先生以爲「不是出於某一二人之手；乃由整理許多筮者所遺留下來的占辭而成」。〔註38〕

　　八卦之結構爲「—」與「--」兩個符號，象徵乾坤（天地）兩種性質，以三個重疊之符號組合成八種三劃的卦象，來象徵八種自然景象，並代表不

〔註35〕同註2，頁51～52引李鏡池言。
〔註36〕同上，頁52。
〔註37〕參閱傅佩榮：《儒道天論發微》，台北：學生，1988年，頁172。
〔註38〕參見徐復觀：《中國人性論史》，台北：商務，1987年，頁203。

同之意義，是爲八卦。將八卦再兩兩相疊，即可組合成六十四種不同的六劃
卦形，是爲六十四卦，六劃中的每一劃皆稱之爲「爻」。六十四卦符號之下有
針對每卦所作的說明文字，即所謂「卦辭」；每爻之下亦有針對該爻所作的說
明，稱之爲「爻辭」。根據卦辭與爻辭，則有解釋的文字，是爲《易傳》。

《易傳》中與哲學思想有關的，有〈彖〉、〈象〉、〈繫辭〉、〈文言〉等四
傳，〈彖〉爲判斷一卦之性質者；〈象〉有〈大象〉與〈小象〉之別：〈大象〉
總論一卦，〈小象〉則就爻辭發揮；〈繫辭〉總論易學，對《周易》中之重要
觀念，如乾坤、變化、易等，都有充分的發揮；〈文言〉亦總論易學，但僅解
釋乾坤二卦，在《十翼》中屬說理最爲圓熟者。〔註39〕關於「易」之意義、《周
易》之天道思想、以及「本天道以立人極」之道德理論，本文將以此四傳爲
主要的參考內容。

2.「易」之意義與內容

《周易乾鑿度》云：「易一名而含三義：所謂易也，變易也，不易也。」
即認爲「易」有易簡、變易、不變三層涵義。

（1）變　易

所謂「易」，學者多以「變易」爲其主要的意義，其所指，爲天地間萬物變
化生滅的道理，由〈繫辭〉中所言「生生之謂易」〔註40〕與「剛柔相推」〔註41〕
之變化，可推斷「不易」與「易簡」應由「變易」之義所引申而出之意義。

（2）不　易

在宇宙天地間的各種變化之現象，其背後必有所依循之規律，此規律是
一種不變的常則或原理，是以「易」又有「不易」之義。

（3）易　簡

「易簡」之義當如〈繫辭〉所言之乾坤之理：

> 乾知大始，坤作成物。乾以易知，坤以簡能。易則易知，簡則易從。
> 易知則有親，易從則有功。有親則可久，有功則可大。可久則賢人

〔註39〕同註2，頁53～55。
〔註40〕生生之謂易。成象之謂乾，效法之謂坤，極數知來之謂占，通變之謂事，陰
陽不測之謂神。（〈繫辭上〉）
〔註41〕聖人設卦觀象，繫辭焉而明吉凶，剛柔相推而生變化。（〈繫辭上〉）
八卦成列，象在其中矣；因而重之，爻在其中矣。剛柔相推，變在其中矣；
繫辭焉而命之，動在其中矣。（〈繫辭下〉）

之德，可大則賢人之業。易簡而天下之理得矣。天下之理得而成位
乎其中矣。(〈繫辭上〉)

由此義所揭示之乾坤易簡之理，回歸到生生變易之理，可知欲了解《易》，須
先了解乾坤變化的原理：

子曰：「乾坤，其《易》之門邪？」(〈繫辭下〉)

乾坤，其《易》之縕邪？乾坤成列，而《易》立乎其中矣。乾坤毀，
則無以見《易》。《易》不可見，則乾坤或幾乎息矣。(〈繫辭上〉)

《易》與天地準，故能彌綸天地之道。(〈繫辭上〉)

子曰：「《易》其至矣乎！夫《易》，聖人所以崇德而廣業也。知崇禮
卑，崇效天，卑法地。天地設位而《易》行乎其中矣！成性存存，
道義之門。」(〈繫辭上〉)

由天地之道的了解，其目的在於「崇德而廣業」、「效天法地」，實際上即是經
由形上之道的了解來實現人道，即所謂「本天道以立人極」之義。所以《易
傳》所闡述的哲學思想，非僅天地之道而已，而是所謂「天、人、地」之「三
極之道」。

（二）三極之道

八卦之卦相，乃以二符（━、╍）配三位，所謂三位，即三劃中，上劃
為天之位，下劃為地之位，中劃則為人之位。若以六劃而言，由下往上依序
名為：初、二、三、四、五、上。初、二象徵地位，三、四象徵人位，五、
上象徵天位。合「天道、地道、人道」為「三才之道」，若以六爻之變化而言，
又稱「三極之道」：

《易》之為書也，廣大悉備。有天道焉，有人道焉，有地道焉。兼
三才而兩之，故六。六者，非它也，三才之道也。(〈繫辭下〉)

昔者聖人之作《易》也，將以順性命之理。是以立天之道，曰陰與
陽；立地之道，曰柔與剛；立人之道，曰仁與義。兼三才而兩之，
故《易》六畫而成卦；分陰分陽，迭用柔剛，故《易》六位而成章。
(〈說卦〉)

六爻之動，三極之道也。是故君子所居而安者，《易》之序也。所樂
而玩者，爻之辭也。是故君子居則觀其象而玩其辭，動則觀其變而
玩其占。是以自天祐之，吉無不利。(〈繫辭上〉)

六爻所居位次，第二爻當下卦中位，第五爻當上卦中位，兩者象徵事物持守中道、行爲不偏，《易》例稱爲「中」。〔註42〕六爻當位〔註43〕者未必皆吉，二、五之「中」則吉者獨多，〔註44〕可見《周易》所特重者有二：一方面爲持守中道的中庸思想，另一方則是中位所代表的人道內涵。此與先秦儒家傳統之中庸思想、以及特重人道精神之理念，是相互一致的。

1. 天　道

「天道」在先秦儒家思想中，爲善之生生原理，《易傳》則繼承此一傳統，認爲天道之特性，有所謂「元、亨、利、貞」四德：

> 乾：元、亨、利、貞。(〈乾·卦辭〉)

認爲「天」體現著元始、亨通、和諧有利、貞正堅固這四種德性；之所以如此，在於「天」的本質是沛然剛健的陽氣，這種陽氣運行不已、變化無窮，並循環往復、主宰著整個大自然，〔註45〕所以《易傳》又說：

> 〈彖〉曰：大哉乾元！萬物資始，乃統天。(〈乾·彖傳〉)

> 〈象〉曰：天行健，君子以自強不息。(〈大象〉)

> 大哉乾乎！剛健中正純粹精也。(〈乾·文言〉)

君子應當效法天道之剛健正直、自強不息，以及元亨利貞的德性，〔註46〕若人遵循天道而行，則能「自天祐之，吉無不利」(〈大有；繫辭上、下〉)

2. 地　道

「地道」之德，主要承天道而來，其本質乃柔弱和順、負載萬物、廣大涵融、化育萬物：

> 〈彖〉曰：至哉坤元，萬物資生，乃順承天。坤厚載物，德合無疆。含弘光大，品物咸亨。(〈坤·彖傳〉)

〔註42〕參見黃壽祺張善文：《周易譯註》，上海：上海古籍，1989 年，頁 43。

〔註43〕六爻位次，有奇、耦之分：初、三、五爲奇，屬陽位；二、四、上爲耦，屬陰位。六十四卦三百八十四爻，凡陽爻居陽位，陰爻居陰位，均稱「當位」(亦稱「得正」、「得位」)；凡陽爻居陰位，陰爻居陽位，均稱「不當位」(亦稱「失正」、「失位」)。「當位」之爻，象徵事物的發展遵循「正道」、符合規律；「不當位」之爻，象徵背逆「正道」、違反規律。同上，頁 42～43。

〔註44〕同上，頁 43。

〔註45〕同上，卷一，上經，乾卦第一，頁 1。

〔註46〕〈文言〉曰：元者，善之長也；亨者，嘉之會也；利者，義之和也；貞者，事之幹也。君子體仁足以長人，嘉會足以合禮，利物足以和義，貞固足以幹事。君子行此四德者，故曰：「乾，元、亨、利、貞。」(〈乾·文言〉)

〈文言〉曰：坤至柔而動也剛，至靜而德方，後得主而有常，含萬
物而化光。坤道其順乎！承天而時行。（〈坤・文言〉）

君子亦應取法地道之德，所以〈象〉曰：「地勢坤。君子以厚德載物」。

3. 人　道

由「天道」與「地道」之描述，可看出「天地」在《易傳》中之地位乃
相輔相成，並同爲易之根本原理。「天地」二字並稱的意義，除了有相互對舉、
相互平等之義，亦含有「以天涵地」之意義，所以「地道」之德乃順承「天
道」而來，其之所以能厚德載物是由於「承天而時行」。而對於天道與地道之
論述，其目的仍無非是要以人道來效法天地之道。「人道」居三劃之中位，象
徵人立足於「天」「地」之間，一如人介於「形上」與「形下」之間，此意義
即在於希望人能以形上的理想控馭形下之現實，並透過人間道德之實踐來效
法天道的生生之德，完成人性，並達到形上人格之實現。所以《易傳》說：

是以立天之道，曰陰與陽；立地之道，曰柔與剛；立人之道，曰仁
與義。（〈說卦〉）

〈文言〉曰：元者，善之長也；亨者，嘉之會也；利者，義之和也；
貞者，事之幹也。君子體仁足以長人，嘉會足以合禮，利物足以和
義，貞固足以幹事。君子行此四德者，故曰：「乾，元、亨、利、貞。」
（〈乾・文言〉）

《周易》以天地之道開物成務，最終目的，即在於人道之發揚，所以說卦傳
以「立人之道曰仁與義」，此中即說明了人道應以天道之德爲取法的標準，君
子能行元亨利貞四德、能取法天之自強不息、地之厚德載物，就是與天地合
德之形上人格了。所以〈文言〉又說：

夫大人者，與天地合其德，與日月合其明，與四時合其序，與鬼神
合其吉凶。先天而天弗違，後天而奉天時。天且弗違，而況於人乎？
況於鬼神乎？（〈乾九五・文言〉）

在《易》之哲學中，人與自然並非對立或孤立的，人不但隸屬於自然，爲自然
之一部份，且人與天之關係是密切相聯繫的。人之善是繼天之善而來，〔註47〕
人性的實現實即是天道的開顯，所以《易傳》也從另一個角度啓發了我們：人
生在世應該有所理想和抱負，在展望理想時，應該落實在現實條件不完美的基

〔註47〕一陰一陽之謂道，繼之者善也，成之者性也。（〈繫辭上〉）

礎上，掌握一切可資利用的條件，以無比戒慎恐懼之忱，克服現實，一步步朝理想邁進。〔註48〕

二、《中庸》的道德哲學

《中庸》一書，相傳爲子思所作，〔註49〕程頤認此篇爲孔門傳授心法之書。其中不但將孔子所罕言之天道思想做了高度的發揮，而且對於人天之相契的道德實踐，亦有完整之工夫次第，其對天命人性的聯繫，更可說是先秦儒家形上學的成功發展。朱子之集註稱《中庸》「其書始言一理，中散爲萬事，末復合爲一理，放之則彌六合，卷之則退藏於密，其味無窮，皆實學也。善讀者玩索而有得焉，則終身用之，有不能盡者矣。」道出了《中庸》之既切近平常生活而又高明至極的思想特色。

關於《中庸》的天道思想與人性主張，本文於前第三章論孟子學說時已初步論及，以下將針對《中庸》人性論的結構與道德實踐作進一步論述，並條理出《中庸》思想對《詩》《書》、孔子的承繼，以及對孟子思想之啓發。

（一）人性論的形上結構

《中庸》道德哲學之形上綱領，即是首章「天命之謂性，率性之謂道，修道之謂教」之三句。天命之謂性，首先說明了人性的根源來自天，天爲宇宙生生之主宰，人與天之間有一密切的關聯；率性之謂道，則說明人須循性而行，方能成就人之所以爲人之「道」，人本性中之「德」，須經由道德實踐來彰顯；修道之謂教，意味著個人依循本性的內在要求，由內而外漸次擴充，並且能推行教化於人間世界，使自己、他人，以及天地萬物，莫不在「道」之中。此三句話，點出了人與天之關係，以及人經由實踐去滿全天命之性之必然性，道德、人性與天道之間的密切關聯，是透過「天→性→道→教」的存在歷程，以及「教→道→性→天」的道德實踐去加以確認的，此一上下雙迴向的動態歷程，實即道德實踐之形上結構。

從「天命之謂性」來看，除了「天降命於人」之外，人性亦上通天命，

〔註48〕 參閱曾春海：《易經哲學的宇宙與人生》，〈易經的天人觀〉，台北：文津，1997年，頁213。

〔註49〕 中庸爲子思所作，司馬遷鄭康成皆言之，惟其緝緝完篇，或可下及秦漢之際。舉其大較而言，要可代表子思以迄孟子一派，由戰國至秦漢間之思潮趨勢。參見吳康：《孔孟荀哲學》上冊，台北：商務，1987年，頁115。

人道與天道的合一，關鍵在於人之「天命之性」，以及人道之「誠」與天道之
「誠」的相互印証，所以我們可以說，「誠」即是天道之內容，亦即是天所降
命於人的人性之內容。對於人性之完成，除了對於「誠」觀念之把握，亦須
對人性之整體內容有所概括的了解。在《中庸》中，對於「性」字之提及，
依序有下列章句：

1、「天命之謂性，率性之謂道。」（第一章）

2、「自誠明，謂之性。自明誠，謂之教。誠則明矣；明則誠矣。」（第廿
　　一章）

3、「唯天下至誠，爲能盡其性；能盡其性，則能盡人之性；能盡人之性，
　　則能盡物之性；能盡物之性，則可以贊天地之化育；可以贊天地之化
　　育，則可以與天地參矣。」（第廿三章）

4、「誠者，非自成己而已也，所以成物也。成己，仁也；成物，知也；
　　性之德也，合外內之道他，故時措之宜也。」（第廿五章）

　　由以上所引章句，除可直接看出「性」與「誠」之密切關係之外，還可
看出「誠」與「明」及「誠」與「仁」、「知」之間亦是密不可分的，也就是
說，「誠」、「明」、「仁」、「知」都是「性」之內涵。除此之外，在《中庸》首
章，則明確提出「中」之概念作爲「性」之內容，茲就所舉分述於後：

1. 中

　　《中庸》繼承了《詩書》之「允執厥中」的「中」的概念，此「中」爲
人之本心，爲天命於人性之「德」，也就是所謂「天下之大本」：

　　　喜怒哀樂之未發，謂之中。發而皆中節，謂之和。中也者，天下之
　　　大本也。和也者，天下之達道也。致中和，天地位焉。萬物育焉。（第
　　　一章）

　　　唯天下至誠，爲能經綸天下之大經，立天下之大本，知天地之化育，
　　　夫焉有所倚？肫肫其仁，淵淵其淵，浩浩其天。（第卅二章）

關於「大本」，朱子註曰：「大本者，天命之性、天下之理，皆由此出，道之
體也。」意謂著「中」是在喜怒哀樂等情緒尚未發動前的心性之本然狀態，
它是超越於喜怒哀樂之上的，可謂之爲人性的靜態意涵，亦爲本體意義的人
性。此種「未發」之「中」所指，乃在於所有行爲、甚或所有情緒之前，不
落經驗，亦無所善惡之判斷，而只是人在「形上心情」中的一種狀態，它是
道德之基礎、形上之本然。

2. 仁

　　從《論語‧堯曰篇》〔註50〕所引用《尚書‧大禹謨》〔註51〕之內容，可看出孔子之「仁」乃對《尚書》「中」之進一步發揮；而《中庸》所謂的「中」亦以「仁」爲其內容，此則是對孔子對「仁」之主張的繼承：

　　　　唯天下至誠，爲能經綸天下之大經，立天下之大本，知天地之化育，

　　　　夫焉有所倚？肫肫其仁，淵淵其淵，浩浩其天。（第卅二章）

此處「天下之大本」之「中」，須以「至誠」而確立，而《中庸》又以「生物」言天道之誠；〔註52〕以盡己、盡人、盡物之性、贊天地之化育，〔註53〕及以「成己」「成物」〔註54〕、「發育萬物」〔註55〕等言聖人之誠；以「萬物並育而不相害，道並行而不相悖」〔註56〕來讚嘆孔子。此皆說明了「誠」是以「仁」爲內容的，〔註57〕誠即是仁，所以至誠的狀態便是肫肫其仁。〔註58〕換言之，

〔註50〕堯曰：「咨！爾舜！天之曆數在爾躬。允執其中。四海困窮，天祿永終。」舜亦以命禹。曰：「予小子履，敢用玄牡，敢昭告于皇皇后帝：有罪不敢赦。帝臣不蔽，簡在帝心。朕躬有罪，無以萬方；萬方有罪，罪在朕躬。」周有大賚，善人是富。「雖有周親，不如仁人。百姓有過，在予一人。」謹權量，審法度，修廢官，四方之政行焉。興滅國，繼絕世，舉逸民，天下之民歸心焉。所重：民、食、喪、祭。寬則得眾，信則民任焉，敏則有功，公則說。（《論語‧堯曰》）

〔註51〕帝曰：「來！禹！降水儆予，成允成功，惟汝賢。克勤于邦，克儉于家，不自滿假，惟汝賢。汝惟不矜，天下莫與汝爭能；汝惟不伐，天下莫與汝爭功。予懋乃德，嘉乃丕績，天之曆數在汝躬，汝終陟元后。人心惟危，道心惟微，惟精惟一，允執厥中。無稽之言勿聽，弗詢之謀勿庸。可愛非君，可畏非民，眾非元后何戴，后非眾罔與守邦。欽哉！慎乃有位，敬修其可願，四海困窮，天祿永終。惟口出好興戎，朕言不再。」禹曰：「枚卜功臣，惟吉之從。」帝曰：「禹！官占，惟先蔽志，昆命于元龜。朕志先定，詢謀僉同，鬼神其依，龜筮協從，卜不習吉。」禹拜稽首固辭。帝曰：「毋，惟汝諧。」（《尚書‧大禹謨》）

〔註52〕天地之道，可一言而盡也：「其爲物不貳，則其生物不測。」（《中庸‧廿六章》）

〔註53〕唯天下至誠，爲能盡其性；能盡其性，則能盡人之性；能盡人之性，則能盡物之性；能盡物之性，則可以贊天地之化育；可以贊天地之化育，則可以與天地參矣。（《中庸‧廿二章》）

〔註54〕誠者，自成也。而道，自道也。誠者，物之終始：不誠無物。是故君子誠之爲貴。誠者，非自成己而已也，所以成物也。成己，仁也；成物，知也；性之德也，合外內之道也，故時措之宜也。（《中庸‧廿五章》）

〔註55〕大哉聖人之道，洋洋乎發育萬物，峻極于天。（《中庸‧廿七章》）

〔註56〕仲尼祖述堯舜，憲章文武，上律天時，下襲水土。辟如天地之無不持載，無不覆幬。辟如四時之錯行，如日月之代明。萬物並育而不相害，道並行而不相悖，小德川流，大德敦化，此天地之所以爲大也。（《中庸‧卅章》）

〔註57〕同註38，頁149～150。

「誠」包含了「仁」所涵蓋的諸德，「中」因而亦以「仁」爲內容。

　　孔子的「仁」，具體來說，包括了「忠」「恕」兩個層面，《中庸》則於此強化了「成己」與「成物」之區別：性之德（「中」），總括來說，只是一個「誠」字，若分析來說，則以「仁」與「知」而並舉：

　　　　誠者，非自成己而已也，所以成物也。成己，仁也；成物，知也；
　　　　性之德也，合外內之道也，故時措之宜也。（第廿五章）

朱子註「仁」與「知」說：「仁者，體之存；知者用之發，是皆吾性之固有，而無內外之殊。」人性顯然包括了「仁」與「知」兩種德能，「仁」是成己成德之力量，「知」是成物之動能，是從仁心往外通而說的，故仁知並舉，實亦意味「仁」必涵攝著「知」，「知」必本之於「仁」。此二者，皆是人性之內涵，爲人性之本具。

3. 誠

　　由上所論，可知「誠」和「性」的內在關聯是密不可分的，《中庸》云：

　　　　唯天下至誠，爲能盡其性；能盡其性，則能盡人之性；能盡人之性，
　　　　則能盡物之性；能盡物之性，則可以贊天地之化育；可以贊天地之
　　　　化育，則可以與天地參矣。（第廿三章）

「至誠」即是「盡性」，至誠盡性即是性與天道的合一，所以，「誠」可以說是人得自於天的一種內在動力，不但能「至誠無息」，並且能盡己性、盡人性、盡物性而終至贊天地之化育。由成己之仁心向外擴充，能達致成物之知；由人性「自成」的「誠」向外發，必有其明善之能力，所以《中庸》又說：

　　　　自誠明，謂之性。自明誠，謂之教。誠則明矣；明則誠矣。（第廿一
　　　　章）

「誠」即是自明的內在德性，有內在之「誠」，必能外發而爲知善之「明」，若能培養自身明善之能力，亦能內証自性之「誠」，故誠與明本是一體的。「誠則明矣」，是知必歸於仁；誠明的不可分，實係仁與知的不可分；仁知不可分，因爲仁知皆是性的眞實內容，皆歸諸性之本體。〔註59〕

　　以「中」、「仁—知」、「誠—明」爲人性眞實內容的思想，實即是以人性的本然狀態爲天命竣德，此天命竣德若以道德判斷之形式來說，就是所謂本體意義的「善」。此即《中庸》之「率性」爲孟子性善說的導端，而「盡性」

則成為孟子「盡心知性以知天」的學說之依據。《中庸》的人性思想，為人成聖成德、法天配天提供一個充分的理論的根據，也給予人類道德實踐的前途提供了最佳的保証與信心。

（二）道德實踐與工夫理論

《中庸》道德實踐的工夫理論，總言之，即是「修道之謂教」以及「自誠明，謂之教」的「教」字。朱子訓之為：「聖人因人物之所當行者，而品節之以為法於天下，則謂之教。」此「教」即是「誠之者」及「人之道」的展開，而其主要的關鍵，則是「誠明」之理。《中庸》對於道德之實踐，仍不離形上學之意義，其「本體論」與「道德學」仍分而未分，是以學者有「即工夫即境界」或「即本體即道德」之說法。而綜其全書旨要，可歸納出與道德實踐相關的幾個根本概念：

1.「中和之道」

所謂「中和之道」包含了「中」與「和」兩個概念，《中庸》首章對於「中和」之意義所作的說明如下：

> 喜怒哀樂之未發，謂之中。發而皆中節，謂之和。中也者，天下之大本也。和也者，天下之達道也。致中和，天地位焉，萬物育焉。（第一章）

「中」之意義，已如前段所述，為人之本心，或不落經驗前的「本然狀態」；而所謂「和」，是根據此「中」與外物接觸而不失其節度，也就是人在面對經驗世界時，言行合乎於情境的理想狀態，所以「和」就是人的經驗與行動之共同準則，但它不是一個固定的行為標準或模式，而只是人在面對經驗世界時，言行都能表現得合宜而恰到好處，若以更淺近的觀念來說，就是所謂的「中道」或「中庸之道」。

「中庸」二字之來源始於孔子，「中庸之為德也，其至矣乎！民鮮久矣」《論語・雍也》。一般對於「中庸」二字之解釋〔註60〕如：「不偏之謂中，不

〔註60〕「中庸」二字之意義：

何晏集解云：「庸，常也，中和可常行之德。」（十三經注疏，魏何晏集解・宋邢昺疏）

程子曰：「不偏之謂中，不易之謂庸：中者天下之正道，庸者天下之定理。」（《程氏遺書》）

伊川釋之云：「中者只是不偏，偏則不是中，庸只是常；猶言中者是大中也，庸者是定理也，定理者天下不易之理也。」（《程氏遺書》）

易之謂庸」；「中者天下之正道，庸者天下之定理」；「中者，無過不及之名也，庸，平常也」，加上典籍中之資料，可歸納出其意義：

（1）無過不及

《中庸》第四章記載了一段孔子對「道之不行」的慨嘆，正好說明孔子所認爲的「道」是無過與不及的：

> 子曰：「道之不行也，我知之矣：知者過之，愚者不及也。道之不明也，我知之矣：賢者過之，不肖者不及也。人莫不飲食也，鮮能知味也。」（《中庸・第四章》）

此處又以「飲食知味」與「行爲中道」相類比，隱約透露孔子以「道」爲人之「本質」就如同「味」爲「飲食」之根本一樣，人之不能合乎中道而行，其根本原因在於不了解人之本然。所以此「中道」或即是《尚書》中所言「德」之意義：

> 皋陶曰：「都！亦行有九德：亦言其人有德，乃言曰：載采采。」禹曰：「何？」皋陶曰：「寬而栗，柔而立，愿而恭，亂而敬，擾而毅，直而溫，簡而廉，剛而塞，強而義；彰厥有常，吉哉。……」（《尚書・皋陶謨》）

「德」原指人之本質，其行爲意義即今所謂之「道德」，它絕不是死滯或僵化的行爲規範，也不是強制的教條，而是依照人之本然之「中」（即「德」），活活潑潑流露出來的生機，它是彈性而有節制、自然質樸而不野蠻、知所極限而不偏頗的。所以它又有「執兩用中」之意義：

（2）執兩用中

> 子曰：「舜其大知也與！舜好問而好察邇言，隱惡而揚善，執其兩端，用其中於民，其斯以爲舜乎！」（第六章）

要能把握中道，事實上就須要先對行爲作徹底的了解（好問而好察邇言），能了解行爲，就是找出行爲的極限（兩端），而在兩極限之中間找出最恰當的表現方式（用中）。

　　亞里斯多德在《尼各馬科倫理學》中對於德性之論述即有相似的論點，他認爲「過度和不及都屬於惡，中庸才是德性」；「德性就是中庸，就是對中間的命中」。〔註61〕「倫理德性就是中間性，以及怎樣是中間性，中間性在兩

朱子：「中者，無過不及之名也，庸，平常也。」（《四書集注》）

〔註61〕參見苗力田主編《亞里士多德全集》第八卷《尼各馬科倫理學》（卷二，1106b），

種過錯之間，一方面是過度，一方面是不及。」〔註62〕魯莽與怯懦之間是勇敢；放縱與遲鈍之間是節制；揮霍與吝嗇之間是慷慨；好名與逃名之間是淡薄，〔註63〕……等等。

所以，所謂的道德，基本上應該是一種不走極端的折衷主義，此種折衷既不刻板也非鄉愿，〔註64〕而是確確實實體察行爲的性質與實踐的境遇，所以孟子亦認爲德性是需要因時因地作不同因應的，它不是刻板的標準，而是通權達變的：

> 孟子曰：「……子莫『執中』，執中爲近之。執中無權，猶執一也。
>
> 所惡執一者，爲其賊道也，舉一而廢百也。」（《孟子・盡心上》）

通權達變的意義，則在於所謂「時」之問題，所以中庸之道的另一個特質，就叫做「時中」。

（3）時　中

君子對於中庸之道的把握能因時制宜，此種因時制宜並非毫無標準或節制，若不能了解「時」之意義，行爲又不按照應有的準則，那就是肆無忌憚而違反中庸之道了：

> 仲尼曰：「君子中庸，小人反中庸，君子之中庸也，君子而時中；小
>
> 人之反中庸也，小人而無忌憚也。」（第二章）

所謂「中庸之道」、「中和之道」、甚或「中道」，事實上都是以「中」之本體、本然的狀態而開展出來的行爲，它們所體現的，就是本體意義的人性，或者說，所有依據人性之本然所開展的行爲，都必合於道德之要求，甚至，也只

〔註62〕 北京：人民大學，1997年，頁36。

〔註62〕 同上，（卷二，1109a），頁41。

〔註63〕 同上，（卷二，1107b），頁37～38。

〔註64〕 子曰：「鄉原，德之賊也！」（《論語・陽貨》）

孔子曰：「過我門而不入我室，我不憾焉者，其惟鄉原乎！鄉原，德之賊也。」曰：「何如斯可謂之鄉原矣？」曰：「何以是嘐嘐也？言不顧行，行不顧言，則曰：古之人古之人。行何爲踽踽涼涼？生斯世也，爲斯世也，善斯可矣。」閹然媚於世也者，是鄉原也。」萬子曰：「一鄉皆稱原人焉，無所往而不爲原人；孔子以爲德之賊，何哉？」曰：「非之無舉也，刺之無刺也；同乎流俗，合乎汙世；居之似忠信，行之似廉絜；眾皆悅之；自以爲是，而不可與入堯舜之道，故曰『德之賊也』。孔子曰：『惡似而非者：惡莠，恐其亂苗也；惡佞，恐其亂義也；惡利口，恐其亂信也；惡鄭聲，恐其亂樂也；惡紫，恐其亂朱也；惡鄉原，恐其亂德也。』君子反經而已矣。經正，則庶民興；庶民興，斯無邪慝矣。（《孟子・盡心下》）

有依據人性之本然，才是道德之所要求。

2.「至誠之道」

在《中庸》中，「中和之道」是偏重於「合乎人性」的觀點而說的，若以道德實踐之觀點來說，則可稱之爲「至誠之道」。

（1）擇善固執

「誠」在《中庸》中除了作爲「天道」與「人性」的共同內涵之外，也作爲人之上達於天的工夫歷程：

> 誠者，天之道也。誠之者，人之道也。誠者，不勉而中，不思而得，
> 從容中道，聖人也。誠之者，擇善而固執之者也。（第廿章）

「擇善固執」是「誠之」的具體方法。一般的人不能像聖人之從容中道，故須從德行的累積開始，所以須「得一善，則拳拳服膺，而弗失之」：

> 子曰：「回之爲人也，擇乎中庸，得一善，則拳拳服膺而弗失之矣。」
> （第八章）

所謂「善」即是「中庸」，「誠」的工夫須先明乎善，而後擇善、並依止於善。而擇善固執之要領如下：

> 博學之，審問之，慎思之，明辨之，篤行之。有弗學，學之弗能弗措
> 也；有弗問，問之弗知弗措也；有弗思，思之弗得弗措也；有弗辨，
> 辨之弗明弗措也；有弗行，行之弗篤弗措也。人一能之，己百之；人
> 十能之，己千之。果能此道矣，雖愚必明，雖柔必強。（第廿章）

所謂「博學」、「審問」、「慎思」、「明辨」，是明善之事。「篤行」即是「弗措」，爲擇善而固執之。如果能做到篤行：「人一能之，己百之；人十能之，己千之」則能夠漸進於德。

（2）慎　獨

「至誠之道」的工夫歷程除了「擇善固執」之外，另一具體的方法就是「慎獨」：

> 道也者，不可須臾離也；可離非道也。是故君子戒慎乎其所不睹，
> 恐懼乎其所不聞。莫見乎隱，莫顯乎微，故君子慎其獨也。（第一
> 章）

所謂的「慎獨」，即是保任守護自己的天命之性，此天命之性是不睹不聞、莫見乎隱、莫顯乎微的，君子總是戒慎恐懼，使自己能夠時時合於「道」，時時

不離道。所以「愼獨」之義即同於《大學》所言之「誠意」，〔註65〕亦同於孟子「反身而誠」，〔註66〕是「率性之謂道」的「率性」工夫。

（3）明善誠身

「愼獨」、「明善」、「擇善固執」之事，事實上即同於「率性」、「反身而誠」之事，綜此道德修養與實踐的內容，又可總稱之爲「明善誠身之教」：

> 在下位，不獲乎上，民不可得而治矣。獲乎上有道，不信乎朋友，不獲乎上矣。信乎朋友有道，不順乎親，不信乎朋友矣。順乎親有道，反諸身不誠，不順乎親矣。誠身有道，不明乎善，不誠乎身矣。（第廿章）

「明善誠身」是《中庸》修道之教的重點所在，「順親」、「信友」、「獲上」、「治民」等事，都依「明善誠身」而擴充，此次第便如同《大學》格物、致知、誠意、正心、修身、齊家、治國、平天下的德化歷程。故人的進德，首要在能明善誠身，此「明善」與「誠身」即是「教」之目的。關於「明善」與「誠身」之關係，《中庸》有：

> 自誠明，謂之性。自明誠，謂之教。誠則明矣；明則誠矣。（第廿一章）

無論是從性而向外擴充的「自誠明」，或是由修道之教而向內發明本心的「自明誠」，其最後所達到的理想是相同的，所以「至誠之道」與「誠明之理」最後所歸仍是天人關係的滿全，即以「人道之誠」配「天道之誠」，此亦即是人性的完成。

3.「致曲之道」

「至誠之道」主要是由向內向上的工夫路向看，若就向外推展、德化天下的次第（如上述「順親」、「信友」、「獲上」、「治民」等事）來看，則又稱之爲「致曲之道」：

> 其次致曲，曲能有誠，誠則形，形則著，著則明，明則動，動則變，

〔註65〕所謂誠其意者，毋自欺也，如惡惡臭，如好好色，此之謂自謙，故君子必愼其獨也！小人閒居爲不善，無所不至，見君子而后厭然，揜其不善，而著其善。人之視己，如見其肺肝然，則何益矣！此謂誠於中，形於外，故君子必愼其獨也。曾子曰：「十目所視，十手所指，其嚴乎！」富潤屋，德潤身，心廣體胖，故君子必誠其意。（《大學‧第六章》）

〔註66〕孟子曰：「萬物皆備於我矣，反身而誠，樂莫大焉。強恕而行，求仁莫近焉。」（《孟子‧盡心上》）

變則化，唯天下至誠爲能化。（第廿三章）

「致曲」之「曲」，有解爲「一偏」者，有解爲「隱蔽之端」〔註67〕者，所指應爲個人內心之隱微，以《中庸》章句來推斷，則爲「愼獨」之「獨」，或即人性之「誠」。將此對內心之誠的「盡性」工夫向外推致，就是「至誠→盡己之性→盡人之性→盡物之性→贊天地之化育→與天地參」之「合外內之道」、「成己成物之道」、「聖人之道」、以及「至誠之道」。所以《中庸》有言：

> 唯天下至誠，爲能盡其性；能盡其性，則能盡人之性；能盡人之性，則能盡物之性：能盡物之性，則可以贊天地之化育；可以贊天地之化育，則可以與天地參矣。（第二十二章）

> 誠者，自成也。而道，自道也。誠者，物之終始；不誠無物。是故君子誠之爲貴。誠者，非自成己而已也，所以成物也。成己，仁也；成物，知也；性之德也，合外內之道也，故時措之宜也。（第二十五章）

> 大哉聖人之道，洋洋乎發育萬物，峻極于天。優優大哉！禮儀三百，威儀三千，待其人而後行。故曰：苟不至德，至道不凝焉。（第二十七章）

> 唯天下至誠，爲能經綸天下之經，立天下之大本，知天地之化育，夫焉有所倚？肫肫其仁，淵淵其淵，浩浩其天。苟不固聰明聖知達天德者，其孰能知之？（第三十二章）

《中庸》「誠」之哲學，在本質上就是孔子「仁」的哲學之進一步發揮，「仁」即「忠恕之道」，亦如《大學》所言之「絜矩之道」。〔註68〕「誠」即是眞實面對自己、忠於自己，而後向外推致，以及於「人」、「物」和「天地」，而此過程，就是人實現了「天命之性」的本體，由此更將此中和向外推展，幫助週遭之人與物也達成「盡性」之目標，並使生生不已的「誠」之動力不停止於小我之個體，此即效法「天」之「於穆不已」、「行健不息」，亦即參贊天地之化育。所以說，眞正實現人性的「形上人格」，即是不囿限於個體小我，而是成己成物、通達於萬物宇宙，所以孔子必欲「己立立人、己達達人」；孟子

〔註67〕同註37，頁203。

〔註68〕所謂平天下在治其國者：上老老而民興孝，上長長而民興弟，上恤孤而民不倍，是以君子有絜矩之道也。所惡於上，毋以使下；所惡於下，毋以事上；所惡於前，毋以先後；所惡於後，毋以從前；所惡於右，毋以交於左；所惡於左，毋以交於右。此之謂絜矩之道。（《大學·第十章》）

必欲以「不忍人之心，行不忍人之政」；曾子身修之後，必欲「齊家、治國、平天下」，此即先秦儒家之「德治」與「仁政」之傳統，其根本精神，皆在完成人性、以人配天之形上要求。綜而言之，此形上系統是以道德實踐爲優先關懷，以人的自覺要求爲價值，以敬天愛民、踐仁成聖爲終極理想，以天道生生之德爲所有道德實踐之保障與依據。

《中庸》言盡己性、盡人性，以至盡萬物之性，而化育萬物之教，是由近而遠，由內而外的。其形上學以「誠」爲人與天之間相互溝通的契機，乃是由於「天道之誠」即爲人對天之「屬人方式」的了解。〔註69〕此以「誠」爲人天之間的溝通橋樑，不但適當地安排了人在宇宙中的位置，詮釋天人合德之關係，並且對於儒學「下學而上達」的方法，鋪就了實際而隱固的階梯，不致因理想的高舉而流於空疏，也不因方法的踏實而流於淺近。《中庸》道德哲學的形上建構，可說是先秦儒學一必然而成功的發展，其影響更及於宋明理學，〔註70〕在中國儒學史上，實居於承先啓後之地位。

第三節　就儒家之終極關懷看惡之存在意義

一、儒家倫理的終極關懷

從整個先秦時期的儒家思想來看，無論是天道論、人性論，或道德實踐之理論，其間的關係都是環環相扣、不可分離的，由此也形成中國哲學中，「形上學」與「倫理學」之間的緊密關聯，此原因即在於，中國人所關心的是人的整體性存在的境遇，所以中國哲學所表現出的終極關懷，即在於「天人合

〔註69〕 本文於第二章中已論及，天自體非人所能盡知，人對天之概念或内容的掌握，只能透過人之方式去理解，所以「天」之字以「人」而象，人所眞正理解的天，只是「屬人之天」，而不是天之自體。

〔註70〕 《中庸》「天人合德」之道德哲學對宋明理學之影響，諸如周濂溪合《易傳》、《中庸》釋天道之誠，並以誠言心性；張橫渠以太虛神體合天人之道；程明道以天理之純亦不已說人之仁心仁性。由《中庸》「自誠明」與「自明誠」更開展出宋明儒學中「尊德性」與「道問學」兩種不同進路的方法論，前者如陸象山、王陽明；後者則以程朱爲代表。此外，在宋明儒學中，更有將「誠」字落實於下學方法而與「致知」連貫，合《中庸》與《大學》之「誠」爲一；並有以「敬」致「誠」來談實際修養工夫的理論。由《中庸》對宋明理學之影響，合《中庸》在先秦儒學中之發展，當可一窺《中庸》在中國儒學史上之學術地位。

一」的和諧精神，以及「內聖外王」之同情體物的廣大胸懷。

（一）天人合一

儒家倫理以人本爲中心而發展，是一套非常完整、並涵蓋「人」和「自然」、以及「人」與「社會」溝通的「道德哲學」。就人與自然之關係而言，儒家倫理主張以人道配天道，由於人性來自天道，「天」爲人之價值與根源所在，人能滿全人性，就是與天合「德」，人不但有滿全人性的要求，也有向天道回歸的渴望。這種向天道回歸的內在要求，對人而言不但是內在的自然，也是存在性的必然，而這種圓滿回歸的結果，就是「天人合一」之理想的完成。

就人與社會之關係而言，從天道對人性的貫注，以及由人性所向外開展的倫理與道德規範，可顯示無論是個人道德或社會倫理，其根源仍來自於人性向天道的回溯，人之欲達「天人合一」必先經由道德與倫理之實踐，所以，在儒家倫理而言，道德實踐與倫理又是通向形上世界的必要過程或基礎。

對於「天人合一」或「天人合德」，先秦儒家的主要觀點如孔子的「下學而上達」〔註71〕、孟子的「盡心知性以知天」〔註72〕、《中庸》之「至誠配天」，〔註73〕以及《易傳》的「人極之道」，〔註74〕皆以人性之「德」受之於天，德

〔註71〕在孔子思想中，與「天人合一」相關的章句大約如下：
　　子曰：「大哉！堯之爲君也！巍巍乎！唯天爲大，唯堯則之！」（《論語‧泰伯》）
　　子曰：「天生德於予，桓魋其如予何？」（《論語‧述而》）
　　子曰：「吾十有五而志于學，三十而立，四十而不惑，五十而知天命，六十而耳順，七十而從心所欲、不踰矩。」（《論語‧爲政》）
　　子曰：「予欲無言。」子貢曰：「子如不言，則小子何述焉？」子曰：「天何言哉？四時行焉，百物生焉，天何言哉？」（《論語‧陽貨》）
　　子曰：「不怨天，不尤人：下學而上達。知我者其天乎！」（《論語‧憲問》）
〔註72〕在孟子思想中，與此相關的章句有：
　　孟子曰：「盡其心者，知其性也。知其性，則知天矣。存其心，養其性，所以事天也。殀壽不貳，修身以俟之，所以立命也。」（《孟子‧盡心上》）
　　孟子曰：「萬物皆備於我矣，反身而誠，樂莫大焉。強恕而行，求仁莫近焉。」（《孟子‧盡心上》）
　　夫君子所過者化，所存者神，上下與天地同流。（《孟子‧盡心上》）
〔註73〕《中庸》與此相關的章句如下：
　　誠者，天之道也；誠之者，人之道也。
　　大哉聖人之道！洋洋乎發育萬物，峻極于天。
　　故至誠無息。不息則久，久則徵，徵則悠遠，悠遠則博厚，博厚則高明。博厚，所以載物也；高明，所以覆物也；悠久，所以成物也。博厚配地，高明配天，悠久無疆。
　　故君子不可以不修身；思修身，不可以不事親；思事親，不可以不知人；思

之實踐實即是對人性的滿全，人之道必以天之道爲根源，並以法天配天爲人之應然與當然。其基本的設定，即在於：「天」爲形上的第一原理，也是最高的道德理想，爲人之存在性與價值性的根源，此理想之「天」乃以「人」而象，「天人合一」的完成實即是一種存在根源的回歸，也是一種屬人理想的完成。而此形上理想在人而言即展現爲極高的品德與修養，或即所謂「形上人格」的呈現。

（二）內聖外王

「天人合一」之要求，不但外顯爲一種極高的修養境界或人性價值，從內在而言，它亦是人希冀回歸自然之本然的要求，由於這種內在要求是一種普遍性的人性事實，所以它可以外化而成爲共通之倫理標準與道德規範。人除了向內要求自我回歸「天地之大本」以外，同時也有對他人設身處地、將心比心的能力，所以由完成人性的自我擴散出去，就是幫助他人也完成人性，而不停留於私我小我的完美中。此即中國哲學在「內聖」之後而必有的「外王」之理想，也是人性滿全之道德實踐的最後，必以「德治」之實現爲最大願望的理由。

周初的天命思想在本質上是「政教合一」的，天子個人以「德」爲自我要求，在政治上則以德治之施行，以及禮樂的制定爲規範。文王、周公即爲此形上人格之典範。先秦儒家亦秉持此一理想，而有「德治」之主張，如孔子之讚堯〔註75〕、孟子之「以不忍人之心，行不忍人之政」；〔註76〕《中庸》

知人，不可以不知天。

唯天下至誠，爲能盡其性；能盡其性，則能盡人之性；能盡人之性，則能盡物之性；能盡物之性，則可以贊天地之化育；可以贊天地之化育，則可以與天地參矣。

唯天下至誠，爲能經綸天下之大經，立天下之大本，知天地之化育。夫焉有所倚？肫肫其仁！淵淵其淵！浩浩其天！苟不固聰明聖知達天德者，其孰能知之？

〔註74〕《易傳》中與此相關之章句：

〈象〉曰：天行健，君子以自強不息。（《周易・乾卦・象傳》）

〈象〉曰：地勢坤。君子以厚德載物。（《周易・坤卦・象傳》）

天道虧盈而益謙，地道變盈而流謙，鬼神害盈而福謙，人道惡盈而好謙。（《周易・謙卦》）

是故天生神物，聖人則之；天地變化，聖人效之；天垂象，見吉凶，聖人象之。（《周易・繫辭上》）

〔註75〕孔子「德治」之主張如：

對舜、武王、周公之稱道，〔註77〕其目的皆在於由「一人」之形上理想的達

為政以德，譬如北辰，居其所而眾星共之。(《論語・為政》)

子曰：「大哉！堯之為君也！巍巍乎！唯天為大，唯堯則之！蕩蕩乎，民無能名焉！巍巍乎！其有成功也！煥乎！其有文章。」(《論語・泰伯》)

子曰：「桓公九合諸侯，不以兵車，管仲之力也。如其仁！如其仁！」(《論語・憲問》)

子曰：「管仲相桓公，霸諸侯，一匡天下，民到於今受其賜。微管仲，吾其被髮左衽矣！」(《論語・憲問》)

子路曰：「願聞子之志！」子曰：「老者安之，朋友信之，少者懷之。」(《論語・公冶長》)

〔註76〕孟子「德治」之相關主張如：

孟子曰：「人皆有不忍人之心。先王有不忍人之心，斯有不忍人之政矣。以不忍人之心，行不忍人之政，治天下可運之掌上。」(《孟子・公孫丑上》)

孔子曰：「德之流行，速於置郵而傳命。」(《孟子・公孫丑上》)

孟子曰：「三代之得天下也以仁，其失天下也以不仁。國之所以廢興存亡者亦然。天子不仁，不保四海；諸侯不仁，不保社稷；卿大夫不仁，不保宗廟；士庶人不仁，不保四體。今惡死亡而樂不仁，是由惡醉而強酒。」(《孟子・離婁上》)

孟子曰：「君子之於物也，愛之而弗仁；於民也，仁之而弗親。親親而仁民，仁民而愛物。」(《孟子・盡心上》)

孟子曰：「霸者之民，驩虞如也；王者之民，皞皞如也。殺之而不怨，利之而不庸，民日遷善而不知為之者。夫君子所過者化，所存者神，上下與天地同流，豈曰小補之哉！」(《孟子・盡心上》)

老吾老以及人之老，幼吾幼以及人之幼，天下可運於掌。《詩》云：『刑于寡妻，至于兄弟，以御于家邦』，言舉斯心加諸彼而已。故推恩足以保四海，不推恩無以保妻子。古之人所以大過人者無他焉，善推其所為而已矣。(《孟子・梁惠王上》)

〔註77〕《中庸》與此相關的章句如下：

子曰：「舜其大孝也與！德為聖人，尊為天子，富有四海之內。宗廟饗之，子孫保之。故大德必得其位，必得其祿，必得其名，必得其壽。故天之生物，必因其材而篤焉。故栽者培之，傾者覆之。《詩》曰：『嘉樂君子，憲憲令德！宜民宜人，受祿于天。保佑命之，自天申之！』故大德者必受命。」

子曰：「武王、周公，其達孝矣乎！夫孝者：善繼人之志，善述人之事者也。春、秋修其祖廟，陳其宗器，設其裳衣，薦其時食。宗廟之禮，所以序昭穆也；序爵，所以辨貴賤也；序事，所以辨賢也；旅酬下為上，所以逮賤也；燕毛，所以序齒也。踐其位，行其禮，奏其樂，敬其所尊，愛其所親，事死如事生，事亡如事存，孝之至也。郊社之禮，所以事上帝也；宗廟之禮，所以祀乎其先也。明乎郊社之禮、禘嘗之義，治國其如示諸掌乎！」

故為政在人，取人以身，修身以道，修道以仁。

凡為天下國家有九經，曰：修身也，尊賢也，親親也，敬大臣也，體群臣也，子庶民也，來百工也，柔遠人也，懷諸侯也。……凡為天下國家有九經，所以行之者一也。

是故君子動而世為天下道，行而世為天下法，言而世為天下則。

到而擴充於「天下」。所以，在「天人合一」的前提下，王者必須有德，且在
有德之後，必須將此德施行於政治，達到德化天下之理想。

　　簡而言之，所謂「內聖」，乃指個人之人性的自我完成，也是「個人倫理」
之實踐；由內聖向外擴展的「人際倫理」之歷程，則包括家庭倫理、社會倫
理、國家倫理，以致於「上達於天」、「參贊化育」的「宇宙倫理」。整個道德
實踐的歷程，都是以道德理想指導道德義務，而道德義務之奉行，也為了能
上達於道德之理想。所以，「內聖外王」事實上僅是「天人合一」的進一步擴
充。若「天人合一」是道德實踐之「縱攝系統」的完成，則「內聖外王」則
是其「橫攝系統」之擴充。

　　人之所能與天合一者，其實並非「天」之絕對真理本身，而是以「人」
的能力與方式得到的部分而已，若人所得於天道的是一種生生不已的生命
力，那麼將此生命力向外擴充，內完成於自己，外成就於他人，實際上就是
以「天之在人者」而完成人天之相合。此即以「天人合一」而求「內聖外王」
之原理。雖然「內聖」不必然成就「外王」，甚至「外王」須仰仗更多人力所
不及的客觀因素，然而，對於「內聖」之要求卻是人人所可成就於自己的，
此正所以孔子說「求仁得仁」、「我欲仁，斯仁至矣」之真義。

　　對於儒家倫理之終極關懷之探討，可謂之為「止於至善」，無論是道德實
踐的善、成己成物的善，最終都以天道本體之至善為依歸，整個宇宙的歷程
就是善的歷程，道德之實踐亦即是善之回歸，然而在道德實踐的領域裡，仍
有一個與善相對之「惡」的問題存在，我們仍須加以處理，所以，在探討完
儒家之終極關懷之後，我們要探討「惡」在整個道德學中存在的意義。

二、惡的存在意義

　　對於「惡」之探討，中國哲學多半是在一種道德關懷的角度下去提及，
而甚少對惡作正面研究的，在此一問題上，西方哲學家較之中國哲學家有更
多的關注，例如中世紀哲學家聖奧斯定與聖多瑪斯，對於惡之問題，都有極
為系統化的論述，他們都在基督宗教信仰的背景下，對於惡有深刻的體認，
並提出對待的方法，當代法國哲學家呂格爾，亦從《聖經》創世神話的詮釋
角度，提出他對惡的象徵意義之理解，對於惡之觀念的研究，西方基督宗教
的哲學可說是有了豐富的成就。然而中國哲學中並未有如西方哲學般的宗教
信仰背景，對於惡之問題所作的處理，也未如西方哲學般正面而直接。從儒

家哲學之探討來看，「惡」是與道德之「善」相違背的一種行為，其所有的意義，是在於「德行」之觀點下來呈顯，所以要探討「惡」本身，亦必須連同「善」之意義來作探討，只有在善的意義下，對於惡之理解才成為可能。

（一）善的層次

所以，首先我們必須先要釐清「善」的層次，對於善的層次有正確的定位之後，對於惡的理解才能有較恰切的方式。張立文先生認為：「中國哲學家從古到近代多以善惡論人性，雖是善惡的來源之爭，但有將兩者等同之失。」〔註 78〕在中國哲學中，對於善惡的研究，首推人性論，然而若只以平面而對等的方式來看善惡，則不知其間是有所層次上之不同的。對於「善」之主體來說，事實上我們可將之區別為本體層次與道德層次兩個不同的層級：本體層次的善，就是從形上角度所理解的善，我們又稱之為形上的善或絕對善，此為超越善惡之對待的善，或亦稱之為至善，相當於希臘哲學中「幸福」之觀念。而道德層次的善，以本體層次的善為根源，落實於人間世界以及於行為實踐和人際互動層面，並形成肯定或否定形式的價值判斷，為善惡相對立的善，此則相當於希臘哲學中之「德行」觀念。

1. 本體善

一般來說，「幸福」須要透過「德行」的實踐去獲得，同樣，本體層次的善，亦需透過道德層次之善去滿全。甚至我們可以說，道德善之滿全，其目的是為了上達於本體之層次，道德之實踐是為了形上人格之完成。換句話說，在中國哲學中，本體不在用理性去認知，而用道德實踐的方法去把握，因為人生的準則以生生之天道為取法的對象與依據，天道的自然中即涵攝著人生準則的當然。故形上學和倫理學是互相滲透、無法截然分判的。此所以「本體善」與「道德善」之經常不為人所分辨之原因。「本體善」在我們論及「天」或「天道」時已有大略之說明，此處將針對「道德善」來談論。

2. 道德善

道德善所屬為實踐之層次，也就是所謂的「人道」之層次，其目的仍在於取法天道。天道之善為本體的善，亦為超越善惡形式之價值判斷的「絕對善」，既為絕對，則無相對，也就是說，本體之絕對善的層次沒有「惡」存在

〔註 78〕參閱張立文：〈中國傳統善惡範疇的發展歷程〉（下），《中國文化月刊》157
　　　　期，1992 年 11 月，頁 40。

之餘地。所謂的「惡」，僅能在人道的實踐層次中，在行為發生後，作為符合人性與否的形式判斷，此必落於經驗之事實，為善惡相對的實踐層次，屬道德之領域，而不再是形上之本體的層次。

　　道德善在倫理實踐的領域中亦稱為「價值」，它涵攝了「應當」與「義務」之觀念，惟有對善與惡有所認定，才能進而形成何者當為，何者不當為的行為規範。〔註79〕儒家較少對義務作明確的形式性規範，而主要從人倫關係來定位人之所當為，也就是說，對儒家而言，人之本具的「天命之性」（或逕稱之為「德性」），需要透過行為之實踐（德行）來客觀化於人倫與人際之關係，人倫之理本身便內含和規定了一種義務關係。例如孟子所謂的「五倫」──「父子有親，君臣有義，夫婦有別，長幼有序，朋友有信」，〔註80〕以及《中庸》所提示的「五達道」──「君臣也，父子也，夫婦也，昆弟也，朋友之交也」〔註81〕即是。

　　德行之為外化的德性，不但內含了理性的自覺，又同時關聯著意志的選擇和情感的認同，在價值抉擇的過程中，更包含了良知之作用，所以，雖然道德的實踐強調行為在倫理脈絡中的意義，但是道德之善絕不能僅停留於語義的辨析或形式化的程序，而更應從道德之形上基礎來著眼。換句話說，雖然在行為實踐的層次，善只有相對的意義，但此相對之善仍必以指向本體之絕對善為目的。也只有在此形上基礎的背景下，道德才能脫離其形式化的限制，真正顯示出其形上的絕對價值與意義。

（二）惡的意義

　　「惡」在形上學的本體層次，已缺乏任何存在的根據，其在人間世界的存在也僅止於相對的意義，也就是說，在一般倫理學的範疇中，善惡是一組相對的觀念，所涉及的是道德評價的問題，其目的在於使人之自身完善，並達成社會和諧之目的。所以它透過約定俗成的風俗習慣、或道德規範的設計，

〔註79〕參閱楊國榮：《面向存在之思》〈善何以可能〉，台北：文史哲，1998年，頁193～209。

〔註80〕人之有道也，飽食煖衣，逸居而無教，則近於禽獸。聖人有憂之，使契為司徒，教以人倫：父子有親，君臣有義，夫婦有別，長幼有序，朋友有信。（《孟子·滕文公上》）

〔註81〕天下之達道五，所以行之者三，曰：君臣也，父子也，夫婦也，昆弟也，朋友之交也，五者天下之達道也。知仁勇三者，天下之達德也，所以行之者一也。（《中庸》）

甚至法律條文之制定，來對人之行為加以評斷，以符合「趨善避惡」之倫理原則，同時也為人際互動之關係，找到一種適當的滿全之方式，進而完成一理想的社會生活模式，以供人們遵守。

所以善惡之判斷，通常針對的是人之外化的行為，甚至是人際倫理的互動關係，有時也及於人之行為的動機，但其根本意義，不外乎透過「惡」之觀念的設計，來提醒人之對於「應然」之偏離。所以，惡之存在意義，乃在於人對「人性本然」背離之後的重新斟定與提醒，其形式雖表現為「有所否定」，然而其更根本的意義卻在於其隱含著的「有所肯定」的「善」之回歸上。

今日之社會在道德規範的制定上已然極為複雜而細膩，其因應社會共同生活之需求者，也大過於人性內在之自我要求，所以現代的規範倫理較之於先秦的儒家倫理，除了共同的理性自覺與自律之外，有著更多的強制性與他律性的性質存在，對於客觀化的要求也更形精密，所以有學者因此認為中國的儒家倫理只是一種主觀的想像，而無法達成實際的道德意義，而此中的原因，即在於儒家哲學對於「惡」沒有深切體認的緣故。〔註82〕然而，本文認為，倫理標準的發展必有其產生的時代意義，不同的社會與不同的時代，其所需的倫理規則不可能同樣詳盡，但其出於人性之原理則一。儒家倫理非對人之過惡無所體會，而是在其時代中，對於人之過惡，不以繁瑣複雜的行為來處理。或者說，只有當社會之發展複雜到某一階段，人之行為偏離到某個程度時，才會有相應於偏差行為所提出的具體規範。

在先秦儒家哲學中，所有道德條目的提出，都只是一種簡單的判斷形式，它所代表的是較為籠統的整體觀，而不是精確分析之後的形式判斷，是以其所關注的內容，是針對「過惡」對人性的偏離，提出最根源的辦法，教人回到「人」本身，設法回復人的生命真幾，發揮人性（善）的本質。所以其性質乃傾向於作為規範根源的「道德原則」，根據此道德原則，面對人類愈趨複雜的行為時，才設計出一套適合於人性的道德規範來。

所以在道德哲學甫剛成型的孔子時代，亦不輕以善惡論人性，畢竟人之性來自於宇宙本體，性亦屬本體，若以善惡論性，無非以善惡論本體，既混

〔註82〕例如韋政通先生在論及孔子之思想時認為：「人的生命是一個複雜的綜合體，如果只是把代表生命一部分的仁抽離出來，又加以放大，並沉溺其中，對人的問題就不能解決了。中國儒家的發展，就正是這種情形。結果使道德思想只成了主觀的構想，大部分都不能實化。對現實上人所犯的種種過惡，亦不深知其所以然。」同註2，頁95。

同相對與絕對，亦錯置後天與先天。所以，中國哲學中以品格、資質、氣質等論人性者，即犯了以上之失，而其關鍵，則在於將後天之事實（對品格、資質、氣質等之秉受），當作先天的基礎來處理。是以個別之殊性，並不應當普遍化至本體意義之「人性」來論斷。

綜上所論，我們可以得知，道德規範之所以以明確的善惡形式來判斷，是為了更具現實性與平實性，〔註83〕經由善惡之正反形式的肯認，人可以更明確知道「當為」與「不當為」之分際，透過對正當行為的抉擇與實踐，人可以向內不斷提昇自己，最後達到人性價值之實現，並完成人間世界與形上世界之統一，獲致真正道德之基礎。所以，我們也可以說，「惡」之對於行為的評價，毋寧是一種對於「善」之暗示，其最根本的意義在於引起人性的內在反省，以將人導入於形上的世界中去。

所以，對於先秦之儒家倫理，我們可以獲致以下的兩個結論：

（一）在儒家哲學中，「天」是實踐真理的極致

「天」概念之設計，事實上即是哲學形上理想的第一原理，它不但是對「超越界」的一種肯定，更同時是要以人之方式來趨近這一個超越界。「天」之字以人之形象而確立，一方面強調了人與天之間的關係，另一方面更是對「人」的一種提醒：要成為「大人」——正面而立、頂天立地的人，能實現人性價值、上達於天的人。所以，「天」之存在的意義，對於中國哲學而言，它絕對不僅只是個哲學的概念，而更在於將人性價值，透過道德的實踐，將生命中超越的可能發展到極限，而後才得以體悟出一個宗教性的超越界之存在，道德的價值也正由此而顯示出來。所以，此「天」作為宗教性的超越界而言，它也是一個必須要透過實踐才得以達致的真理。

因此，關於儒家哲學所強調的「道德實踐」之理論，如孔子的「仁」、孟子的「仁義」、《中庸》的「誠」……等等，落實到人對超越界之追求的事實時，便不再只是一種學說或理論，而更須人透過實踐經驗與方法之統合，確實在人之內形成一種道德之人格，從忠於自我到同情體物，確確實實完成一

〔註83〕道德規範如果不具有現實性、平實性，就不可能落實，也就不能轉化為人們的道德行為，但如果太平實，不經過任何努力就可以達到，就會顯得平庸，缺乏境界，形成一種平面性的人格。道德的目的在於提昇人性，而人性的提昇就在於不斷向善的追求中，在於境界的不斷提高中。在這種無止境的追求中，人性不斷提昇，自我不斷昇華，最終達於至善。這種至高至遠的境界實際上成為個體道德進步的內在推動力。同註6，頁88。

種全面的道德生活，因為人天之合一，並非片面或片刻的合一，也非純粹理性思辨上的合一，而是完完整整、全部生命的合一，或即是存在性之完整的相契。所以，儒家倫理之精義在於「人」之整體，它所寄意的不僅在於人之現世的倫理生活，而更在於一種形上的理想與人格之完成。

（二）儒家哲學之倫理學是人通向形上世界的過程或基礎

儒家倫理之建構，使人透過終身對道德實踐的努力，然後才得以完成人性，上達於形上的理想世界，所以儒家哲學之形上學，必以倫理學之實踐為必要的過程和基礎。唯有透過倫理學的實踐過程作保證，形上學才不至於架空，淪於被理性思辨所否定或懷疑的命運；同時，倫理學必定須以形上學為依歸，才能尋求其存在之穩固的基礎。如此，倫理學因有了形上的思辨為方法，其研究才能不支離破碎；形上學則因下貫於人之整體生命，才能使人在倫理實踐之終極，透悟出一超越性的宗教世界來。

所以，儒家之道德並非教條，亦非形式化的行為，更不是在善惡相對的層次中，對於「善」的片面之強調，而是透過人對道德的實踐，向內在生命追尋，並同時完成人性，以向上透悟而開顯出形上人格，其目的不但在於相對世界的善之實踐，而且更在於將此道德善指向於超越的形上世界。所以，於此我們也可以說，「道德」觀念在中國哲學中之出現，是人類古典文明中一項極高的成就，它不但安頓了人類所生活之形下世界，使之有和諧美好的秩序，同時也為人類的現世生活，找到一個依靠的穩固基礎，使人在不斷的向上追尋中，始終有可供仰望的對象，並對於人之向上的歷程，貫注一股生生不已的力量，使人能夠鍥而不捨，努力到底。

結　論

　　從以上本文對先秦儒家道德基礎之論述，大體而言，我們可再次歸納爲以下之要點：

　　一、倫理學必須以形上爲基礎，倫理學不能沒有形上之關懷。如果一個倫理體系，失卻了形上關懷，則會形成：「善惡」的價值判斷爲「對錯」之義務判斷所取代；「應然」以「實然」爲基準；「自律」爲「他律」所掩蓋；甚至，人類行爲只有「道德義務」而不須「道德良知」，亦即個人無關乎道德或不道德之問題，倫理學只有社會功能之一途，著眼重點也只有社會之秩序，此即成爲「無根的倫理學」，或成爲「無道德」之倫理，實即是倫理學或道德界之淪喪，亦爲本末先後之顛倒。原因無他，失去形上之整體關懷罷了。

　　二、所謂「形上的整體關懷」，即是穿透「社會約定」之規範角度的倫理學，而直達於倫理學之所以創立的形上基礎。也就是說，對於「道德」之理解，不是在「善惡對立」之形下世界中片面肯定「善」之存在，而須找到「善惡二分」前，有一「善惡等同」或「非善非惡」的本然狀態，作爲或善或惡之基礎。此非善非惡之本然狀態，即《中庸》所揭示之「喜怒哀樂之未發」的「中」之本體，在此本體狀態中，無所謂喜怒哀樂之反應，然又作爲一切喜怒哀樂之根本。道德善惡之發生亦然，作爲行爲結果（或行爲動機）之或「善」或「惡」的價值判斷前，存在著一種未發的本體，作爲一切善惡之形上學基礎。

　　三、作爲一切善惡基礎的，即是人之「本然」的存在狀態，它既非善非惡，又超越善惡，所以哲學上又以「至善」來肯定此存在之本然。所以，一般所謂的「惡」，其性質僅及於倫理的範疇，而無法立足於形上之世界，善惡

之對立，實際上已然經過從形上到形下之「移位式」的化約，若不能深明此一移位之過程，而僅透過善惡對立之角度來理解人性，或以行為之善的片面強調來彰顯道德，都是容易流於偏頗而造成對道德之傷害的。所以，唯有對善惡判斷之形成作一基礎性的了解，回到人性存在的本然狀態，甚至更深溯於人天之間的根本關係，才能更確切地對於「何謂善？」「何謂惡？」有所真切的掌握，而不流於一偏之見。此即本文所嘗試在現今社會中，道德與價值之重塑的工作。

現今的時代，是個尋求基礎的時代，人類文明發展至今，發生了許多危機，無論是廿世紀初開始的歐洲科學危機，或者是文明過度發展對人類精神空虛所造成的衝擊，都說明人類的處境，是該是重新徹底檢視的時候了。而徹底檢視的方法，就是從人類走過的軌跡追溯回去，為的是更了解自己的過去，以及如何從過去演變成現在，更進而為現在重新定位，以確立將後所要面對的未來。

本文選定中國的古典時期作研究，目的並不在於宣揚古典或捍衛古典，也不在於盲目導回古典，而是為今日身處西方強勢文明逼迫下的中華文化，尋求一點基礎。西方文化之長在於理性思考，其科學方法造就了今日高度發展的科技文明，尤其對於生活影響之普及，使人對其進步與便利全然服從，甚而更加對自己文化喪失信心。然而，今日科學文明的流弊，同樣在西方世界造成問題，所以有思想上的反動，有解構主義之興起，而在西方文明的淹沒下，東方社會步上了與西方同樣的問題。西方社會為解決他們自己的問題，開始向東方文化尋找靈感與解決的契機，而原本就屬東方文化的我們，卻早已迷失而不再了解自己，關於中國所特長的「生命」、「心靈」之事，更是陌生不已。身為中國人而不了解中國文化，仰慕西方卻又無法成為全然的西方，不知置身今日世界思潮中的中國人到底要如何面對自己？

中西文化的差異是思考方法的根本差異。西方的拼音文化重視理性的分析與邏輯的推理，其長處是精確而有條理，但也在其分析與條理中，造成了人的割裂、二元的對立，以及喪失整體。中國的文化則特重直觀與體驗，看顧生命存在的整體，卻無法用精確的形式與邏輯推理的方式做表達，此或如著名的哥特爾的「不完備定理」：若在表達的系統中尋求一致性，則此表達必不完備；若尋求完備的表達，則必然遭遇不一致的矛盾結果。所以我們也可以說，中西哲學的差異是一種表達的問題，西方尋求表達的一致性，故而遭

漏整體；中國著重生命的整體，卻疏於表達之邏輯。

但無論如何，人之存在是個無可分割的整體，人的問題也不是片面靠東方或西方的方法就可以完滿解決。所以，今後哲學發展的方向應當是截長補短，用更精確的形式表達來趨近人類生命的存在整體，而不是屈從於西方強勢的方法而自我貶低，也不是固守傳統、念舊排外，而是眞切地了解二者，互學優長，才能解除現代文明之困境，在西方科學危機中注入道德內容；在中國停滯已久的生命體驗，加強精確表達。此外，重新回頭尋找文化基礎，更加站穩腳步也是刻不容緩的當務之急。

因爲人在文明社會中淹沒已久，今日的人類需要找到更形廣大的背景，以貫注新的動力與生命力，而此背景的可能，即在於從古典尋求新的靈感，或即是新形上學的建立。畢竟所謂的古典，在其時代而言，也只是當時的「現在」，當時的「理想」若爲當時而有著理想的設計，那麼必定也是爲那個現代開拓了將來，所以同理，若今日的世界欲尋找理想，必不是盲目地回到古代，而是藉古代對於其時代之理想處理來啓發現代。所以現代之理想，必定也是從現代而開始，爲現代拓展一個未來，只是，除此之外，所們必須了解，所有的現在都已包括著過去的全部而隱含著未來。所以，對於過去愈了解，就是愈了解現在；對現在愈了解，就愈有能力去拓展未來。

文明的進步卻造成道德理想的遠離，是今日之弊；古典文明之精華卻在於形上道德之確立。所以今日我們對於形上的再度強調，亦並非要片面否定形下的世界，而是寄望在中國與西方、現代與古代、形上與形下之間皆有所觀照，並對今日人類之處境有所重新之確立。

本文至此已撰寫完畢，對於上述開拓新文明之展望，只作了嘗試性的開始，許多方法與表達上的問題，本文仍未能加以處理，尤其以這樣一篇論文之研究要達到重建「道德」之生機，仍有頗長的距離，然而，無論如何，相信這將是未來值得繼續努力研究與開拓的課題。

參考書目

一、古　籍（依年代）

1. 〔漢〕孔安國：《尚書正義》（台北：藝文，1964 年，《四庫善本叢書經部》）。

2. 〔漢〕鄭玄注：《毛詩鄭箋》（台北：新興，1971 年）。

3. 〔漢〕鄭玄注：《儀禮注疏》（台北：商務，1965 年，《四部叢刊初編經部》）。

4. 〔漢〕趙岐注：《孟子》（台北：中華書局，1970 年，《四部備要經部》據永懷堂本校刊）。

5. 〔漢〕司馬遷著〔宋〕裴駰集解：《史記》（台北，台灣商務，1983 年，《景印文淵閣四庫全書》，影印國立故宮博物院藏本）。

6. 〔漢〕班固撰〔唐〕師古注：《漢書》（台北：鼎文，1997 年，《中國學術類編》）。

7. 〔魏〕王弼〔晉〕韓康伯注：《周易》（台北：中華書局，1979 年，《四部備要經部》據相臺岳氏家塾本校刊）。

8. 〔晉〕杜預：《春秋三傳》（上海：上海古籍，1987 年）。

9. 〔晉〕杜預：《春秋經傳集解》（台北：台灣商務，1979 年，《四部叢刊經部》）。

10. 〔唐〕李鼎祚：《周易集解》（台北，台灣商務，1996 年）。

11. 〔唐〕孔穎達：《尚書正義》（北京：北京大學，1999 年，《十三經注疏》）。

12. 〔唐〕孔穎達：《禮記注疏》（台北：中華書局，1966 年，《四部備要經部》）。

13. 〔唐〕楊倞註〔清〕王先謙集解：《荀子集解》（台北：藝文，1977 年）。

14. 〔宋〕程頤 朱熹：《易程傳 易本義》（台北，河洛圖書，1974 年）。

15. 〔宋〕朱熹：《詩經集註》（台北：華正，1980 年）。

16. 〔宋〕朱熹：《四書集註》（台北：世界書局，1952 年）。

17. 〔明〕來知德：《周易集註》（台北，台灣商務，1983 年，《景印文淵閣四庫全書》，影印國立故宮博物院藏本）。

18. 〔清〕阮元校勘，《十三經注疏》（台北：藝文，1965 年，影印清嘉慶二十年重刊宋本）。

19. 〔清〕王夫之：《周易內傳》（台北，成文，1976 年，《無求備齋易經集成 2 傳注第 75～76 冊》，影印《清道光二十二年守經堂刊本》）。

20. 〔清〕王夫之：《周易外傳》（台北，成文，1976 年，《無求備齋易經集成 3 通說第 116 冊》，影印《清道光二十二年守經堂刊本》）。

21. 〔清〕李道平：《周易集解纂疏》（北京：中華書局，1998 年）。

22. 〔清〕孫詒讓：《周易正義》（北京：中華書局，1987 年，《十三經清人注疏》）。

23. 〔清〕孫詒讓：《周禮正義》（台北：台灣商務，1965 年，《萬有文庫薈要》）。

24. 〔清〕孫星衍：《尚書今古文注疏》（台北：台灣商務，1965 年，《萬有文庫薈要》）。

25. 〔清〕王先謙：《詩三家義集疏》（北京：中華書局，1987 年，《十三經清人注疏》）。

26. 〔清〕姚際恆：《詩經通論》（台北：中央研究院，1994 年，《中央研究院中國文哲研究所古籍整理叢刊》）。

27. 〔清〕朱彬：《禮記訓纂》（台北：中華書局，1968 年，《四部備要經部》）。

28. 〔清〕孫希旦：《禮記集解》（台北：文史哲，1990 年）。

29. 〔清〕洪亮吉：《春秋左傳詁》（台北：中華書局，1968 年，《四部備要經部》）。

30. 〔清〕王夫之：《讀四書大全說》（北京：中華書局，1989 年）。

31. 〔清〕劉寶楠：《論語正義》（台北：中華書局，1981 年）。

32. 〔清〕程樹德：《論語集釋》（台北：藝文，1965 年）。

33. 〔清〕焦循：《孟子正義》（北京：中華書局，1987 年，《新編諸子集成》）。

34. 〔清〕戴震：《孟子字義疏証》（北京：中華書局，1982 年）。

二、哲學專門論著（依著者筆畫次序）

1. 于省吾：《甲骨文字釋林》，台北：大通，1981 年。

2. 中國文化大學哲學研究所:《中國道德哲學》,台北:國立編譯館,1981年。

3. 中國主教團秘書處:《梵蒂岡第二屆大公會議文獻》,台北:天主教教務協進會出版,1989年。

4. 方立天:《中國古代哲學發展史》,台北:洪葉,1995年。

5. 方東美:《中國人生哲學》,台北:黎明,1993年。

6. 方東美:《中國人生哲學概要》,台北:問學,1980年。

7. 方東美:《中國哲學之精神及其發展》(孫智燊譯),台北:黎明,1993年。

8. 方東美:《方東美演講集》,台北:黎明,1988年。

9. 方東美:《原始儒家道家哲學》,台北:黎明,1987年。

10. 王臣瑞:《倫理學》,台北,台灣商務。1980年。

11. 王邦雄:《儒道之間》,台北:漢光,1987年。

12. 王開府:《儒家倫理學析論》,台北:學生,1988年。

13. 加達默爾:《真理與方法:哲學詮釋學的基本特徵》,台北:時報,1993年。

14. 台大哲學系:《中國人性論》,台北:東大,1990年。

15. 尼采:《善惡的彼岸》,台北:水牛,1999年。

16. 弗里德里希・包爾生:《倫理學體系》(何懷宏廖申白譯),台北:淑馨,1999年。

17. 田永正 :《天主教教義問題解答(上)》,台中:光啓,1971年。

18. 任繼愈:《中國哲學發展史》(秦漢),北京:北京人民,1985年。

19. 宇同:《中國哲學問題史》,台北:彙文堂,1987年。

20. 宇野精一:《中國思想之研究(一)》〈儒家思想〉(洪順隆譯),台北:幼獅,1977年。

21. 牟宗三:《中西哲學之會通十四講》,台北:學生,1990年。

22. 牟宗三:《中國哲學十九講》,台北:學生,1989年

23. 牟宗三:《中國哲學的特質》,台北:學生,1990年。

24. 牟宗三:《名家與荀子》,台北:學生,1990年。

25. 牟宗三:《周易的自然哲學與道德涵義》,台北:文津,1988年。

26. 牟宗三:《圓善論》,台北:學生,1985年。

27. 西田幾多郎:《善的研究》(何倩譯),北京:商務,1989年。

28. 吳怡:《中庸誠的哲學》,台北:東大,1990年。

29. 吳康：《孔孟荀哲學》，台北：商務，1987年。

30. 李幼蒸：《倫理學危機》，台北：唐山，1997年。

31. 李孝定：《甲骨文字集釋》，台北：中央研究院，1965年。

32. 李杜：《中西哲學思想中的天道與上帝》，台北：聯經，1991年。

33. 李杜：《中國古代天道思想論》，台北：藍燈，1992年。

34. 李明輝：《儒學與現代意識》，台北：文津，1991年。

35. 李建華：《論罪惡——道德價值的逆向研究》，瀋陽：遼寧人民，1994年。

36. 李雄揮：《倫理學》，台北：五南，1990年。

37. 李滌生：《荀子集解》，台北：學生，1979年。

38. 李維武：《中國人文精神之闡揚》，北京：中國廣播電視，1996年。

39. 李震：《人與上帝》，卷六，台北：輔仁大學，1997年。

40. 李震：《人與上帝》，卷四，台北：輔仁大學，1994年。

41. 李震：《中外形上學比較研究》，台北：中央文物供應社，1982年。

42. 李震：《基本哲學探討》，台北：輔仁大學，1991年。

43. 李學勤：《簡帛佚籍與學術史》，台北：時報，1994年。

44. 李霖生：《超越善與惡——尼采導讀》台北：台灣書店，1998年。

45. 杜而未：《中國古代宗教研究》，台北：學生，1976年。

46. 杜維明：《儒家思想新論》，江蘇：江蘇人民，1996年。

47. 沈清松：《詮釋與創造：傳統中華文化及其未來發展》，台北：聯合報系文化基金會，1995年。

48. 沈清松：《傳統的再生》，台北：業強，1992年。

49. 周克勤：《道德觀要義》，台北：商務，1970年。

50. 屈萬里：《尚書集釋》，聯經，1994年。

51. 屈萬里：《詩經釋義》，台北：華岡，1967年。

52. 帕瑪：《詮釋學》（嚴平譯），台北：桂冠，1992年。

53. 林火旺：《倫理學》，台北：空大，1997年。

54. 林安梧：《現代儒學論衡》，台北：業強，1987年。

55. 林義正：《孔子學說探微》，台北：東大，1987年。

56. 保羅‧里克爾：《詮釋的衝突》（林宏濤譯），台北：桂冠，1998年。

57. 保羅‧里克爾著：《惡的象徵》，翁紹軍譯，台北：桂冠，1996年。

58. 姜允明：《當代心性之學面面觀》，台北：明文，1994年。

59. 威爾‧杜蘭：《世界文明史》，卷一，〈文明的發生〉，台北：幼獅，1972年。

60. 柯志明著：《談惡——呂格爾《惡的象徵》簡釋》，台北：中山學術文化基金會，1997 年。

61. 胡適 等著：《中國哲學思想論集》〈總論篇〉，台北：牧童，1977 年。

62. 胡適：《中國哲學史大綱》，卷上，台北：商務，1980 年。

63. 韋政通：《中國哲學思想批判》，台北：水牛，1971 年。

64. 韋政通：《孔子》，台北：東大，1996 年。

65. 韋政通：《倫理思想的突破》，台北：水牛，1994 年。

66. 韋政通：《中國思想史方法論文選集》，台北：水牛，1993 年。

67. 唐君毅：《中西哲學思想之比較論文集》，台北：學生，1988 年。

68. 唐君毅：《中國哲學原論》（原性篇），台北：學生，1989 年。

69. 唐君毅：《中國哲學原論》（導論篇），台北：學生，1989 年。

70. 孫效智：《當宗教與道德相遇》，台北：台灣書店，1999 年。

71. 徐復觀：《中國人性論史》，台北：商務，1987 年。

72. 海德格爾：《形而上學導論》（熊偉，王慶節譯），北京：商務，1996 年。

73. 海德格爾：《海德格爾選集》，上海：上海古籍，1996 年。

74. 袁廷棟：《普通倫理學》，台北：黎明，1989 年。

75. 馬岡：《中國思想史資料導引》，台北：牡童，1977 年。

76. 高思謙：《中外倫理哲學比較研究》，台北：中央文物供應社，1983 年。

77. 高柏園：《中庸形上思想》，台北：東大，1991 年。

78. 高懷民：《中國先秦與希臘哲學之比較》，自印，1988 年。

79. 康德：《道德底形上學基礎》（李明輝譯），台北：聯經，1990 年。

80. 張立文 主編：《天》，台北：七略，1996 年。

81. 張立文 主編：《心》，台北：七略，1996 年。

82. 張立文 主編：《道》，台北：漢興，1994 年。

83. 張立文：《中國哲學範疇發展史》，北京：人民大學，1995 年。

84. 張立文：《周易與儒道墨》，台北：東大，1991 年。

85. 張岱年：《中國倫理思想研究》，台北：貫雅，1991 年。

86. 梁啓超等：《中國哲學思想論集》〈先秦篇〉，台北：牧童，1976 年。

87. 符浩：《先秦儒家的道德觀》，廣西：廣西師範大學，1998 年。

88. 許慎：《說文解字》（段玉裁注），台北：藝文，1964 年。

89. 陳大齊：《論語臆解》，台北：商務，1978 年。

90. 陳百希：《倫理學》，台中：光啓，1988 年。

91. 陳谷嘉：《儒家倫理哲學》，北京：北京人民，1996 年。

92. 陳秉璋：《道德規範與倫理價值》，台北：國家政策研究資料中心，1990年。

93. 陳榮捷：《中國哲學論集》，台北：中央研究院中國文哲研究所，1984年。

94. 陳榮華：《葛達瑪詮釋學與中國哲學的詮釋》，台北：明文，1998年。

95. 陳滿銘：《中庸思想研究》，台北：文津，1989年。

96. 陳福濱：《倫理與中國文化》，台北：輔仁大學，1998年。

97. 陳福濱：《哲學與倫理》，輔仁大學第三屆兩岸學術研討會論文集，台北：輔仁大學，1995年。

98. 傅佩榮：《儒家哲學新論》，台北：業強，1993年。

99. 傅佩榮：《儒道天論發微》，台北：學生，1988年。

100. 勞思光：《中國哲學史》（一），台北：三民，1987年。

101. 曾仰如：《形上學》，台北：商務，1987年。

102. 曾仰如：《宗教哲學》，台北：商務，1986年。

103. 曾春海：《易經哲學的宇宙與人生》，台北：文津，1997年。

104. 湯恩比：《歷史研究》（陳曉林譯），台北：遠流，1996年。

105. 湯恩比：《文明是如何創造的》，于平凡譯，台北：水牛，1992年。

106. 程石泉：《論語讀訓解故》，台北：先知，1975年。

107. 項退結：《中國哲學之路》，台北：東大，1991年。

108. 馮友蘭：《中國哲學史新編》（一），台北：藍燈，1981年。

109. 黃公偉：《中國倫理學通詮》，台北：現代文藝，1968年。

110. 黃奇逸：《歷史的荒原——古文化的哲學結構》，四川，巴蜀書社，1995年。

111. 黃俊傑：《孟子》，台北：東大，1993年。

112. 黃慧英：《後設倫理學之基本問題》，台北：東大，1988年。

113. 楊伯峻：《孟子譯注》，台北：河洛，1977年。

114. 楊伯峻：《春秋左傳註》，北京：中華，1981年。

115. 楊伯峻：《論語譯注》，台北：河洛，1978年。

116. 楊祖漢：《儒學與康德的道德哲學》，台北：文津，1987年。

117. 楊國榮：《面向存在之思》，台北：文史哲，1998年。

118. 楊慧傑：《天人關係論》，台北：水牛，1994年。

119. 聖多瑪斯：《聖多瑪斯形上學》（李貴良譯），台北：三民，1966年。

120. 葛榮晉：《中國哲學範疇導論》，台北：萬卷樓，1993年。

121. 葛慕藺：《西洋中世紀哲學史綱》，台北：輔仁大學，1977年。

122. 鄔昆如 高淩霞：《士林哲學》，台北：五南，1996 年。

123. 鄔昆如：《倫理學》，台北：五南，1993 年。

124. 蒙培元：《中國心性論》，台北：學生，1990 年。

125. 趙士林：《荀子》，台北：東大，1999 年。

126. 趙雅博：《中外哲學概論之比較研究》，台北：中央文物供應社，1983 年。

127. 劉建國：《中國哲學史史料學概要》，吉林，吉林人民，1983 年。

128. 樊和平：《中國倫理的精神》，台北：五南，1995 年。

129. 樊浩：《中國倫理精神的歷史建構》，台北：文史哲，1994 年。

130. 潘德榮：《詮釋學導論》，台北：五南，1999 年。

131. 蔡仁厚：《中國哲學史大綱》，台北：學生，1988 年。

132. 蔡仁厚：《孔孟荀哲學》，台北：學生，1994 年。

133. 蔡仁厚：《儒家心性之學論要》，台北：文津，1990 年。

134. 蔡仁厚：《儒家哲學與文化真理》，台北：人生，1971 年。

135. 鄭志明：《儒學的現世性與宗教性》，嘉義：南華管理學院，1998 年。

136. 黎建球：《先秦天道思想》，台北：箴言，1974 年。

137. 盧雪崑：《儒家的心性學與道德形上學》，台北：文津，1991 年。

138. 錢穆：《中國思想史》，台北：學生，1977 年。

139. 錢穆：《四書要略》，台北：學生，1978 年。

140. 錢穆：《論語新解》，台北：商務，1965 年。

141. 韓強：《儒家心性論》，北京：經濟科學，1998 年。

142. 鄺芷人：《康德倫理學原理》，台北：文津，1992 年。

143. 龐樸：《一分爲三——中國傳統思想考釋》，深圳：海天，1995 年。

144. 龐樸：《竹帛〈五行〉篇校注及研究》，台北：萬卷樓，2000 年。

145. 羅光：《先秦哲學思想史》〈先秦篇〉，台北：學生，1982 年。

146. 羅光：《儒家形上學》，台北：輔仁大學，1980。年

147. 羅光：《儒家哲學的體系》，台北：學生，1998 年。

148. Friedrich Nietzsche, Beyond Good & Evil, Translated, with Commentary, by Walter Kaufmann, Vintage Books Edtttion, by Random House, Inc., New York, in 1989.

149. Jacques Maritain, Moral Philosophy, Charles Scribner's Sons, New York, 1964.

150. Luigi Bogliolo, Metaphysics, Urbaniana University Press, 1987.

151. Marilyn Mccord Acoams & Robert Merrihew Adams, The Problem Of Evil，Oxford University Press, New York,1994

三、期刊論文（依著者筆畫次序）

1. 方俊吉：〈淺釋幾個關於「倫理」與「道德」的問題〉，《孔孟月刊》，第 30 卷，第 8 期，1992 年 5 月，頁 16～19。

2. 王仁祿：〈易繫辭天人哲學〉，《興大中文學報》，第 4 期，1991 年 1 月，頁 1～7。

3. 王臣瑞：〈士林哲學看行爲善惡問題〉，《哲學與文化》，第 12 卷，第 11 期，1985 年 11 月，頁 741～761。

4. 王建文：〈古代中國的天人關係及其中介角色〉，《大陸雜誌》，第 84 卷，第 6 期，1992 年 6 月，頁 13～30。

5. 王開府：〈四書的智慧──「論語」論道德修養〉，《國文天地》，第 9 卷，第 9 期，1994 年 2 月，頁 46～52。

6. 王瑞昌：〈論劉蕺山的無善無惡思想〉，《鵝湖》，第 25 卷，第 9 期，民 89 年 3 月，頁 18～32。

7. 王賓：〈「上帝」與「天」──「必須表述」與「無法表述」的悖論〉，《文化雜誌》，第 21 期，1994，頁 97～104。

8. 王曉波：〈中國自然哲學的思想起源──論「天」的人文化與自然化〉，《世界新聞傳播學院人文學報》，第 2 期，1995 年 1 月，頁 1～22。

9. 巨克毅：〈當代天人之學研究的新方向──反省與重建〉，《宗教哲學》，第 2 卷，第 1 期，1996 年 1 月，頁 1～18。

10. 田文棠：〈儒家文化與天人哲學〉，《哲學與文化》，第 22 卷，第 6 期，1995 年 6 月，頁 532～540。

11. 成中英：〈中國倫理體系及其現代化〉，《哲學與文化》，第 17 卷，第 7 期，1990 年 7 月，頁 579～589。

12. 成中英：〈中國哲學中的方法詮釋學──非方法論的方法論〉，《台大哲學論評》，第 14 期，1991 年 1 月，頁 249～288。

13. 朱瑞祥：〈荀子的性惡說〉，《丘海季刊》，第 35 期，1993 年 5 月，頁 8～10。

14. 江雪蓮：〈道德義務的它律性和自律性〉，《哲學與文化》，第 21 卷，第 11 期，1994 年 11 月，頁 1023～1034。

15. 何淑靜：〈論孟子「盡心知性以知天」如何可能〉，《鵝湖學誌》，第 7 期，1991 年 12 月，頁 27～62。

16. 呂宗麟：〈試論先秦儒家的宗教哲學觀──傳統與現代的思考〉，《宗教哲學》，第 2 卷，第 1 期，1996 年 1 月，頁 31～40。

17. 呂宗麟：〈論天人合一哲學之理念與實踐〉，《中國文化月刊》，第 151 期，1992 年 5 月，頁 43～53。

18. 呂宗麟：〈論周易中的三極之道及現代省思〉，《宗教哲學》，第 2 卷，第 4 期，1996 年 10 月，頁 71～82。

19. 李杜：〈「大學」的天道〉，《哲學與文化》，第 19 卷，第 6 期，1992 年 6 月，頁 562～564。

20. 李杜：〈孔子的道德思想的繼承與突破性的發展〉，《華岡文科學報》，第 18 期，1991 年 11 月，頁 1～38。

21. 李杜：〈由先秦儒者說道當代新儒者對天道形而上問題的了解〉，《哲學與文化》，第 18 卷，第 6 期，1991 年 6 月，頁 490～505。

22. 李宗桂：〈董仲舒的道德價值論〉，《孔孟月刊》，第 30 卷，第 6 期，354，1992 年 2 月，頁 29～36。

23. 李明輝：〈康德的「根本惡」說──兼與孟子性善說相比較〉，《中國文哲研究集刊》，第 2 卷，1992 年 3 月，頁 325～352。

24. 李彥榮：〈孔子道德教育思想的人本位與社會本位之辨〉，《孔孟月刊》，第 34 卷，第 10 期，1996 年 6 月，頁 8～12。

25. 李景林：〈孔子性、命、天道思想新論〉，《孔孟學報》，第 71 期，1996 年 3 月，頁 1～32。

26. 李景林：〈殷周至春秋天人關係觀念之演進初論〉，《孔孟學報》，第 70 期，1995 年 9 月，頁 29～43。

27. 李瑞全：〈朱子道德形態之重檢〉，《鵝湖學誌》，第 2 期，1988 年 12 月，頁 47～62。

28. 李瑞全：〈敬答李明輝先生對「朱子道德形態之重檢」之批評〉，《鵝湖學誌》，第 4 期，1990 年 6 月，頁 137～142。

29. 李裕祥：〈我國儒家崇敬天地祭拜祖宗文化之傳承（上）〉，《孔學與人生》，第 2 期，1996 年 1 月，頁 85～87。

30. 李裕祥：〈我國儒家崇敬天地祭拜祖宗文化之傳承（下）〉，《孔學與人生》，第 1 期，1995 年 9 月，頁 52～54。

31. 李霖生：〈天人之際，性命交關〉，《哲學雜誌》，第 16 期，1996 年 5 月，頁 112～145。

32. 沈清松：〈即有限而無窮、即內在而超越──李震對哲學的基本關懷〉，《哲學與文化》，第 26 卷，第 10 期，1999 年 10 月，頁 931～940。

33. 沈清松：〈對應快速科技發展的道德教育之人類學基礎〉，《哲學與文化》，第 12 卷，第 6 期，1985 年 6 月，頁 31～37。

34. 汪文聖：〈談主體的弔詭性〉，《國立政治大學哲學學報》，第 4 期，1997 年 12 月，頁 1～18。

35. 周景勳：〈易傳繫辭中「生生之謂易」的研究〉，《哲學論集》，第 22 期，輔仁大學研究所，1988 年 7 月，頁 147～168。

36. 李羨林：〈「天人合一」新解〉,《文化雜誌》,第 1 期,1993,頁 99～105。

37. 李羨林：〈關於「天人合一」思想的再思考〉,《中國文化》,第 9 期,1994 年 2 月,頁 8～17。

38. 林文樹：〈荀子的道德實踐〉,《中國學術年刊》,第 14 期,1993 年 3 月,頁 89～111。

39. 林貞羊：〈孟荀人性善惡論〉,《中國國學》,第 16 期,1988,頁 149～171。

40. 林家鴻：〈柏拉圖及孔子的天人觀〉,《孔孟月刊》,第 30 卷,第 4 期,1991 年 12 月,頁 3～14。

41. 邵漢民：〈荀子天人觀論析〉,《孔孟月刊》,第 30 卷,第 9 期,1992 年 5 月,頁 27～32。

42. 俞懿嫻：〈自律與道德教育：亞里斯多德與康德學說比較〉《東海哲學研究集刊》,第 2 期,1995 年 6 月,頁 155～173。

43. 柯志明：〈惡之終始——呂格爾早期主體存有學對惡的反思〉,《哲學雜誌》,第 15 期,1996 年 1 月,頁 178～201。

44. 柯志明：〈惡的詰難——康德根本惡說的反思〉,《哲學與文化》,第 27 卷,第 12 期,2000 年 12 月,頁 1114～1128。

45. 柯志明：〈對著惡的良知：從惡的問題重估王陽明的心學理論〉,《基督書院學報》,第 2 期,1995 年 6 月,頁 61～82。

46. 洪鼎漢：〈詮釋學和詮釋哲學的觀念〉,《哲學雜誌》,第 12 期,1995 年 4 月,頁 130～145。

47. 孫周興：〈老子對海德格的特殊影響〉,《哲學與文化》,第 20 卷,第 12 期,1993 年 12 月,頁 317～331。

48. 孫效智：〈兩種道德判斷——論「道德善惡」與「道德正誤」的區分〉,《國立台灣大學哲學論評》,第 19 期,1996 年 1 月,頁 223～254。

49. 孫效智：〈道德論證問題在基本倫理學上的發展——目的論與義務論之爭〉,《哲學與文化》,第 22 卷,第 4 期,1995 年 5 月,頁 317～331。

50. 袁長瑞：〈「中庸」一書思想的基本結構及其重要概念的解讀〉,《哲學與文化》,第 24 卷,第 5 期,1997 年 5 月,頁 436～453。

51. 袁保新：〈天道、心性、與歷史——孟子人性論的再詮釋〉,《哲學與文化》,第 22 卷,第 11 期,1995 年 11 月,頁 1009～1022。

52. 張永儁：〈儒家「禮樂教化」之宗教精神與人文理想——歷史之回顧與展望〉,《哲學與文化》,第 21 卷,第 2 期,1994 年 2 月,頁 112～123。

53. 張立文：〈中國傳統善惡範疇的發展歷程〉(上)(《中國文化月刊》,156 期,1992 年 10 月,頁 6～31。

54. 張立文：〈中國傳統善惡範疇的發展歷程〉(下)(《中國文化月刊》,157

期，1992 年 11 月，頁 24～42。

55. 張家焌：〈論語思想新探〉，《哲學與文化》，第 13 卷，第 9 期，1976 年 9 月，頁 27～42。

56. 張振東：〈天道思想在中國文化中的回顧與展望〉，《哲學與文化》，第 21 卷，第 9 期，1994 年 9 月，頁 799～804。

57. 張懷承：〈王船山天人之道學說的倫理價值〉，《中國文化月刊》，第 161 期，1993 年 3 月，頁 25～39。

58. 許麗芳：〈試論莊、荀二子天人關係之異同〉，《孔孟月刊》，第 34 卷，第 5 期，1996 年 1 月，頁 19～24。

59. 陳文團：〈李震的宗教哲學〉，《哲學與文化》，第 26 卷，第 10 期，1999 年 10 月，頁 945～961。

60. 陳廷湘：〈理學道德本體的合理性及其局限〉，《中國文化月刊》，第 165 期，1993 年 7 月，頁 50～67。

61. 陳朝祥：〈儒家對於「天」的看法〉，《孔孟月刊》，第 30 卷，第 7 期，1992 年 3 月，頁 3～7。

62. 陳寧：〈評介「儒家之天道觀」〉，《二十一世紀》，第 10 期，1992 年 5 月，頁 83～86。

63. 陳榮華：〈從道德知識的性格論孟子哲學的心性和智〉，《哲學論評》，第 17 期，1994 年 1 月，頁 165～202。

64. 陳瑤華：〈痛苦與惡的哲學反省〉，《鵝湖學誌》，第 11 期，1993 年 12 月，頁 121～136。

65. 陳福濱：〈道德「良知」及其現代意義〉，《哲學論集》，第 29 期，1996 年 6 月，頁 105～114。

66. 陳德和：〈荀子性惡論之意義及其價值〉，《鵝湖》，第 20 卷，第 3 期，1994 年 9 月，頁 19～27。

67. 傅佩榮：〈內在與超越如何並存？——謹以此文爲李振英教授賀壽〉，《哲學與文化》，第 26 卷，第 10 期，1999 年 10 月，頁 941～944。

68. 傅佩榮：〈儒家論人的自律性——從自律性到人性論〉，《哲學與文化》，第 15 卷，第 6 期，1988 年 6 月，頁 380～390。

69. 傅佩榮等：〈儒家倫理的現代化〉，《哲學雜誌》，第 12 期，1995 年 4 月，頁 4～35。

70. 曾慶豹：〈「天人合一」與「神人差異」的對比性批判詮釋〉（上），《哲學與文化》，第 22 卷，第 1 期，1995 年 1 月，頁 42～54。

71. 曾慶豹：〈「天人合一」與「神人差異」的對比性批判詮釋〉（下），《哲學與文化》，第 22 卷，第 2 期，1995 年 2 月，頁 139～151。

72. 項退結：〈孟子與亞里斯多德對人的定義〉，《哲學雜誌》，第 12 期，1995 年 4 月，頁 36～57。

73. 項退結：〈人者陰陽之交、天地之心──對若干涉及人性論的中國古代典籍之詮釋〉（李永適譯），《哲學與文化》，第 17 卷，第 8 期，1990 年 8 月，頁 674～680。

74. 黃甲淵：〈儒家道德形上學體系中「實然」與「應然」問題〉，《鵝湖》，第 19 卷，第 3 期，1993 年 9 月，頁 34～44。

75. 黃勇：〈道德先驗主義與道德自然主義的抵牾與契合──孟子人性論與荀子人性論之比較〉，《孔孟月刊》，第 29 卷，第 10 期，1991 年 6 月，頁 28～32。

76. 黃維潤：〈物理惡與倫理惡〉，《哲學論集》，第 19 期，1985 年 7 月，頁 45～81。

77. 楊國榮：〈儒家天人之辨的價值內涵〉，《中國文化月刊》，第 173 期，1994 年 3 月，頁 44～59。

78. 葉海煙：〈莊子論惡與痛苦〉，《鵝湖》，第 24 卷，第 9 期，1999 年 3 月，頁 1～8。

79. 葉海煙：〈當代新儒家的道德理性觀〉，《哲學與文化》，第 21 卷，第 2 期，1994 年 2 月，頁 124～134。

80. 葉蓬：〈道德價值的哲學詮釋〉，《哲學與文化》，第 21 卷，第 12 期，1994 年 12 月，頁 1111～1120。

81. 鄔昆如：〈中西文化相輔相成的檢討與開展──道德與宗教〉，《哲學與文化》，第 10 卷，第 9 期，1983 年 9 月，頁 588～596。

82. 鄔昆如：〈知性形上學的承傳與創新〉，《哲學與文化》，第 25 卷，第 3 期，1998 年 3 月，頁 204～211。

83. 鄔昆如：〈從人際關係看天、人、物、與位格──比較中西哲學對人的定位〉，《哲學與文化》，第 18 卷，第 11 期，1991 年 11 月，頁 986～994。

84. 鄔昆如：〈奧斯定的罪惡觀〉，《哲學與文化》，第 17 卷，第 5 期，1990 年 5 月，頁 405～412。

85. 趙雅博：〈左傳國語中的天道思想〉，《哲學與文化》，第 23 卷，第 10 期，1996 年 10 月，頁 3056～3072。

86. 趙雅博：〈從我國古典籍中看天人合一〉，《國立編譯館館刊》，第 19 卷，第 1 期，1990 年 6 月，頁 83～106。

87. 劉述先：〈論孔子思想中隱涵的「天人合一」一貫之道──一個當代新儒學的詮釋〉，《中國文哲研究集刊》，第 10 期，1997 年 3 月，頁 1～23。

88. 樊浩：〈善惡的因果律與倫理合理性〉，《中國研究》，第 3 卷，第 5 期，1997 年 8 月，頁 26～34。

89. 潘小慧：〈德行與原則——孔、孟、荀、儒家道德哲學基型之研究〉,《哲學與文化》,第 19 卷,第 12 期,1992 年 12 月,頁 1087～1097。

90. 蔡仁厚：〈陸王一系人性論之省察——「本心即性」下的道德實踐之工夫與境界〉,《鵝湖學誌》,第 2 期,1988 年 12 月,頁 63～77。

91. 鄭曉江：〈傳統倫理道德境界論探析〉,《孔孟月刊》,第 36 卷,第 1 期,1997 年 9 月,頁 18～29。

92. 鄭燦山：〈王陽明思想中之存有與道德〉,《國立台灣師範大學國文研究所集刊》,第 37 期,1993 年 5 月,頁 433～563。

93. 黎建球著：〈普遍的人文主義精神——李振英教授的教育哲學〉,《哲學與文化》,第 26 卷,第 10 期,1999 年 10 月,頁 914～930。

94. 蕭宏恩：〈孟子的「天」——一個超驗的研究〉,《宗教哲學》,第 2 卷,第 1 期,1996 年 1 月,頁 19～30。

95. 諶中和：〈從殷周天道觀的變遷談周人尚德與殷人尚刑〉,《哲學與文化》,第 27 卷,第 11 期,2000 年 11 月,頁 1052～1067。

96. 謝大寧：〈儒學的基源問題——「德」的哲學史意涵〉,《鵝湖學誌》,第 16 期,1996 年 6 月,頁 1～51。

97. 韓德民：〈荀子性惡論的哲學透視〉,《孔孟學報》,第 76 期,1998 年 9 月,頁 157～168。

98. 關永中：〈呂格爾「惡的象徵」簡介〉,《哲學與文化》,第 23 卷,第 5 期,1996 年 5 月,頁 1637～1638。

99. 顧毓民：〈荀子天關係學說——另一種詮釋方式的嘗試〉,《共同學科期刊》,第 3 期,1994 年 6 月,頁 203～239。